江澤民失勢
宋祖英出事

新紀元周刊編輯部

江澤民失勢 宋祖英出事

目錄

江澤民失勢　宋祖英出事

第一章

宋是江澤民權力晴雨表

在百姓眼裡或在中共官場，宋祖英就是江澤民權勢的標誌，
當江澤民賴在中共政壇 20 多年，宋祖英就在中共的春晚上
唱了 24 次；當江澤民要被習近平整肅時，宋祖英也就被趕
下了台。解讀宋祖英的故事，不但有娛樂新聞，也有政治
八卦，更多的還有人生省思。

（Getty Images）

第一節

「宋祖英出事了！」

宋祖英近一個月沒有被公開報導

2014 年 8 月，在前中共政治局常委、政法委書記周永康、前軍委副主席徐才厚落馬之後，坊間一致傳言，習近平要打江澤民「這隻最大老虎」，此時，大陸官方媒體和民間論壇等，紛紛報導宋祖英出事、以及宋祖英與江澤民的曖昧關係等等。

官方簡歷這樣介紹她：「宋祖英（1966 年 8 月 13 日—），生於湖南，中國民族唱法女高音歌唱家，中國人民解放軍海軍政治部文工團團長、中國音樂家協會副主席，國家一級演員，享受國務院政府特殊津貼。中國音樂學院民族聲樂專業畢業，在職研究生學歷，民族聲樂博士學位。第 9 屆全國人大代表，第 10、11、12 屆全國政協委員，全國青聯常委、全國婦聯執委、中國文聯委員。」

不過在百姓眼裡或在中共官場，宋祖英就是江澤民權勢的標誌，當宋祖英「唱紅」的時候，就是江澤民「有權」的時候；江澤民賴在中共政壇 20 多年，宋祖英就在中共的春晚上唱了 24 次；當江澤民要被習近平整肅時，宋祖英也就被趕下了台。解讀宋祖英的故事，不但有娛樂新聞，也有政治八卦，更多的還有人生警示。

2014 年 8 月 10 日，有微博帖文質疑「宋祖英去哪兒了？」被官方迅速被刪除。8 月 12 日，中共黨媒博文盤點軍旅女歌手，宋祖英罕見不在其中。

8 月 12 日，新華網博客欄目刊登題為《陳思思真正軍銜大揭祕！》的博文，文中盤點了陳思思、潘軍、雷佳、王麗達、易秒英、劉一禎等 6 名中共軍旅女歌手。文章稱，陳思思，國家一級演員，中共解放軍第二炮兵政治部文工團副團長、大校軍銜，但文章中罕見未提及現任海政文工團團長的宋祖英。

近年來，中共黨媒曾反覆報導宋祖英並非將軍的軍銜醜聞，並一直將其與陳思思等人在標題和內容中同時列出、對比。網路上可輕易搜索到以前的許多官媒文章標題是《宋祖英陳思思軍旅歌手真正軍銜大揭祕》、《揭軍旅女歌手真正軍銜 宋祖英陳思思同級別》等，但這次卻把宋祖英給刪除了。

2014 年 7 月 14 日，宋祖英正在接受中紀委和軍方檢查機關雙重調查的消息被廣泛關注，雖然第二天 15 日晚，宋祖英現身國家大劇院觀看話劇《山楂樹之戀》的消息在微博上傳出，但人們對宋祖英「現身避謠」的反應冷漠，依然認定她出事了。

宋祖英被中紀委軍紀委雙查

7 月 14 日，網路大量流傳宋祖英被雙查的消息。報導稱，中

共海政文工團團長宋祖英於 2002 年在澳大利亞悉尼、2003 年在
維也納、2006 年在美國華府舉辦個人音樂會，因違規動用軍費和
文化部經費，遭中共中紀委、中共中央軍委紀檢委雙重調查。消
息傳出後，微博發帖大量被刪除。當天，還有署名「張嬌嬌護士」
的網友在微博稱：「宋祖英出事了。包括文化部曾（曾慶紅的弟
弟曾慶淮）、作曲家徐沛東，和宋祖英的妹妹宋祖玉。」

第二天，有微博發出宋祖英現身國家大劇院觀看話劇《山楂
樹之戀》的消息，但宋祖英的現身闢謠遭外界質疑。署名「金鳴」
的作者在博談網發文稱「宋祖英出來避謠了，看來真的要玄！」
博文說：按照中共重要人物倒台慣例：「一有事都是先避謠，最
後謠言都成了真相。」新浪微博上「北京廚子」留帖說：「好吧，
讓我們一起坐下，慢慢看戲。那啥啥啥之戀。」

台灣東森新聞也以題為《宋祖英挪用軍費 網路驚傳遭調查》
的文章報導了此消息，稱消息震動大陸娛樂界。

據海外中國數字時代網站 7 月 15 日傍晚報導，中共中宣部
最新密令查刪宋祖英被調查相關消息；並要求將「宋祖英出事」、
「宋祖英軍紀委」等內容設置為搜索禁詞。從那以後，未見宋祖
英任何公開活動報導。

在這之前的 7 月中上旬，宋祖英帶頭的維也納「鍍金」鬧劇
被北京當局叫停；被「特招」入伍的宋祖英遭官媒貶損、埋汰。
另外，中紀委王岐山近期通報落馬官員涉「與他人通姦」，被指
影射江澤民與宋祖英等人淫亂。

7 月 24 日，大陸搜索引擎百度出現多篇有關薄熙來與趙本山、
宋祖英之間的關係文章，文中特別提到，薄熙來與趙本山、宋祖
英的利益交換。薄熙來在 2012 年 9 月 28 日被「雙開」前後，海

外網路上大幅曝出薄熙來與多個名人之間的利益交換關係，其中包括趙本山和宋祖英，他倆都與薄熙來和王立軍存在複雜的利益糾葛。

薄熙來落馬後，網路盛傳一份「薄熙來謀反集團參與者名單」，在眾多司法、學術、媒體、文藝界等名人中，趙本山榜上有名，他被許諾將在薄周政變後出任文化部部長。

2014 年 6 月 30 日，中共前中央軍委副主席、江澤民的「軍中最愛」徐才厚被正式拋出。7 月 12 日，江澤民集團第二號人物曾慶紅被關押在天津，接受中紀委祕密審查」的消息流出。7 月 14 日，江澤民姘頭宋祖英傳出正在接受中紀委和軍方檢查機關雙重調查。

7 月 29 日，中共前常委、政法委書記周永康被公布立案審查。當天，王岐山中紀委巡視組進駐江澤民老家上海。次日，巡視組進駐江澤民老巢上海以及江澤民父子發跡地一汽與中科院等地。國際媒體聚焦習近平反腐運動逼向江澤民。

有評論分析說，宋祖英是前中共黨魁江澤民的情婦，她的醜聞及動向一直被看作江澤民失勢的風向標。在江澤民心腹徐才厚與周永康相繼落馬期間，宋祖英傳出被調查，並失蹤至今，這些資訊串聯起來，難怪人們都感覺她已出事。

士兵座談文藝兵　令習變臉色

2014 年 8 月 1 日，是中共軍隊開始實施新的「獎勵管理規定」的日子。新規定大幅壓縮對領導幹部和機關幹部的獎勵表彰，其中包括對文藝兵的獎勵或提升。

　　此前據香港媒體《東方日報》7 月 26 日披露，習近平有一次下到軍隊基層，與連隊官兵進行座談，有士兵抱怨說，很多文藝兵跳跳舞、唱唱歌、發發文章便可晉升將軍，而他們這些基層士兵，卻無任何升遷機會。士兵問：長此以往，誰還願當兵？

　　據傳，習近平聽罷，臉色鐵青。

　　習近平接任中共軍委主席後，曾規定文職軍官不得稱將。2013 年 8 月 26 日，中共「新華網」發表題為《總政治部：專業技術三級以上文職幹部不得稱將軍》的文章。文章稱，經習近平批准，由總政頒發《關於規範大型文藝演出、加強文藝隊伍教育管理的規定》，《規定》明確表示：專業技術三級以上文職幹部不得稱將軍或者文職將軍。

　　第二天，中共黨媒「光明網」即發表評論員文章稱，「文職將軍」說法是在文工團的圈內圈外被叫開的，軍中文工團「商海遨遊，把『將軍待遇』當成了搖錢樹」，文章還說，軍中個別演職人員下海撈錢、緋聞不斷。

　　針對 8 月 1 日開始實施的新的獎勵規定，8 月 5 日新華網發表博客文章，特別提到對宋祖英拿到軍隊一等功軍功章感到驚訝。宋祖英再被擺上台。

　　宋祖英在 2008 年 4 月 18 日被中共海軍黨委授予「一等功」，從現役軍官調為文職幹部，同時調整其專業技術級別到三級，相當於文職級別二級。這意味著宋祖英已經晉升為少將級職稱，由此宋被眾多媒體大肆報導為「海軍少將」。

　　與宋祖英一起被提拔的，還有江澤民的祕書賈廷安。賈廷安因給廈門遠華案的賴昌星傳遞消息而被百姓痛罵。賈廷安是江澤民最倚重的祕書，被稱為江的「頭號李蓮英」。1994 年賈廷安被江澤民晉升為少將軍銜，2005 年，晉升為中將軍銜，2007 年，調任總政治部副主任，2011 年 6 月，晉升為上將軍銜。

新華網博客「文工團應撤銷」

在中共軍隊中，和宋祖英一樣獲得「一等功」獎章的文藝兵，除了宋祖英，還有總政歌舞團歌唱演員王宏偉。

新華網博客公開說，他們能獲一等功，「令軍功章貶值」。文章說，沒正規念上幾年書，僅憑唱幾首歌就能在部隊混到享受「正局級」或「副軍職待遇」，這在全世界軍隊裡估計是絕無僅有。博客作者「周蓬安」已多次發文呼籲取消軍隊文工團、體工隊。

公開資料顯示，王宏偉 15 歲即被特招到新疆博樂軍分區當文藝兵，現為中共國家一級演員，總政文工團青年歌唱演員，現技術 7 級，文職 3 級。這個文職 3 級對應的地方軍隊職務等級就是「正局級」或「副軍職待遇」。

文章說，網路查詢軍旅藝人獲得軍功章的信息，發現拿到一等功軍功章的也就宋祖英與王宏偉兩人，而獲獎二等功、三等功的卻相當普遍。

江澤民入院 大蛤蟆就洩氣

2014 年 7 月，北京玉淵潭公園展出的巨大充氣蛤蟆令西方主流媒體也紛紛介紹蛤蟆是江的綽號。（左圖）。兩天後的暴風雨讓充氣蛤蟆癟掉，被認為象徵江澤民奄奄一息。（網路圖片）

　　就在 2014 年 7 月 14 日傳出宋祖英被雙查之後沒幾天，7 月 19 日，北京玉淵潭公園湖面上擺出一隻高 22 米、底部長 34 米充氣黃色蛤蟆，不過這個酷似江澤民的大蛤蟆，兩天後便漏氣趴下了，緊接著，包括《東方日報》、《蘋果日報》、《太陽報》等香港媒體報導說，江澤民因為腿部問題住院。

　　「充氣蛤蟆」一出現就被民眾暗諷這是中共前黨魁江澤民，還有人將一副大大的方形眼鏡架 PS 到充氣蛤蟆的鼻子上，像極江澤民戴眼鏡的形象。一時間網路上爆發各種嘲笑段子，許多外媒包括《紐約時報》、法新社、英國「BBC」和《電訊報》等也紛紛關注，直接報導「蛤蟆」是江澤民的綽號。

　　「充氣蛤蟆」的洩氣被廣泛認為是江澤民大勢已去、處境岌岌可危的象徵，有人解釋說，這也是為什麼這時傳出宋祖英被查的消息：「江後台垮了，宋國母才出事了。」

江澤民與間諜情人合照現網

江澤民與蘇聯克格勃間諜情婦疑似
合照曝光。（網路圖片）

　　有趣的是，大陸民眾並沒有放過江澤民。7月20日，大陸許多微博發帖稱，「請百度『克拉娃』，一定會有特別收穫的，不細說。」「百度已經開放『克拉娃』，請放心搜索。」結果人們真的看到大量江澤民與蘇聯女克格勃淫亂及江賣國的醜聞。不過兩天後的7月22日，同樣的搜索就被屏蔽了。

　　有人調查發現，這張江澤民與蘇聯克格勃間諜情婦克拉娃的疑似合照，曾在2013年11月11日曝光。網民「老夫尚未朽」微博曝光該合照時稱：老照片，留蘇期間結識的克拉娃？

　　當時的網路截圖顯示：據克格勃檔案記載，克拉娃還未色誘，江就「猴急得不行」。克拉娃在江耳邊輕聲說出當年江澤民做日本漢奸時的上司「李士群」三個字時，江嚇得當時眼光渙散，渾身發抖……

　　為了掩蓋漢奸歷史，江澤民充當了克格勃間諜，並在其當政後大量出賣中國領土給前蘇聯。官方文件顯示，1999年12月9日和10日，江澤民在北京與來訪的俄羅斯總統葉利欽簽定了《中華人民共和國政府和俄羅斯聯邦政府關於中俄國界線東西兩段的敘述議定書》（簡稱《議定書》）。在《議定書》中，江澤民出賣了100多萬平方公里的寶貴領土，相當於東北三省面積的總和，也相當於四十多個台灣。

2001年7月16日，江澤民與俄羅斯總統普京，在莫斯科克里姆林宮簽署《中俄睦鄰友好合作條約》，江代表中共正式透過官方文件，承認海參崴及鄰近遠東地區「永遠」不再為中國的領土。

第三節

陸媒渲染宋與薄熙來關係

2014 年初，中共黨媒再曝光一組 30 餘張宋祖英（左）與趙本山（右）曖昧合照，突顯他們的後台江澤民失勢。（網路圖片）

百度曝宋與薄熙來、趙本山瓜葛

2014 年 7 月，大陸微博在曝光宋祖英出事，江澤民出醜的同時，還大量報導了與宋祖英關係密切的趙本山的醜聞。趙本山除了非法營利外，最大醜聞就是參與薄熙來及周永康的政變，他被許諾政變成功後充當薄熙來政府的文化部長。

7 月 24 日，大陸搜索引擎百度出現多篇有關薄熙來與趙本山、宋祖英之間的關係文章，文中特別提到，薄熙來與趙本山、宋祖英的利益交換。

在百度中當鍵入「宋祖英出事」，就會發現《薄熙來與趙本山、宋祖英之間利益交換被曝》的文章，處於搜索的第二位。但是點擊進入後，文章內容已經消失，只有標題還在。

海外報導還說，2011 年 10 月 21 日，宋祖英在重慶舉行「愛我中華放歌重慶」個人演唱會，和其關係密切的趙本山給足面子，不僅和徒弟小瀋陽作為嘉賓親自登台表演助興，還借出自己的私人飛機「本山號」給宋祖英，負責來回接送。

在重慶的演唱會上，宋祖英演唱了《好日子》、《辣妹子》等歌曲，並唱了《紅梅讚》等具有重慶特色的歌曲。趙本山不僅與宋祖英合唱二人轉，還單獨演唱了《鄉村愛情故事》主題曲。

文章引用海外中文媒體的消息稱：「類似演出的票價動輒成百上千，如果觀眾都是自己掏錢倒也沒什麼可說的，問題是王立軍動用 900 萬『英烈基金』購買大量演出票，不僅為自己贏得了關注屬下的好名聲，也讓宋祖英和趙本山的演出贏得個座無虛席，但這其中存在複雜的利益交換。」

薄熙來在 2012 年 9 月 28 日被「雙開」前後，海外網路就曾經大幅曝出薄熙來與趙本山和宋祖英之間的權錢交易。

除了民間熱議外，中共官媒也在不斷炒作宋祖英和趙本山之間的醜聞。2012 年 11 月 26 日，中共黨媒新華網刊登題為《盤點趙本山的紅顏知己，最寵愛宋祖英》的一段視頻，著實噁心了兩人一把。之後趙本山又被網友傳出「與黃宏爭搶女星互掐 10 年」。

早在多年前，薄熙來、趙本山就因為「蟻力神」重大非法集資詐騙案牽連到一起。2007 年 11 月，「蟻力神」非法集資大案曝光，事件涉及 113 萬養殖戶，被騙金額上百億。而趙本山正是「蟻力神」的最重要代言人，薄熙來則是「蟻力神」的「保護人」。

消息稱，「蟻力神」董事長兼總經理王奉友同薄熙來關係非同一般。據媒體報導，王曾多次陪同時任遼寧省長的薄熙來參加慰問募捐活動。「蟻力神」出事前，公司的牆上到處懸掛著王奉友和遼寧省省長薄熙來等的合影。蟻力神公司不但頂住了來自北京的調查，還得到了罕見的直銷牌照。

其實，自從 2012 年 2 月 6 日王立軍出逃美領館後，中共黨媒曾反覆曝光薄黨趙本山和江澤民姘頭宋祖英的醜聞。如 2012 年 11 月新華網刊登題為《盤點趙本山的紅顏知己，最寵愛宋祖英》，2013 年 3 月 25 日人民網再度刊登博文《曝宋祖英與本山大叔鮮為人知的「那段情」》，此前 2012 年 8 月 29 日，人民網在文化欄目已刊登過同一文章。有評論說，這些都在暗諷江澤民的權力衰敗，自己的女人成了別的男人的紅顏知己，還有了那段情，這不是故意氣老江嗎？

與薄勾連 宋祖英涉多起大案

據媒體曝光，宋祖英至少在下面三個大案上與薄熙來、周永康案有牽連。

2013 年 8 月 1 日晚上，為周永康家族搞錢的「白手套」吳兵得到風聲，試圖逃離北京，在西站被抓。據悉，吳兵這位名不見經傳的四川商人，是周永康兒子周濱的「鐵哥們」，是為周永康家族把黑錢洗白，把非法收入變成合法收入的「白手套」。

據說吳兵被捕所牽涉的罪行第三條就是「協助參與薄熙來事件，通過曾慶淮組織宋祖英的重慶紅歌會，和王立軍和徐明勾結，獲取 900 萬好處費。曾有報導透露，王立軍花 900 萬『英烈基金』為宋祖英 2011 年 10 月 21 日這場唱紅歌會買單，當時的市委書記薄熙來及重慶市高官何事忠、徐鳴也去捧場。薄熙來在宋祖英登台前還專門與其見面談話。」

此外，2010 年 7 月，宋祖英去重慶為薄熙來的「唱紅打黑」助興。重慶市大禮堂舉辦文藝晚會，薄熙來到場，宋祖英獻唱。

深航案 宋氏姐妹雙雙現形

被稱為「最壞私有化」的深圳航空案，因牽涉原廣東省委書記張德江，一直是外界關注的焦點。媒體披露當年收購深航的 4 個股東之一的宋祖玉是宋祖英的妹妹。因其在收購案中發揮了獨特作用，出任深航董事。宋祖英與深航關係也非常密切，儼然是深航代言人。

在深航拍賣前夕，2005 年 3 月，在深圳默默無聞的李澤源匆匆成立了匯潤公司，註冊資本 1000 萬元，李宜時（即李澤源）、趙麗、秦畹江、宋祖玉 4 人為自然人股東。李宜時個人持股 89%，宋祖玉持股 3%。2005 年 5 月 23 日，匯潤公司和億陽集團合作，參與了深航的競購，最終奪標。

在匯潤四個股東中，擁有 3% 股權的宋祖玉雖然不屬太子黨，但卻擁有一個「好姐姐」，她就是被港台傳媒描述成「直通中南海」的宋祖英。宋祖玉本是家鄉湖南的一名化妝師，憑著姐姐的影響力，在京城成立了「和光（北京）影視節目製作有限公司」，專門代理宋祖英的音樂專輯。

據報導，宋祖玉在收購案中發揮了獨特的作用，論功行賞，以匯潤股東、和光（北京）影視副總經理的身分，出任深航董事。

宋祖英與深航關係也非常密切，儼然是深航代言人。這在深航內部已是公開的祕密。

宋祖英與薄熙來、趙本山的複雜利益關係

據《重慶晚報》稱，2011 年「五四」期間，重慶市委書記薄熙來與大學生「村官」代表座談，親口稱讚趙本山的節目。此前還有報導指，趙本山和薄熙來、王立軍關係密切，靠非法採礦中獲取巨額利益，趙本山因此才有財力購買價值 2 億的「本山號」專機。

2011 年 10 月 21 日，宋祖英在重慶舉行「愛我中華放歌重慶」個人演唱會，宋祖英和趙本山在重慶賺得盆滿鉢滿，但掙的錢卻是 900 萬「英烈基金」的贊助，這令民眾非常反感。

與此同時，大陸還曝光了宋祖英和趙本山的曖昧關係，公布了一組 30 餘張兩人頭靠頭、交頸等曖昧合照，突顯他們的後台江澤民的失勢。據說私下宋祖英稱呼趙本山「大哥」，而趙本山則稱呼宋祖英「妹子」，每逢對方有重大活動，兩人總是要力爭到場祝賀捧場。

第四節

官媒暗諷宋江醜聞

2014 年 7 月，江澤民的姘婦宋祖英傳被雙重調查，官媒對宋祖英的貶損方式更加「別出心裁」。（網頁截圖）

　　大陸官媒在報導宋祖英與江澤民醜事時，貶損方式最「別出心裁」的要數官媒新華網。

　　2014 年 7 月初，中國搜索網軍事首頁發文《宋祖英領銜軍中最美十位女明星》，並配宋祖英等人的照片。7 月 20 日，新華網在「新華軍網」欄目轉發了上述圖片新聞，但在宋祖英的圖片下再配了一張圖片：一輛舊軍用貨車，車門開著，可隨時上下，車輪歪斜著，車頭有火燒的痕跡，車頭撞上一堆破爛物。

　　新華網編輯還故意在上述兩張圖片中間，添加了兩句話，其一為：部隊不僅是造就英雄的地方，也是成就藝術人才的搖籃，有很多女明星就產生於部隊。其二：千萬不要試圖「調戲」軍車，後果嚴重！「調戲」二字被編輯有意加重用了黑體字，看到這個圖文報導的網民表示，都明白了這背後「你懂的！」的含義：這是明顯地嘲弄江澤民調戲宋祖英，兩人通姦出大麻煩了！

黨媒頻頻「高級黑」暗諷江宋淫亂

其實早在 2 年前中共黨媒就用類似黑道暗喻的方式來曝光江澤民與宋祖英的淫亂關係。2012 年 4 月 18 日，在發展論壇上，作者「每天笑三聲」發表標題為《揭宋祖英一生最在乎的事》的短文，共有三段。全文如下：

「宋祖英，為什麼一個主旋律歌手，能贏得如此之高的人氣和口碑？這一刻，讓我們開始在心底默寫這個名字，並在她用音樂所鑄就的歷史與現實中，尋找她之所以『越來越好』的祕密。

2007 年的新年，宋祖英作客楊瀾主持的《天下女人》節目。現場聚集了從全國各地趕來的許多歌迷，十幾歲的小姑娘喊她『宋宋』，親切得就像喊身邊的夥伴。其實宋祖英的年齡除二，還比她們大。

為什麼一個主旋律歌手，能贏得如此之高的人氣和口碑？這一刻，讓我們開始在心底默寫這個名字，並在她用音樂所鑄就的歷史與現實中，尋找她之所以『越來越好』的祕密。」

以上三段，第三段幾乎完全重複第一段，通篇並沒有說到宋祖英「最在乎什麼」；三段話中有實質內容的只有第二段提到的「2007 年的新年，宋祖英作客楊瀾主持的《天下女人》節目」。在節目中，對於「各種各樣的傳言和謠言」，宋祖英如是說：「對於外界的傳言，我的反應基本上是『啊？又有新的了？』我以前會難過，但時間長了，就隨它去吧。」那丈夫羅浩會不會有些抱怨呢？宋祖英說，有時也有一些抱怨，「沒辦法，慢慢適應吧。」

《人民報》文章表示，那麼，宋祖英一生最在乎的事是什麼呢？宋祖英作客電視主持人楊瀾的節目《天下女人》時回答了這個問題。從以上這段看，她最在乎的是「各種各樣的傳言和謠言」。

2012 年 4 月 18 日，中共黨媒的新華聚焦欄目下也出現一組並列新聞：《毛澤東的最後一句話》、《宋祖英 40 歲生兒子》、《掃黃現場不堪入目》，引起關注。

有評論認為，這三則消息標題的排列，明顯是故意噁心宋祖英。「毛澤東的最後一句話」，令人聯想前中共黨魁江澤民也差不多只剩一口氣了，宋祖英是中共前黨魁江澤民的姘頭，在中國已經是很多人知道的事情，他們鬼混在一起，也確實是「不堪入目」，這樣搭配真是絕配。

2012 年 4 月 13 日，黨媒報導《宋祖英 20 年華麗蛻變 揭祕宋祖英的堅強後盾》，報導只在第一頁稱「宋祖英媽媽是後盾」，後面二十幾頁都是宋祖英怎樣自己努力，不再見到所謂的「堅強的後盾」的描述。有評論說，新華網編輯高級黑呀，怎麼突然提什麼「後盾」？而且這「堅強後盾」到底是誰嘛？

該文章最後意味十足稱，1985 年 9 月，一個山裡妹子背著小背簍上京城闖世界。偌大的北京城除了熟悉她的老鄉外沒人知道宋祖英。但幾年以後，全北京、全中國的人都知道了宋祖英。言外之意，那個堅強後盾就是中南海的那個老人。

宋祖英 7 歲兒子很像江家的人

《人民報》製作的拼合圖。左上圖
是江澤民的長子江綿恆，右上圖是
宋祖英生的兒子；下面是江澤民被
外媒搶拍照「望梅不止渴」的截圖。

　　7 月中旬，網路還出現一張「宋祖英 7 歲兒子照片」，引起大量網民跟帖轉發，網民評論稱，「宋祖英 7 歲兒子」太像江澤民和江綿恆了。

　　調查發現，宋祖英兒子的這張照片一年前就在網路上傳出了。2013 年 4 月，歌手韓雅俊轉發微博說：宋祖英 7 歲的兒子和他（爸媽）倆一點都不像，你們別多想 [哈哈]。這微博可不是我發的啊。這圖片信息來自 @ 耶律寒煙，問他去。

　　那張圖片上面是宋祖英生的兒子，下面是江澤民。為了不牽連網友「@ 耶律寒煙」，《人民報》製作了一張拼合圖，上面左圖是江澤民的長子江綿恆，右圖是宋祖英生的兒子；下面是江澤民被外媒搶拍照「望梅不止渴」的截圖。

　　文章說，照片上江綿恆和宋祖英生的兒子，一看沒人不說是哥倆。呵，那小兒子的小頭型、小髮形比江綿恆更像遺傳，聽說宋祖英還給兒子起個暱稱叫「老虎」，（江澤民屬虎）。

　　2005 年 11 月 17 日，中新網以《宋祖英：在離開觀眾的這一年我的確幹了一些事》為題報導說，中國戲劇梅花獎在寧波頒獎，2005 年把「最佳女演員」的頭銜頒給了宋祖英，多少讓人有些意外，因為宋祖英又不是唱戲劇的，為何得了戲劇梅花獎的最佳女演員呢？更意外的是，宋祖英沒有親自去領獎。

這條新聞出去半個月後，11 月 23 日中新網又發了一條消息《「辣妹子」宋祖英喜得貴子，將攜新作亮相 06 春晚》，原來宋祖英在離開觀眾的這一年裡幹的事情是懷孩子、生孩子！

不過中新網這條新聞從頭看到尾，從尾看到頭，也沒找到她懷了誰的孩子，生的是誰的孩子，因此有資格得中國戲劇梅花獎「最佳女演員」頭銜！

中新網當年 11 月 23 日報導說，39 歲的「辣妹子」宋祖英當媽媽了！（居然還打了個大感嘆號，這是什麼意思？）算起來宋祖英應該是 2004 年年底懷孕的。江澤民是 2004 年 9 月 16 日到 19 日的四中全會開會期間解除軍委主席職務的。

據上海《新聞晨報》2005 年 11 月報導，在淡出公眾視線差不多半年之後，宋祖英 2005 年 9 月在北京生下了一個 3700 克重的大胖兒子。其經紀人在接受記者採訪時表示，宋祖英母子平安，她本人正在休養，不希望被打擾。雖然是家喻戶曉的明星，但夫婦兩人都不希望兒子剛出生就曝光，因此暫時不會就此接受採訪，宋祖英也暫時沒有復出打算。

這段新聞實在蹊蹺，「夫婦兩人」的「婦」是宋祖英不會錯，「夫」是誰呢？孩子他親爹是誰？是不是宋祖英時任丈夫？如果是，為何當時不敢公開名字？

2005 年 11 月 23 日有一則消息，是一位網友送出來的。他說晚上睡不著，幾個同學鬧著玩，偶然發現了一個有意思的現象：

手機短訊單獨發送「江澤民」或「宋祖英」的名字都可以發送，江宋連在一起就不能發送了！！他還呼籲北京地區的朋友有興趣的話可以親自試試。

眾所周知，大陸電信系統有一半在江綿恆手裡。《人民報》評論說，「既然他那瞎了一隻眼的漢奸賣國賊老爹能在床上幹出通姦的齷齪事來，江大公子何苦要在手機上煞費功夫呢？！」

陸軍事網曝光江「三英」醜聞

江澤民在 2007 年 10 月 15 日中共
17 大開幕式上緊盯美女服務員。
（Getty Images）

大陸媒體除了暗諷曝光江澤民與宋祖英的醜聞外，還報導了江澤民與其他姘頭的醜聞。

2014 年 7 月 18 日前後，大陸「中國第一軍事門戶」「西陸網」的歷史欄目以《江主席的一張照片竟把妻子王冶坪氣得夠嗆》為題刊發頭條文章，以「高級黑」的方式披露不少江澤民的醜聞，並配發一些圖片。

最為搶眼的圖片是江澤民曾在專機上接受其情婦之一、央視李瑞英的採訪，及一張江澤民在兩會期間色瞇瞇盯著美女服務員的照片。但全文沒有一處提到江的哪張照片把王冶坪氣得夠嗆。

　　文章表示，2002 年 2 月 21 日，美國總統布希訪問北京，當晚，江澤民設宴人民大會堂，歡迎布希夫婦一行。

　　接著文章借外國人庫恩為江所寫的《江澤民傳》的內容披露當時官媒沒有報導的消息：在當晚的歡迎宴會上，江親自為布希演唱了《我的太陽》；江還走進舞池，先是與布希夫人勞拉跳舞，接著又與美國駐華大使小克拉克·雷德的夫人跳，最後還與美國國家安全事務助理賴斯跳了一曲，觀察家稱江「出盡了風頭」。

　　文章評論說：「這是 13 億中國人經常在電視裡面看到的國家領導人麼？」

　　江澤民荒淫成性早已不是祕密，其和情婦們的傳聞早已在民間和官場中廣泛流傳。除江澤民的原配王冶坪外，他的情婦到底有多少恐怕他自己也數不清。廣為人知的有宋祖英、李瑞英、黃麗滿、陳至立。

　　江澤民的情婦宋祖英、李瑞英及原配王冶坪被民眾並稱為「三英」，並被輪番擺上台。中國民間流傳的順口溜譏諷江澤民，看戲摟著宋祖英，出訪帶著李瑞英，家裡養著貓頭鷹（王冶坪因相貌被民間稱作「貓頭鷹」，而「鷹」與「英」同音）。

李瑞英是江澤民與宋祖英苟合之前的情人，曾是江澤民出訪時必帶的央視女主播。（網路圖片）

李瑞英是江澤民與宋祖英苟合之前的情人，曾是江澤民出訪時必帶的央視女主播。李瑞英有一次採訪江澤民的畫面在央視《新聞聯播》播出，李好像不是在採訪，更像是在撒嬌。

2014 年 6 月以後，中共中紀委在通報被查處官員時密集使用「與他人通姦」一詞，「通姦」成為網路熱詞，也被外界認為是公開江澤民與情婦淫亂的前奏。

有消息說，6 月 30 日，習近平主持中共政治局會議公布拿下徐才厚，令江澤民非常震驚，其馬上坐專列到北京，試圖與習近平見面，但遭到習的拒絕。7 月 3 日，習近平離京訪問韓國。

徐才厚被拿下後，接著又傳出江澤民的「軍師」曾慶紅被關押在天津接受祕密調查的消息。曾慶紅是江澤民集團的第二號人物，手上握有大量江澤民集團的犯罪證據。外界分析，曾慶紅被抓意味著習近平對江澤民集團的清理進入了實質性的階段，最後江澤民也難以倖免。

重慶事件爆發後，薄、周政變陰謀曝光，中共江派在黨、政、軍界的大批人馬被清洗，江澤民大勢已去，宋祖英作為江澤民的情婦，不斷被官媒貶損，成為江失勢的風向標之一。

宋祖英妹妹照片蹊蹺流傳

就在外界盛傳江澤民的姘頭宋祖英遭到「雙重」調查，據說是宋祖英妹妹宋佳玲的大量照片也在網路上流傳，引發更多猜測和熱議。其實宋佳玲的大量照片兩年前就在網路上曝光過。

據官方報導，2012 年 8 月 28 日，電視劇《劉海砍樵》在北京舉行開機儀式，宋祖英的妹妹宋佳玲在劇中扮演九妹一角。在開機儀式上，宋祖英特地前來站台給其妹捧場，並演唱劇中主題曲，其擔任總製片人的老公羅浩也現身台下。從那時起，外界得知宋祖英有個在演藝圈的妹妹。

不過宋祖英有個親妹妹叫宋祖玉，很多人說宋祖玉就是宋佳玲，網路上也有文章質疑宋佳玲的年齡，以及因這個年齡問題引起的一系列問題，但網路上找不到其真實年齡的信息。

有網民發現，網路上有個「宋佳玲吧」，因為網民發文《宋祖英又有質疑的祕密了？》，數小時之後被官方屏蔽，這令網民感嘆：真的很奇怪！幹嘛要隱瞞年齡呢？看來宋家人都是假假的！

官方在 2012 年報導時稱「宋祖英 25 歲親妹妹清純甜美」，那時的宋祖英 46 歲，她妹妹也應該至少 40 多歲了，於是有人懷疑宋佳玲不是宋祖玉，而是宋家另外的親戚，也有人說，可能是化妝、養顏效果好，照片上的人的確看上去只有 25 歲左右。

宋家姐妹對養顏的重視，也經常被報導。宋祖英經常敷面膜，控制飲食、光喝酒不吃飯等說法，在大陸媒體上經常可見。宋祖英也多次公開表示，她的漂亮主要靠化妝，是化妝師使她變漂亮了。也有消息是，江澤民的身體是靠幾個氣功師保起來的，所以江 80 多歲了還能走得動，那些氣功師也給宋祖英發功，所以宋也顯得年輕。

江澤民失勢　宋祖英出事

第二章

宋江淫亂醜聞廣傳

江澤民搞淫亂不僅全部使用公款，而且公然將情婦提拔到高級領導崗位，在各個領域裡幫助江澤民禍害中華民族的文化遺產和道德規範。江澤民的姘婦陳至立敗壞教育、黃麗滿搞腐敗、宋祖英唱讚歌以掩蓋國家危機、俄國情人克拉娃協助克格勃促成江澤民出賣中國領土……

《國母宋祖英》一書內容在網路、在民間茶餘飯後的傳播下，迅速傳遍了整個世界。圖為在香港出版的《國母宋祖英傳奇》封面。

第一節

《國母宋祖英》被禁事件

　　宋祖英與江澤民的醜聞最早被大面積公開是在 2002 年，湖南邵東出現了一本奇書《國母宋祖英》，此書引起江澤民的震怒，最終 50 多人被捕入獄。後來又有人在香港出版了《國母宋祖英傳奇》等書。

　　不過在 1999 年之前，北京文藝圈和中共高官圈內就已私下流傳江澤民與眾多情婦之間的醜聞，然而《國母宋祖英》一書的出版，雖然發行量不大，但其後在網路、在民間茶餘飯後的傳播下，迅速傳遍了整個世界。

　　2002 年是胡錦濤接替江澤民當上總書記的日子，該書作者和出版商等人，和中國很多高官一樣，誰也沒想到江澤民竟然因為害怕被後來者清算其害人罪行，而強行延長了 2 年軍委主席的位置，後來即使江澤民徹底退下了，但他安插的各類江派人馬一直把持著中共政局，甚至習近平上台後，都不得不和江澤民進行生死決戰。如今宋祖英的醜聞在 2014 年夏天再度熱傳，與江澤民失去權勢後的被圍剿息息相關。

2002 年那時對於理應在中共「16 大」上下台的江總書記，老百姓怎麼評價的呢？沒有新聞自由，沒有民意調查，更沒有全民的投票的大陸，何從知曉民眾對江的看法呢？《開放》雜誌曾借一位學者的話說，對中共領導人的評價，可從民間流傳的各類段子、笑話中一窺虛實。

比如「文革」後期，「紅都女皇事件」是針對江青的民怨沸騰的指標，而「宋祖英祕聞」也達到了同樣的效果，是大陸對江澤民民怨沸騰的體現。現在全世界都知道江澤民與宋祖英各類虛虛實實的緋聞了，這可說是全國民眾普遍反感江澤民的一個訊號。

坐火箭直線上竄的宋祖英

宋祖英是湖南湘西苗族女子，身高一米六八，人長得不錯，能歌善舞。有關她的傳聞是在 1991 年開始的。當年她在中央電視台春節聯歡會上首次亮相，唱了一曲，隨後便開始紅得發紫。每年必上春節聯歡會，並調入海政歌舞團，享受一級演員（師級）待遇，後更成為人大代表、全國婦聯執委，在政治上平步青雲。1999 年中宣部第七屆「五個一工程」獎評選，宋祖英有五首歌獲獎。2001 年該獎第八屆評選，宋祖英又有六首歌獲獎。大陸傳媒稱，宋祖英成為該獎評選以來一次性獲獎最多的歌手。韓國世界盃開幕，宋祖英又獲選成為全球矚目的獻唱歌手。

資料顯示，「五個一工程」是中宣部在劉雲山的安排下產生的。當時的劉雲山還只是中宣部部長，為了巴結討好江澤民，不顧外界議論，故意非常突出地給宋祖英頒獎，不久就被升為政治局常委。

不過，劉雲山被江澤民提拔的最關鍵因素是他積極配合江的鎮壓法輪功政策，因為鎮壓法輪功只是江澤民一個人的主意，連政治局其他常委一開始都反對，不得人心的江澤民對凡是支持他鎮壓法輪功的，都給予提拔和重用，像「18大」後落馬的薄熙來、周永康、徐才厚、李東生、蔣潔敏等等 30 多個省副部級，他們都是積極跟隨江澤民鎮壓法輪功的惡人。這些人自持有江澤民撐腰，什麼壞事都敢幹，因為江曾明確指示，為了消滅法輪功，可以不遵守現行法律，「打死算自殺」，有了這個「尚方寶劍」，薄熙來、周永康等人什麼壞事都敢幹，貪腐上百億都是小事了，他們竟敢殺活人，取出心、肝、腎來賣錢做移植手術。國際組織調查，至少 4 萬多名法輪功學員就是這樣被屠殺的，還有不少普通上訪民眾也有這樣被害死的。

當時文藝圈中人議論紛紛：宋祖英有她的歌唱實力，但紅到這種程度，就很離奇。中國很多事都需要硬後台，在宋祖英出道前，中國最紅的女歌手是中共元老習仲勛的兒媳彭麗媛，春節聯歡晚會從來都是她唱壓軸，但後來輪到宋祖英，鋒頭之健更甚彭麗媛。一次宋祖英到四川表演，其接待規格如副總理級別。

1990 年代後期，江澤民欣賞宋祖英之說開始在北京文藝圈中傳開。據悉文藝界人士背後稱宋祖英為「宋奶奶」，意謂後有惹不起的大靠山。據說某次在人民大會堂演出，宋有專門化妝間，而前輩名歌手馬 XX 卻沒有，即時氣憤地說道，「人家與 XXX 的關係，我怎麼比得上？」還說宋祖英可以自由進出中南海。

湖南出版《國母宋祖英》

隨後幾年，江宋「緋聞」逐漸傳至大江南北，直到社會底層。各種笑話和民謠在民間也隨之出籠。其一說：美國恐怖襲擊「911」事件之後，江澤民最關心的四件事：美國開始攻打阿富汗沒有？法輪功上街沒有？下崗工人跳樓沒有？宋祖英來電話沒有？

官場和民間流傳雖廣，只能在私下講，甚至當事人都無法作公開「澄清」。但湖南邵陽地區邵東縣一名民間書商根據社會上的傳聞，讓人寫了本書叫《國母宋祖英》，當中有些是為了吸引眼球而編寫的，只是為了賺錢，並無政治目的，但驚動中共高層，下令嚴查嚴辦。最後寫書人被判刑，另涉及出版的五十多人受株連而獲罪。此事件最近在湖南民間是最大的八卦消息。

比如書中介紹了宋祖英祖母和父親宋清太的身世、在中央民族學院和教師周本慶的師生戀、偽造和瓊瑤合影照片欺騙讀者、和曾慶淮、趙安的親密關係、在西山海軍招待所和江澤民幽會、天津女歌手謝津為何神祕死亡、李肇星拍宋祖英馬屁當上外交部長、趙安及張俊以被捕內幕，以及宋祖英和孫家正聯手偽造美國獲獎等內容。

2002 年當時甚至大陸傳媒（報紙和網路）的娛樂新聞也不時在提到宋祖英時用一些含有暗示性的字眼，如某地方晚報發表一組宋祖英照片，特別用了這樣的反諷標題《「冰清玉潔」宋祖英》。有傳媒介紹宋祖英婚姻和家庭（宋祖英丈夫是長沙電視台編導羅浩），這樣寫道，「宋祖英的各方面情況讓無數中國人相當關注……」雖然官方報導一律講宋祖英與丈夫琴瑟和諧婚姻幸福，但大陸網上卻有文章表示不屑於此。

北京新聞界說，由於宋祖英的傳聞，在每年的人大會上，她都是最受好奇目光注視的人物，一出面就會被來自全國的人大代表包圍得裡三層外三層。大家都想看看江澤民「欣賞」的女歌手，到底長得什麼樣子。

1999 年大陸娛樂新聞報導宋祖英耍大牌，拒絕和港星劉德華合唱，宋祖英否認。但有報紙用了這樣的標題：《宋祖英為「無中生有」而苦惱》，但到底宋苦惱的是拒與劉德華合唱一事的「無中生有」，還是民間傳聞她與總書記親密關係是「無中生有」？這只有宋本人才能回答。

揭發江宋關係　被祕密逮捕

等到了 2004 年 2 月 21 日，大陸歷史學者呂加平在其個人微博的主頁上公布了《向領導和人大代表、政協委員反映我聽說的有關江澤民的事情和傳聞》一文，談了「江澤民的歷史等」還談及「有關江澤民和宋祖英的事」。

不久呂加平就被跟蹤，呂夫人于鈞藝對《爭鳴月刊》記者稱：「這事情是『有根有據的』，『比較可靠』。」

于鈞藝說：「有關江澤民和宋祖英的事，幾年前就已傳遍大江南北。現在有根據，消息是確實的。不僅僅是趙安、張俊以，還有其他人因為揭發江宋的關係被祕密逮捕了。」

與此同時，很多博客和論壇上都在流傳著一個「三鷹（英）」的笑話，說就是江澤民身邊幾個有名的女人：「家裡養著貓頭鷹（英），出國帶著李瑞英，聽歌要聽宋祖英。」

算上《國母宋祖英》的作者、出版人，以及中央電視台的趙安、張俊以，還有歷史學者呂加平等人，僅僅因為宋祖英的醜聞，至少就有近百人鋃鐺入獄，可見宋祖英之狠。不過，宋祖英淫亂敗壞社會風氣、用歌聲傳播黨文化毒素，所害的人何止成千上萬。

誰能「完全專業版」偷拍？！

2004 年除夕的晚會又開始了，一樣是主持人高分貝的嗓門，一樣是各路藝人竭盡全力地搞笑，江澤民卻怎麼也高興不起來了。宋祖英的節目本來年年都是開場第一個的，這次卻被拿到了中間靠後的位置，給人感覺江已經開始失勢。更糟糕的是，民間已經出現了公開的挑戰聲音。

2004 年 2 月 21 日，北京學者、中國二戰史研究會會員呂加平向中共中央、人大代表和政協委員寫了一封信，要求調查他所聽說的一些有關江澤民的事情和傳聞，信中詳細談到江澤民與宋祖英之間的醜聞，包括江如何往宋祖英手裡塞紙條、如何讓宋離婚、如何暗地與宋通姦、如何動用國庫為宋在維也納和悉尼辦演唱會、如何挪用海軍軍費給宋祖英辦歌舞劇以及如何為討好宋而動用 30 億元修建國家大劇院等。

早在 2003 年 3 月 26 日，呂加平就通過內部管道致函胡錦濤和其他八位中共政治局常委，同時抄送中央各大機關部委，要求正式立案調查江澤民的政治歷史問題。無獨有偶，半年後中國民主黨法國分部主席吳江在他長達五頁八千字的研究報告中引述前蘇俄情報局官員的回憶錄指出：江澤民是潛伏在中國的一名老牌克格勃特工。江於 50 年代留學莫斯科期間，在蘇聯情報部門聲稱要揭發其欺騙中共組織部門、隱瞞漢奸歷史的威嚇下，在蘇聯特務提供的女人和金錢的誘惑下，祕密加入了克格勃遠東局，承擔收集中共留蘇學生及中國大陸各種情報的任務。

呂加平發表這封信之後，遭到江澤民的報復，失蹤了三天。後來網上出現一份最後通牒的帖子，聲稱若不釋放呂加平，就把江宋性亂專業版光碟公布在網上。令人驚訝的是，這個匿名帖子發出之後第二天呂加平就被釋放了，顯然帖子切中了江的要害。但問題是，誰有能力把江宋幽會這個極其隱密的過程以「完全是專業版」的品質偷拍出來？為什麼有人敢在江還沒有全退的時候這樣叫板？這些問題想起來就讓江不寒而慄。

2004 年 5 月，海外還出現了「踩江」的呼聲。7 月 1 日，在香港的 50 萬人大遊行中，港人為爭取民主自由打出了各色橫幅，其中「踩江」的橫幅和圖片格外引人注目。當時很多路人都參加了「踩江」活動。曾慶紅下令把這個消息作為重大動態上報給胡錦濤，但胡的答覆是：「人民群眾自己的事情就讓他們自己去解決吧！」曾慶紅聽後半天說不出話。

第二節

《江澤民其人》的淫亂

江字型大小「新五朵金花」按順時針排列：
王冶坪、黃麗滿、李瑞英、宋祖英、陳至立。
（人民報合成圖）

　　不過民間公認對宋祖英和江澤民醜聞披露得最真實最詳細的，還是 2005 年 6 月大紀元新聞集團出版的 30 萬字的新書《江澤民其人》。該書以資料宏富，體大思精著稱，那些鮮為人知的故事，不但構成了一個完整而真實的江澤民，更以跨越時空的方式揭示江澤民前世今生，並預告其下場，受到讀者的歡迎。此書後來還出版了連環畫冊。

　　由海外華人獨立創辦的大紀元新聞集團，成立於 2000 年 8 月。到 2012 年該集團已成為全世界最大的中文和多語種報紙與網路媒體，在全球 60 國家和地區有記者站，發行五大洲、35 個國家，擁有包括中文、英文、韓文、日文，印尼文、德文、法文、西班牙文、俄文、希伯來文、瑞典文和羅馬尼亞 12 種語言的報紙及包括保加利亞文、捷克文、斯洛伐克文、土耳其文、烏克蘭文、越南文及葡萄牙文的 21 種語言的網站。同時，大紀元擁有全球華人精英雜誌《新紀元周刊》、印刷廠及出版社。

大紀元集團先後出版了基本被稱為奇書的書籍。如 2004 年 11 月的《九評共產黨》出版後，結合大紀元網站推出的「退黨網站」，鼓勵中國大陸群眾退出中國共產黨、中國共產主義青年團和中國少年先鋒隊。2006 年 9 月，大紀元還出版了《解體黨文化》，從黨文化的形成歷史、成因、表現、危害，以及中華正統文化的角度出發批判共產黨文化。截至 2014 年 10 月 8 日，已有 1 億 7966 萬 764 人在此網站正式宣布退黨、退團和退隊，成為解體中共的主要推手。

以下原文轉載《江澤民其人》中第十八章：「寡人好色妻妾成群 小人得志雞犬升天」。

｜·宋祖英

在江澤民的情婦中，宋祖英是最引人側目的一個。

「有事找大哥」

宋祖英本是湘西苗家一個普通貧戶女子，一個偶然的機會被挑選上中央民族學院音樂舞蹈系。又一次偶然的機會，在 1991 年中央電視台的春節晚會上，她怯生生地演唱了一首《小背簍》。歌兒唱得沒有給人留下什麼印象，但化妝後的宋祖英特別搶眼，演唱時已被爺爺輩的江澤民相中。

　　隨後，宋被軍委主席江澤民調到了解放軍海政歌舞團，成了一名少校文藝官。海軍政委司令過去要見江澤民很難，後來發現江經常喜歡到海政看演出，每次一定要特地加上宋祖英的節目。演出後上台握手時江澤民攬著宋祖英的手不願撒開，兩隻眼睛直勾勾望著她，好像要把她吞進去似的。漸漸大家琢磨過味來了，每次江來時，都讓宋祖英作壓台唱，對她的生活和提級格外照顧。

　　有一次演出完後，江澤民在與宋祖英握手時偷偷遞給宋一張小紙條。因為當時人多，宋接過後沒敢看，就裝進了口袋，回去後打開，看到紙條上寫著：「以後有事找大哥，大哥可以幫助妳解決任何事情。」這紙條上所說的「大哥」，就是江澤民自己。宋祖英後來春風得意時把紙條上的這段話告訴了別人。

　　江澤民為了與宋祖英祕密來往不受干擾和外傳洩露，就讓宋和丈夫離了婚。宋離婚後就住在海政的招待所裡。之後江澤民經常在晚上到該招待所與宋聚會，來時相當保密，隨從警衛防備很嚴，不許外人接近。而且每次來的車子都換新的牌照，使人認不出是江的專車。江下車後就徑直到宋室。對於江、宋在招待所幽會，該所的人只當沒看見，內心則大為噁心反感。後來一位有正義感的老幹部把江、宋的事情向有關上級領導作了反映，可是反映者卻反而受到了監視，電話被監聽。

　　1966 年 8 月 13 日生於中國湖南省古丈縣的宋祖英，比 1926 年 8 月 17 日出生於江蘇省揚州的江澤民整整小 40 歲。按年齡算來，江澤民足可以做宋祖英的爺爺。為了掩蓋江宋的淫亂醜事，宋祖英的前夫、「大哥哥」羅浩從此要扮演一個非常尷尬的角色。有的時候當記者採訪宋祖英時，羅浩要提前到場，但宋不許他接受採訪，也不許他旁聽自己受訪，而是把他推到套間裡去。有位採訪記者認為，宋祖英的這種做法無非是想辯解自己的離婚傳聞。

中南海紅卡

宋祖英在中央電視台的演出、播出有特權，唱什麼歌，一切由她自己決定，中央電視台的任何導演、領導和中宣部等上級部門均不得過問。江澤民還要求央視在轉播宋祖英的演唱時，不許中途把鏡頭掃向台下，以保持這個節目絕對的完整性。

2002 年夏天，宋祖英到四川某城市舉辦專場演出。經江澤民的親信、中央警衛局局長由喜貴批准，當時的四川省委書記周永康給宋祖英以副總理級以上的國家領導人才有資格享受的一級警衛待遇。

這次演唱會，四、五萬名觀眾的體育館擠得座無虛席，都要來看江澤民的小情婦。宋祖英演唱的歌曲中，有一首湖北民歌《龍船調》，唱詞中夾有對白：「小妹子要過河，哪個來背我喲？」結果，她演唱到說這句對白時，台下幾萬名觀眾竟齊聲應答：「江爺爺來背你喲！」宋祖英下不來台，但也不能罷演，因為幾萬名觀眾是花錢買票來聽歌的，只能硬著頭皮演唱下去。唱到第二段，等宋祖英又說出這句對白後，台下幾萬名觀眾又應聲如雷：「江爺爺來背你喲！」氣得她當晚回到賓館哭紅了眼睛。第二天，宋祖英就飛回北京向江澤民告狀。江很生氣，下令四川該市的市委書記徹查此事。可如今的市委書記也學會做官了，不願為這事得罪老百姓，拖了幾天，給中央有關部門回話說那天晚上演出時，市電視台和公安局都有現場錄像，可鏡頭都是對準台上，沒有對準台下，所以無法從幾萬名觀眾中找出「滋事分子」……此事也就不了了之。

宋祖英還有自由出入中南海的特殊通行證「紅卡」。1997 年一天，一位借調到北京的女歌手乘坐宋祖英的車一同去中央台錄音棚錄小樣，在車上這位女歌手無意中打開工具箱，赫然發現一張「中南海紅卡」，頓時驚得目瞪口呆。

女歌手肚子裡擱不住事，不久此事就傳遍總政歌舞團，以至於解放軍系統、廣電系統的一些文藝部門多次召開幹部、黨員、群眾會議，要求有關人員「不造謠、不傳謠、不信謠」，並將此作為一項政治紀律，要求必須嚴格遵守。那位女歌手不久即被所在單位遣回原籍天津。有消息說，回天津不久後，她就被人從涼台推下樓滅了口。

網上最後通牒

江、宋的故事早在 1998 年就在北京傳得人盡皆知。北京的出租車司機經常和客人興致勃勃地聊起此事，打發路上堵車時的無聊時間。

曾任中央電視台文藝部主任、多年執導春節聯歡晚會的趙安，在 2001 年的一天邀請一些朋友到飯店宴聚，其中有宋祖英。席間宋祖英趁著酒大談特談她與江澤民的風流豔事，被趙安傳了出去。後來趙安和他的合作者、歌詞作者張俊以有矛盾，張分兩次向中央和國家機關主要部委領導人發了 300 多封匿名舉報信，檢舉揭發趙安散布江澤民和宋祖英的緋聞。說是舉報，但信中對江、宋關係描繪得非常詳細具體，嚴格地說這叫傳播，數百高官因此都知道了江宋淫亂的祕密。一開始大家都裝不知道，所以張俊以兩年來安然無恙。但後來不知何人把這捅到江那裡，令江相當憤怒，甚至在政治局會議上大發雷霆以示清白。江下令立即處理，趙安以涉嫌受賄行賄罪被判 10 年，張俊以也以行賄罪判處 6 年徒刑。兩人都進去監牢了，江澤民以為缺口堵住了。

後來，江澤民在「16 大」上搞特別動議，賴在軍委主席的位置上不肯下台，激怒平民學者呂加平抖出江宋這段醜聞。江澤民抓人封口，於 2004 年 2 月 23 日把呂加平從家中抓走。

第二天，網上出現最後通牒，警告江澤民，說他和宋祖英的每次幽會都有「專業版」的音像資料為證，如果呂加平第二天不被釋放，光碟就會被向全國和全世界公布。在此之前，網上曾流傳台灣某局長的情色光碟。此警告暗示江澤民有類似極其隱諱的情色把柄被人抓在手裡。

出乎所有人的意料，呂加平當天就被釋放。光碟事件平息後，江澤民把呂加平抓到湖南，企圖消音。

宋祖英依舊呼風喚雨，成為國家一級演員，享受國務院「政府特殊津貼」，還成了全國政協委員、全國婦聯執委、全國青聯委員和中國音樂家協會理事。

國家大劇院

為了讓宋祖英高興，江澤民沒少花國庫的巨款。

宋祖英一句話要到澳大利亞悉尼開個人演唱會，江澤民馬上撥款數千萬元人民幣給海軍，讓宋祖英在澳大利亞和奧地利揚名。最奇怪的是，宋祖英是民歌手，她所演唱的民歌需要民族樂器伴奏，需要中國人的合唱團伴唱，但她在悉尼演唱會的伴唱都是連中國字都咬字不清的外國人，伴奏用的都是西洋樂器。一個民歌演唱會台上只有她一個人是中國人，顯得不中不西、不倫不類。2002 年韓國世界盃開幕，主辦方要求派名家去演唱，結果中國派出的是不夠檔次的宋祖英。尷尬的是，韓國給所有演唱的明星都付了很高的出場費，唯獨沒付給宋祖英一分錢。

江澤民還曾經花千萬元給宋祖英出首張精選 DVD 碟，於 2002 年過年前夕在全國上市。

江澤民討宋祖英歡心的最大一個禮物則是國家大劇院。

2001 年 12 月 13 日新華社對外宣布，國家大劇院正式開工。國家大劇院位於北京人民大會堂西側，占地 11.89 萬平方米，總建築面積 14.95 萬平方米。大劇院主體工程總投資 26.88 億元，外圍工程由北京市投資 8 億多元，建設工期 4 年，建成後正式營業尚需開辦費 3 億元。大劇院整個項目共需資金 38 億元，差不多是過去 15 年希望工程累計接受海內外捐款總和的兩倍，可以資助 500 萬貧困學生受到教育。

從立項開始，有關國家大劇院的紛爭就從來沒有停止過。

無論從哪個角度，也沒有一個專家認為有修建大劇院的必要，他們對此項目表示強烈反對和抵制。有學者明確表示，在下崗工人和民工的溫飽都解決不了的前提下，完全沒有必要花費 38 億人民幣修建這麼一個浩大的消遣工程。況且擔任設計的是法國機場設計師安德魯，他從來沒有設計歌劇院的經驗，而他主持設計的法國戴高樂機場候機廳在 2004 年 5 月 23 日發生屋頂坍塌事故，造成 6 人死亡，多人受傷。法國巴黎檢控官辦公室 5 月 29 日表示，負責設計戴高樂機場新翼客運大樓的總建築師安德魯涉嫌在贏得中國北京國家大劇院投標過程中舞弊，法國當局 2003 年 7 月開始進行初步調查。

　　建築專家表示，從文化上考慮，大劇院給人的印象恰如外星人的巨大飛碟，降落在中南海的門口。什麼文字也不用寫，就能看出這是個天大的錯誤和笑話，與北京六朝古都的文化傳統完全不般配。此外，從實用性考慮則問題更多。加拿大皇家建築學會院士 Michael Kirkland 稱此設計將「建築語言和基本科學規律都倒到溝裡去了」：這應該是一個功能性非常強的建築物，但設計人把它當作一個藝術品來做，大錯特錯，上面加了蓋子，房子套房子，是在屋中打傘作繭自縛，結果需要高大空間的舞台上不去，要向地下挖六至八層樓，這是全世界建築界有史以來最荒謬的大笑話。

　　國際權威性建築專業雜誌英國《The Architectural Review》1999 年 1 月號更以社論「無法無天」（Outrage）尖銳地批評法國建築師設計的北京國家大劇院，直斥其為「完美的糞團」，與北京城中心和其他任何現有建築完全不協調。

　　對於大劇院的整個造型，有人說，從空中鳥瞰下來，大劇院就像「一口痰」。但江澤民卻歡喜得不行。庫恩在《江澤民傳》中說，「江喜歡站在中南海的南端賞月並觀賞南海映月的美景，從這裡沿著水面望去，可以看見這座美不勝收的大劇院款款落成。」事實上，世界著名建築家貝聿銘所擔心的正是從故宮能看到大劇院，因為這完全打破了古建築群的和諧格局。

　　大劇院最遭人詬病的是其外表看起來像一個「大墳包」，它的地下入口，就像是一條墓道。安德魯安排了從水底下走入大劇院的通道（100 米），所以觀眾得先鑽下去走過一個水下隧道，再走上去。這像是在穿過墳墓的積水。

　　民間有人說，中國的中心是北京，北京的中心是天安門廣場，廣場的中心是個墳包。號稱講究風水的中國人居然在中國最中心的地方造個墳，讓故宮和大會堂都是「開門見墳」！還有比這不可思議的事情嗎？風水專家認為，「大墳堆」毀壞了北京的精妙布局，將先人循五行、五帝、四方四象之方位設計徹底破壞，倒陰為陽，使京城從此為陰屍氣所罩。但有人說，這種格局有利於陰類在陽間猖獗。江來歷特殊，據傳與陰類有關，這或許是這個耗費巨資而又醜陋無用的愚蠢工程得到江澤民如此青睞的原因之一。

此外，大劇院面臨光污染、維護清洗以及每個月高達 400 萬元的耗電問題等等。而中國現在缺的就是電，有錢也買不到電。國內有 140 名兩院院士及 114 名知名建築師、規劃師及工程師，曾分別聯名上書中央請求撤銷法國建築師安得魯設計的國家大劇院方案。

江澤民當然不會管科學家們是怎麼說的，宋祖英高不高興對江來說更加重要，因此這個項目還是執意上馬完工，以至於有人戲稱這是江安置宋祖英的「國家大妓院」。

宋祖英也為維護江澤民的統治使盡渾身解數。她所演唱的都是為中共和江澤民粉飾太平的歌曲，諸如《好日子》、《越來越好》、《繼往開來的領路人》、《永遠跟你走》之類。

從中央到地方的各級領導也都清楚討好宋祖英比江澤民更加有效。海政的將軍們對這位「小戰士」呵護備至，唯恐照顧不周。有一次海政歌舞團要到西藏演出慰問當地駐軍，演員名單上有宋祖英的名字。海軍領導發話說：「宋祖英不能去。西藏高原苦寒，小宋要出什麼事，我們對不起總書記。」

2‧李瑞英

　　和江澤民有曖昧關係的絕非宋祖英一人，只不過宋美人格外妖豔，因此更容易引起一般人的興趣和聯想罷了。民間有順口溜說江澤民：「家裡養著貓頭鷹，出國帶著李瑞英，聽歌要聽宋祖英。」說的就是江澤民身邊幾個有名的女人。

　　「貓頭鷹」指的是江澤民的元配王冶坪，王年老色衰，一身是病。江澤民每次出國帶著她不過是為了顯示「糟糠之妻不下堂」而已，實則對她十分厭惡。2002年在美國德州農場，小布希夫婦來歡迎江氏夫婦。江一下車就把王冶坪丟在一邊，獨自走進宴會廳，留下小布希和勞拉安慰遭丈夫冷落的王冶坪。此場景後來被海外記者拍攝下來。中國向來被稱為禮儀之邦，江澤民此舉讓世人瞧不起中國人，對炎黃子孫來說，可謂極大的羞辱。

「二英」大戰中南海

　　在江宋苟合之前，江澤民還有個有夫之婦的情人、中央電視台的女主播李瑞英。此女相貌平平，但會故作媚態，每年政協會議都缺不了她。李瑞英有幾年是江澤民出訪時必帶的中央電視台女主播，白天在電視上當傳聲筒，晚上給江澤民擺脫寂寞。一次在江澤民出訪時，李瑞英採訪江澤民的畫面在中央電視台晚間的《新聞聯播》中播出，觀眾議論紛紛，說李不像是在採訪，倒像是在撒嬌。

　　李瑞英自1986年起在中央電視台當主播。當年「六四」學潮開始時，輿論一面倒地支持學生，李瑞英也顯得支持民主，大義凜然。然而戒嚴令一頒布，李瑞英馬上改換態度，反對學潮。

當時央視主播杜憲和薛飛拒絕與專制合作屠殺學生，在播音時杜憲泣不成聲，後來二人都被停止了主播資格。而李瑞英繼續為中共做喉舌，人品實在不值一提。

自從江澤民給宋祖英手裡塞了「有事找大哥」的小紙條，宋祖英有了尚方寶劍，就有恃無恐起來。有一次在江澤民出訪東南亞前，她和李瑞英在中南海裡撞了車，宋以死相逼要江澤民把李瑞英立即趕出去，並且保證永遠不來往，就是帶李瑞英出國做電視報導都不行。宋祖英說：「有她沒我，有我沒她。」據說，爭風吃醋中，江澤民不出聲，這等於是默許。李瑞英嚎啕大哭敗陣而去。從此江澤民出國再也看不見李瑞英隨往，央視乾脆取消了播音員出鏡，只在播放江澤民的新聞片時加旁白。

在 2003 年重新選舉政協領導人時，有一位政協委員投票時將宋祖英的名字寫入「政協副主席、祕書長」另選人名單中，當宣票員讀出「宋祖英（歌星）一票」時，台下爆發出意味深長的哄笑聲。有意思的是，緊跟在宋祖英之後念出來的是：「李瑞英一票」，台下的人不由得你看看我，我看看你，互相擠眉弄眼使眼色。代表也知道，選誰自己根本做不了主，那就乾脆拿江澤民尋開心。

3・陳至立

在江的情婦裡，目前級別最高的陳至立對江澤民是最鐵的，她的鐵心從對上海《世界經濟導報》欽本立等人的迫害就可以看出。陳雖和江保持幾十年的交情，可是她的鐵心主要不是表現在男歡女愛上，而是與江在政治上的「生死戀」：凡是江澤民要迫害的，陳至立一定變本加厲去鎮壓；凡是江澤民最愛的，陳至立一定費盡心機去培植。

醜惡的政治組合

陳至立「文革」結束後在中科院上海矽酸鹽研究所工作，與江澤民大兒子江綿恆在同一所。江澤民任中共上海市委書記後，在江綿恆的引見下，陳至立與江澤民一拍即合，相見恨晚。1988年，陳被江委以上海市委宣傳部長的「重任」，從此默默無聞的陳至立在上海市委中叫響。市委的人都知道，她的職位是用什麼換來的。

《世界經濟導報》事件是上海1989年學生民主運動的焦點。後來中共八老中主張鎮壓的那幾個能夠看中江澤民，都是因為他在整肅《導報》事件中的「表現」。在整個《導報》事件中，陳至立的所作所為加劇了事件的嚴重性。

1989年5月江澤民上京，總書記趙紫陽嚴厲批評江澤民處理《導報》事件不當，江澤民感到大禍臨頭。陳至立即向江表示：中央怪罪下來，我一個人把責任全攬下來就是了。從上海《導報》事件陳要替江頂罪來看，陳至立對江澤民是死心塌地的。「六四」鎮壓後，陳至立下令遣《導報》員工，並特別下令禁止《導報》人再做記者。在《導報》總編輯欽本立臨死之際，陳至立親自到欽病床前宣布將其開除出黨，要這位中共老幹部臨死都不得安寧。

陳至立與江澤民的不正當男女關係，當年上海市委裡無人不知。從江在電子工業部與黃麗滿的醜聞，到往宋祖英手裡塞小紙條，還有外國攝影記者搶拍到的那些江見到漂亮女孩就失控的表情可以看出，江澤民是個淫蕩無恥之徒。江與相貌平庸的陳至立幾十年關係「牢不可破」，可不是平常的卿卿我我，而是醜惡的政治組合。

江澤民入中南海後，想把陳至立立即調到北京，委以重任。但在前中央組織部長宋平等元老的反對下，一直未能如願。1997年鄧小平病重，江澤民大權獨攬，陳至立終於進京，任教委主任。因為急於表白自己和江澤民之間的「清白」，陳1997年從上海調北京任教委主任，首次召集教委官員開會時，第一句話竟不談公事，而是談她家庭婚姻如何幸福，和丈夫喬林感情很好。眾官員目瞪口呆，嘆曰：「此地無銀三百兩。」

搞爛中國教育系統

1998年，江澤民任命從未從事過教育工作的陳至立為教育部長，禍亂中國文化教育事業。在其卸任教育部長後，江澤民把她升為國務委員，統管全國及全軍的教育。

近年來，陳至立數度遭彈劾。其中有一次，來自八十多間大學的1200多名教授聯名寫信給中央，呼籲改革教育現狀迫在眉睫。清華、北大等幾十所大學校長給整天出國遊山逛水的陳至立起個「歐美巡迴大使」的綽號，多次強烈要求陳至立下台。

終於，教育部長陳至立「下台」的消息傳來，教育界氣還沒鬆一口，又傳出驚人消息：江澤民破例提升陳為主管教育的國務委員，依然管教育，只是級別更高了。據悉，在人大32個代表團黨委討論中央政治局制定的新屆國務院領導班子名單時，有27個代表團強烈反對陳至立擔任國務委員，近40所院校持反對態度。但是在江的堅持下，連軍隊的教育最後也交到了陳的手裡，中國教育事業徹底跌入深淵。

教育界應該是培養國家棟梁的淨土，但陳至立卻推銷在中國教育系統建立所謂的「長遠經濟眼光」，使學校成了骯髒生意的交易場，教育界亂收費愈演愈烈，偽造文憑，花錢買文憑等事情層出不窮，引起社會極大憤怒。中國價格檢查監督工作會議一份通報指出，2003 年各級各類學校、教育主管部門違法收費金額超過 21 億元人民幣，不少名校被涉及。另據官方統計，中國十年教育亂收費已達 2000 億元人民幣，教育亂收費連續三年成為全國價格投訴的頭號熱點。陳至立掌管下的教育部成了眾矢之的。

教育不僅關乎國計民生，更關乎民族未來。在江澤民賣國行徑曝光後，2001 年 12 月，陳至立治下的教育部篡改歷史，擬在新版《全日制普通高級中學歷史教學大綱》（試驗修訂版）不再稱岳飛和文天祥為民族英雄，把賣國賊李鴻章美化成憂國憂民的愛國者，顛倒是非黑白的標準，為「漂白」江澤民的賣國行徑做輿論準備，結果招致社會各界的激烈反對。

更可惡的是，陳至立將教育當作是鞏固江澤民統治的重要手段，從小學開始對學生進行洗腦。儘管中共導演偽造的「天安門自焚案」已經在海外被揭露，真相廣為傳播，但陳至立卻意圖通過校園百萬簽名活動，讓中小學生簽字支持江澤民的迫害政策，在學生心中播種仇恨和謊言。

教育部長陳至立主管教育部七年，不擇手段摧毀中國本來已經十分薄弱的教育體系，採用一切手段毒害青少年。教育改革混亂，教學質量倒退，教風學風渙散墮落。全國濫發大學文憑、學位現象普遍。城市適齡青少年有 20％以上不能享有法定九年義務教育。大、中學院校風氣差，嫖、賭、抄三風充斥校園。

　　陳至立將教育當作一場大生意，搞「教育產業化」，不但本來普及就很差的九年義務教育制度名存實亡，更對大學無限度擴招，同時課以巨額學費。不少農家子弟的父母靠賣血供養子女讀大學，但是陳對教育投資卻很少，鼓勵教授搞項目發財，學生素質明顯下降。加上全國經濟下滑，下崗工人以千萬計，工作機會僧多粥少，大學生畢業後求職困難的現象司空見慣。教育腐敗和學術腐敗嚴重，好不容易上了大學的人付了巨額學費卻學不到東西，找不到工作。人們痛恨於教育界的現狀，更有網友疾呼：「像陳至立這樣的女人，不殺不足以平民憤。」

　　2003 年，江澤民為了進一步抓權，想把江家班人馬大批塞進軍委領導層，提議陳至立參加國家軍委、國防科技、教育有關工作。但在中央政治局常委討論時，因分歧大而擱置；交中央政治局討論時也僵持不下，反對和棄權的有 11 票。軍隊的高級將領都很看不起陳至立，背後給她起的綽號是「婊子陳」。

4 · 黃麗滿

　　江澤民最寵愛的女人還有黃麗滿。

辦公室的鴛鴦會

　　黃麗滿是齊齊哈爾人，畢業於哈爾濱軍事工程學院。黃上學時成績不怎麼樣，但她天生撩人，雖然姿色平平，卻非常善於勾引男人。當年同她同班的同學回憶說：東北從初中開始就允許男女學生跳舞，黃從那個時期起就弄得許多男生為她爭風吃醋。軍工有個老師由於同她關係曖昧，結果被老婆鬧到系裡，最後因為此事受了處分。

80 年代初，江澤民被任命為電子工業部部長，黃麗滿則恰好任職於該部辦公廳。據當時辦公廳的同事回憶，黃麗滿每天都打扮得花枝招展，臉蛋抹得紅一塊白一塊，高跟鞋響處法國香水味撲鼻而來，把天生好色的江樂得大嘴一咧、眼睛瞇成了一條線。

中共機關有個習慣，每天中午都要午休。每到午休時間，黃麗滿就悄悄地閃進了江部長的辦公室。同事們只要聽隔壁部長室的門鎖卡噠一響，大家就都會意地交換眼神不言語了。

一次，中央有緊急文件送給江澤民。送信的知道裡邊在發生什麼事，不敢攪了部長的鴛鴦夢，只好在外邊焦急地等待了一個多小時。等下午上班鈴打過了老半天，黃麗滿才衣衫不整地從部長室裡匆匆出來。送信的這才躡手躡腳地把中央文件交給了江。在汪道涵的提拔下，江澤民當上了上海市長。臨走時，江把自己在部裡的老情人黃麗滿提升當了電子工業部辦公廳副廳長。江到上海後，黃家很快就裝上了北京上海專線電話。

中國部司局級幹部的長途電話費是公家報帳的，但因為黃家的電話帳單實在太過嚇人，電子工業部財務部門只好將此事捅了出來。最後經電信局核實，絕大部分電話是打到上海的，而且每個電話差不多都超過兩個小時。黃同江澤民的曖昧關係終於在家裡捂不住了，黃的丈夫大隨為此同她打起了離婚官司。江澤民不得不趕緊跑到北京找黃的丈夫調解，最後把他支到深圳的一家電子集團公司去做生意，而黃則一個人留在北京，供江澤民來京「彙報」工作時盡情受用。

深圳呼風喚雨

「六四」之後，江澤民把黃麗滿調到深圳。初去時，深圳大員們誰也沒把這個女人放在眼裡，再加上組織部門不好直接了當把江黃的關係點穿，黃麗滿被放到了深圳市委副祕書長的虛位上。黃麗滿一肚子的苦水倒給了江，無論如何要江澤民替她出這口惡氣。無奈江當時地位未穩，而黃的頂頭上司又是中共元老任仲夷的大兒子任克雷，一時難以搬動，於是只好勸黃暫且忍氣吞聲。

1993 年初鄧小平南巡後，江澤民因為反對改革開放，差點兒沒丟掉總書記的位子，於是被迫緊跟，立即率隊前往深圳。

市委領導剛坐下準備彙報工作，江澤民頭都沒抬、慢條斯理地問道：「怎麼麗滿同志沒到會啊！」這一問可把市委書記厲有為嚇得心驚肉跳。厲明白，按規矩副祕書長是沒資格參加彙報會的，江澤民擺明是給他遞話，要他別怠慢了這個女人。熟悉官場運作的厲有為趕緊派小車接黃到會。會後，江澤民輕鬆地向厲打招呼：「今天胃口好，晚上跟我去小黃家吃餃子。」戲演到這裡，厲有為摸了摸腦袋、倒吸了一口涼氣：「差一點讓這個東北蕩婦給摘了烏紗帽！」

接下去，市委領導班子大改組，黃麗滿升任市委祕書長兼市委常委，後又升為市委副書記。雖然她只是個副書記，但家中卻裝有直通中南海的保密電話「紅機子」，深圳建市以來所有的頭頭都不曾享受過這種極特殊待遇。

黃麗滿政治上看好，經濟上也不落後。這些年她家門庭若市，跑官的要官、逃法的講情。據公檢法的一位朋友說，經黃「打招呼」而獲無罪釋放的大號經濟犯就有很多，這些人到黃家哪次也少不了撂下幾大捆美金。

　　實際上，深圳官場上上下下都看不起黃麗滿，他們認為黃的官帽是靠傍江澤民得來的。一名深圳資深幹部說，黃麗滿要本事沒本事，要品德沒品德，要政績沒政績，要民意沒民意；唯一有本事的是，對江澤民的內衣褲顏色、質地、品牌如數家珍。

　　為了減少戴綠帽的黃麗滿丈夫的憤恨，江澤民下令，給黃的丈夫在銀湖做的房地產生意大開綠燈。深圳新落成的耗資十億元以上的聯合廣場，工程總承包商就是黃的丈夫大隨。

　　黃麗滿在深圳呼風喚雨，她的幾個妹妹也跟著飛黃騰達。大妹妹黃麗蓉在深圳一家大公司任工會主席，該公司總裁天天向黃氏姐妹表忠心。1997 年，該公司股票上市，公司總裁立刻就送了黃五萬股原始股。後來深圳合作銀行成立，黃麗滿將小妹黃麗哲安排到該行當處長。雖然銀行近年來銀根都很緊，但黃麗哲老公辦的私人公司從來沒缺過錢。他們家別的不說，單是做貸款生意發的財，就夠黃氏家族幾代人受用不盡。

　　後來黃麗滿又躍升為廣東省委副書記。李長春被江任為廣東省委書記前，江澤民專門叮囑：「凡事要同麗滿同志商量。」李長春很乖，處處讓著黃麗滿，所以李在 2002 年 11 月當上了中共政治局常委。黃麗滿在江有權安排「16 大」人選的時候擠進中央候補委員，排名倒數第三。

黃麗滿的小金庫

　　據透露，中央檢查重點省市，發現貪腐及「小金庫」情況非常嚴重。深圳市委書記黃麗滿掌控的小金庫無論怎麼花銷，也總能保持 500 個億。

　　國家審計署的調查顯示，黃麗滿每月福利 30 萬元。調查顯示：

深圳特區市委、市政府的副省級級別的主要領導人黃麗滿等，每人每月的福利、津貼、待遇達 25 萬至 30 萬元；僅每月私人宴請開支，每月租用五洲賓館高級套房，就達 15 萬至 20 萬，月贈送禮品 5 萬元。

黃麗滿到深圳的四年，在深圳灣、廣州、北京和上海各有一幢豪宅，市值共達 1400 萬至 1500 多萬。黃在北京、廣州、深圳購置的三幢住宅，都有國家津貼，實際上等於饋贈。位於廣州白雲山風景區的一幢別墅，市值 400 萬元，但黃僅付了 2 萬 5000 元人民幣的裝修費。在該風景區的 40 多幢別墅，都是廣東省委近屆常委的私產。黃麗滿在深圳灣的一幢歐式別墅，面積 280 平方米，附有 100 多平方米的花園，市值近 500 萬，黃僅付了 5 萬元。無論是居住面積，還是國家對幹部的住房津貼，黃都屬違規、超標。

黃麗滿還被舉報以市委的名義，長期包用麒麟山莊、五洲賓館 16 套高級套房（供省部級高幹休假時享用），年開支高達 2000 萬元。

黃麗滿當政時，深圳平均每天發生的「兩搶」刑事案件達到 600 宗，成了罪犯的樂園。江澤民下台後，黃麗滿很快失勢，被調到廣東省當沒有實權的人大主任。但她在任期間給深圳留下的爛攤子，卻不是短時間能被整頓好的。

江澤民到底和多少女人有染，恐怕對江澤民本人來說都是一筆糊塗帳。江澤民在 50 年代中留學蘇聯時就勾搭異國情婦克拉娃。江在當電子工業部部長時，第一次出國就在美國拉斯維加斯嫖妓。事情過去後，那妓女對聯邦調查局的警察交代說：那肥佬給的小費還真不少——當然江澤民用的是公款。80 年代，江澤民作為上海市長訪問美國舊金山。在訪問期間，江特意去了一趟離舊金山不太遠的內華達州里諾（Reno）賭場，這是美國除拉斯維加斯外的又一著名賭場。江最後賭輸了，錢是從上海市政府立即撥過來的。訪問期間江澤民突然想吃洋葷，說要嘗嘗美國女人的味道。當時負責江貼身警衛的一美國高級警官聽了半天沒緩過神來。他做夢也沒有想到，一個堂堂大國的第一都市的市長在外國訪問期間會公開提出嫖妓這樣令人難以置信的要求。十幾年後，這位高級警官與幾位好友在一家酒吧聊天時還不忘提起這件不可思議的事情。

江澤民如此淫亂，甚至到底有幾個孩子也很難說清。原配王冶坪給江澤民生了兩個兒子：長子江綿恆（原名江民康）、次子江綿康。但是江澤民卻有三子，另有一兒子江傳康，從來沒有出現在闔家團圓的照片上。江傳康是上海一名中層黨政幹部，據說是「610」辦的負責人。

很多人玩弄女人僅止於兩性關係和金錢交易。大款高官貪色，女人貪財但絕不參政，而且這些女人大多是沒有丈夫的自由身。但是江澤民搞淫亂不僅全部使用公款，而且公然將情婦提拔到高級領導崗位，而被江提拔成高官的女人又都死心塌地幫助江禍國殃民，甚至在各個領域裡幫助江澤民禍害中華民族的文化遺產和道德規範。江澤民的姘婦陳至立敗壞教育、黃麗滿搞腐敗、宋祖英唱讚歌幫著掩蓋國家危機、俄國情人克拉娃協助克格勃促成江澤民出賣中國領土。所以，江澤民的淫亂範疇已經遠遠超出他個人的道德品行，而關乎著國家的興亡和民族的未來。

江澤民失勢　宋祖英出事

第三章

道德墮落「開壞頭」

從山寨村姑到黨魁姘頭，宋祖英與江澤民的亂倫眾所周知，但在此之前，宋祖英其實先做了前中共政治局常委曾慶紅的情人。有消息說，宋祖英和曾慶淮關係也不正常⋯⋯

2013 年宋祖英最後一次上春晚，造型似火雞。有網友直呼：「天下第一雞！」（新紀元資料室）

第一節

從村姑到黨魁姘頭

小背簍裡出來的山妹子

1966 年 8 月 13 日（黃曆 6 月 27），宋祖英出生在湖南省湘西土家族苗族自治州古丈縣岩頭寨鄉老寨村一個世代為農的普通山民家庭。上溯三代，宋家沒有一個在音樂藝術方面有特殊表現的人，不過苗族人世代喜歡唱歌，他們唱歌就跟說話一樣，也就不分什麼藝術不藝術了。

宋祖英的父親叫宋清太，人很聰明，可惜從小體弱多病，未成家時就得了肺結核，經常咳嗽，幹起農活來就比不過別的男人。不過他手很巧，無師自通地學裁剪。與宋祖英的母親結婚之後，一家大大小小的衣服都是他的一雙巧手做成的。附近山寨的人們都上門請他去做衣，於是他成了遠近聞名的裁縫。

宋清太還會拉二胡、吹笛子，而且二胡和笛子都是他自己動手做的。父親拉的悠揚二胡和吹奏的清亮的笛聲，或是童年宋祖英的音樂薰陶？然而這樣的機會非常少，因為宋祖英從出生到 10 歲前，基本一直住在外婆家，10 歲後才回父親家，回家一年多，父親就病死了。

宋祖英的奶奶是個非常能幹的女人。宋祖英的爺爺也是很早就去世了，宋家基本是奶奶操持。她給兒子娶媳婦，媳婦來自一個更偏僻的苗鄉：古丈縣岩頭寨鄉，宋祖英就出生在外婆這個偏僻的岩頭寨。宋祖英的奶奶白髮人送黑髮人，眼看自己常年得肺結核的兒子死去後，她不顧兒子留下的三個孩子，悲傷之下，一口氣把自己吊死了。於是，生活的擔子一下就壓在宋祖英的媽媽身上了。

宋祖英外婆家的岩頭寨鄉，當時只有四戶人家。那裡峰巒疊障，交通閉塞，貧窮而又落後，素有中國的「盲腸」之稱，但古丈縣是個風景優美的地方，到處都是山，如果不走出大山，外面的世界都不知道，可以說是世外桃源。特別是古丈縣的紅石林更是全球出名，那裡 5 億年前曾經是海底。有關古丈紅的神奇故事，詳見本書第七章「九頭鳥與蛤蟆精的傳說」。

童年的宋祖英是在母親的背簍裡度過的，因為母親既要不停地幹活，也要照顧孩子。在雲貴川湘等地農村，很多婦女都是把孩子背在小背簍裡。每天母親都要用小背簍背著呀呀學語的宋祖英到很遠的山梁上去勞動。遠處不時傳來山民們高亢的、充滿激情的山歌聲，這可能就是宋祖英受到的最原始的音樂薰陶，長大點宋祖英也跟著學唱。小背簍裡長大的窮孩子，長大後的出名曲就叫《小背簍》，這不能不說是命運的造化。

當時宋祖英和媽媽、外婆、外公、舅舅、舅媽，還有舅舅家的五個孩子生活在一起，據說，宋祖英小時候叫「宋六英」，可能是外婆家的第六個孩子吧，但在宋清太這個家裡，宋祖英是老大。

一天，剛剛上小學的宋六英，一次遇到一個跑江湖的算卦先生。算命先生一看宋六英的面相，再問明她的生辰八字，算卦先生就對宋六英的姥爺說，這女娃今後有出息，但名字中間必須改一個名字，於是宋六英改成了宋祖英。

宋祖英的母親也是個很有頭腦的女人。她在宋祖英 5 歲多一點就送她上小學，小學離家有七、八里遠，宋祖英每天得和小夥伴們一起走很多山路，爬很多坡。宋祖英小時候很多時間都住在外婆家，偶爾回自己父親家，就這樣一直長到 10 歲左右，才完全回到父親家。

宋祖英外婆家住在半山腰，要上山頂幹活的話，最得走起碼一兩個小時，到鎮裡趕集，得走將近一天。很長很長的山路，下山下到河裡，過了河再爬山，爬完山，再過河，就這樣一山連一山，交通很閉塞。不過這裡物產豐富，再窮的人家也能吃得飽飯。外婆家的山後有漫山遍野的野生板栗樹，板栗成熟的時候，是最讓宋祖英和小夥伴們睡不著覺的時候。有時為了多撿些栗子，他們會背著小背簍走很遠。生活雖然是窮苦的，但是童年永遠是美好的。

聾啞弟弟是一生的內疚

後來宋祖英的媽媽又生了妹妹宋祖玉（人稱宋佳玲），弟弟宋祖榮。弟弟比宋祖英小 7 歲左右。

　　舞台上宋祖英給人的印象是聰明伶俐，不過在現實生活中卻恰恰相反。認識她的人都說，宋祖英除了會唱歌外，其他幹什麼都笨手笨腳，說話也是呆頭呆腦的，給人整個印象就是笨。不過，宋祖英也有非常聰明的地方，留待稍後再談。在拉人際關係方面，宋祖英是高手。然而對於普通人家的家務事、農活什麼的，她就不在行了。

　　《京華時報》曾在 2008 年 5 月報導說：「中國北京鳥巢夏季音樂會——《魅力‧中國》」第二次新聞發布會 5 月 18 日在鳥巢舉行，陳道明、閻維文等友人到場助陣，朋友們不約而同以「印象宋祖英」為話題，談對宋祖英的印象。

　　陳道明說：「她除了有錢了、有名了，其他一點都沒變，笨還是那麼笨，說點不著調的話，幹點不著調的事。……」閻維文說：他眼裡的宋祖英是個「典型的不會說話的人」，「聽她講話會緊張，因為不知道她下一句接到哪裡」。宋祖英的丈夫羅浩則說：「在家裡我們都管她叫『腦膜炎』」，因為她說話沒有邏輯，東一下西一下的，給人感覺就是笨。」

　　據說在宋祖英 8 歲那年，一天大人們都上山勞動去了，宋祖英一人在家照看著小弟，直到中午大人們還沒有回來，小弟弟和宋祖英的肚子餓極了，小弟弟哭呀哭地，聲音差不多哭啞了，宋祖英不會做飯，也哄不住孩子，只好把弟弟背在小背簍裡去找媽媽。年幼的祖英背著小弟走在陡陡的山道上，開始弟弟還哭，後來哭累了就在背簍裡睡著了。

　　宋祖英吃力地背著小弟，一不小心失足從路上跌下坡來，打了好幾個滾才停下來，當她從坡下的草叢裡滿臉是血地站起來找弟弟，發現早不在背簍裡，在下滾時彈出了背簍。她只好往上爬著去找，在偏坡的草叢裡找到弟弟時，發現弟弟嘴角流著血，不聲不響的。宋祖英嚇得大哭以為弟弟死了，把他抱起來，死命地叫，弟弟並沒有死，只是昏了過去，不一會醒了大哭。

也不知是不是這次的原因，還是之前治病打的鏈黴素太多了，宋祖英的弟弟長大以後不能說話，變成了一個啞巴，開始還會說一點，自從那次摔跤後，就更不說話了。

當晚上媽媽回到家裡，看到兩個滿是血印的孩子，等明白了是怎麼回事之後，她只有抱著兩個孩子嚎啕大哭。宋祖英一直心裡內疚著，她認為是因為自己小時不小心讓小弟摔傷了，造成了小弟終身的遺憾。

後來宋祖英出名後，她先是在古丈縣城買了一塊地，建了一棟房子，讓母親、繼父和妹妹住在那裡。為了讓聾啞弟弟多感受一些歡樂，她一直把弟弟帶在身邊，既做姐姐又做母親，到北京後，她把弟弟送到聾啞學校上學，看到弟弟愛畫畫，又把送他去學畫畫。在北京有了一套四室兩廳的豪宅之後，宋祖英又把母親、妹妹和繼父接到了北京。聾啞的宋祖榮後來還進了長春大學美術系，畢業後自己搞攝影創作等。這是後話。

唱歌時她完全變了樣

由於父親得了肺結核，常年咳嗽，家裡農活缺勞力，收入少，再加上藥費很貴，宋家非常貧困。等到了宋祖英上初二那年，家裡再也湊不齊學費了，許多親戚都勸母親讓宋祖英輟學回家幫一把。父親在病床上也不忍心再讓母親去借錢，雖然那時一學期學費只需 6 元錢，但對於一個窮苦的農民家庭來說，仍像一座無法翻越的大山。

　　母親咬著牙從當時正在村裡搞勘探的省地質隊一位技術員那兒借了幾塊錢，才使宋祖英沒有失學。父親去世後，所有的親戚都再次勸宋母讓大女兒退學，親戚們都說，女娃子讀書有啥用？但宋母堅持說：「我沒有上過學，不能讓她再走我的老路。我寧肯自己累一點，也絕不能讓她不讀書。」

　　就這樣，在母親的支持下，宋祖英讀完了小學又上了初中。上初中後，由於路途太遠，宋祖英按學校的要求寄宿。但家裡窮，她沒有墊被，她就把被子鋪半邊、蓋半邊。每天的下飯菜總是一成不變的酸菜拌辣椒，一罐頭瓶酸菜辣椒得吃一個星期。學校離家很遠，一路上全是險峻的山間小道，要翻過兩座山梁，涉過三條溪流，越懸崖、爬陡坡，走一趟就得花去大半天，每星期只有周六才能回家，星期天下午她又背上一小口袋米和一罐鹹菜趕回學校。

　　在宋祖英的記憶裡，童年時除了父親的病讓全家人揪心之外，還有弟弟的病。弟弟出生不久，就得了百日咳。村寨裡的醫療水準實在有限，赤腳醫生只知道打針能治病，但注射的都是最便宜的藥。宋祖英對外公開說，她弟弟就是因為注射鏈黴素太多，而失去了聽力，成了聾子，起先還能說話，後來慢慢地連說話的功能也喪失了。

　　宋祖英上學時，各科成績都不好，唯獨唱歌唱得好，她的數學、語文成績都很一般，但她一直堅持學下去，直到命運轉機的到來。

　　平時說話木訥、做事慢吞吞、笨手笨腳的宋祖英，一到唱歌的時候，就像變了一個人，完全是另一副神態，活潑天真，渾身散射一股激越的神情，令熟悉她的人常常驚詫不已。宋祖英唱歌還有個特點，唱多久都不累，這對於演員來說就是最大的資本。

幸運地考進縣歌劇團

1980 年代初是胡耀邦執政時期，相對比較自由開放，那時中共文藝團隊提出要發展民族音樂，要搞出有地方特色的文藝節目，於是 1981 年 6 月，古丈縣歌劇團決定招收一批新演員，下到基層想挖掘一些苗族歌舞演員。

這天宋祖英的中學來了兩位從古丈縣城來了老師，他們專門為縣歌劇團招考學員而來。當一群男女生擠擠挨挨地來到兩位老師面前時，突然一個漂亮的背影讓田老師眼睛一亮，他不禁暗自欣喜，開口問道：「妳叫什麼名字？」「宋祖英。」小姑娘一臉羞紅地答道。

宋祖英被挑出來過第二關——口試。口試不是回答問題，而是唱歌。只見宋祖英抿了抿嘴皮，羞澀地笑了笑，然後張口唱起了《台灣同胞我的骨肉兄弟》。

一曲唱完，兩位招考老師互相交換了一下眼神，就聽一個考官說：「妳聲音不錯，但還不夠激情。」宋祖英聽了很傷心，走出大門眼淚就止不住地流了出來。

然而一個月後，正在山上打柴的宋祖英突然被家人找了回來，原來是她被縣劇團錄取了！這天大的喜訊，令 15 歲的宋祖英拿著錄取通知書的手不停地顫抖，母女相擁而泣：因為她的命運從此改變了，能進到縣城，不用再當農民了，跳出了「農門」，這是宋祖英和媽媽最盼望的事，也是中國農民最盼望的事。在中國，城鄉差別之大，城裡人和農村人的收入差別懸殊在 16：1，可謂天生與地上的差別，而造成這種差別的就是中共政權。

不久宋祖英帶上簡單的行李，在校長的護送下來到了縣劇團的學員班。宋祖英主要因嗓子好被招進學員班，劇團也就著重從音樂方面對她專門培訓，當然也練一些演員的基本功。她的聲樂老師是劇團專門從株洲歌舞團請來的一位姓吳的老師，教給她一些最基本的聲樂知識和發音技巧，這是宋祖英最初受到的聲樂教育。

在縣劇團，宋祖英她們是一邊學習一邊演出，她出演的第一齣戲是現代題材的愛情輕喜劇《啼笑姻緣》，她在劇中演一個無足輕重的小角色。後來由於她的音色及久唱不累，團裡在排練自編自演的現代歌劇《賭婚記》時，決定讓她出演劇中的女主人公。宋祖英全身心投入，唱詞背得滾瓜爛熟，演出一炮而紅。

古丈縣歌劇團學員班這一次共招收了 18 名學員，經過一年培訓後，從 18 個學員中挑選 10 名正式招工進劇團。一年後，宋祖英成為 7 個評委全票通過的唯一學員。這時，宋祖英 16 歲。

從那以後，宋祖英開始有點收入了，工資雖然很少，但對於貧困的宋家人來說已是雪中送炭。

從縣歌劇團到州歌舞團

1982 年 7 月，湘西自治州戲劇研究室在里耶舉辦湘西土家族苗族自治州全州文武花旦講習班，宋祖英作為古丈縣歌劇團培養的年青業務骨幹參加了學習，這是宋祖英第一次走出古丈縣。由於她入團後主要表演聲樂方面的節目，戲劇表演的基本功比別人弱，儘管她練得很苦，但進步很慢，為此她被教學嚴格的老師一遍遍地喝令「重來，重來！」她常常練得淚眼汪汪。

　　經過一個多月的勤學苦練，宋祖英的戲劇基本功大有進展，但在結業的聯歡晚會，她還是拿不出一個像模像樣的戲劇節目，於是宋祖英給大家唱了一首《知音》，這是她最愛唱的歌，曾經還被古丈縣廣播錄音向全縣播放。

　　這時的宋祖英已經掌握了很多發音技巧，歌聲清亮。那天她唱得很投入，給湘西自治州文化部門的領導和專家留下了深刻的印象。

　　里耶培訓結束不久，宋祖英第一次離開古丈縣歌劇團，參加全州重點劇目《帶血的百鳥圖》的排演，後來這個劇目還獲「全國少數民族劇本評獎銀質獎」。其後不久的 1983 年，宋祖英又被抽調加入湘西代表隊作為領唱，參加全國烏蘭牧騎文藝匯演，這是她第一次進京參加全國性的文藝匯演，使宋祖英大開眼界。

　　1984 年底，18 歲的宋祖英從古丈縣正式調到湘西土家族苗族自治州歌舞團。表面上看起來呆頭呆腦的宋祖英，對於自己的前程安排卻非常有心計。《國母宋祖英傳奇》描述說，宋祖英除了唱歌唱得好，她另一項最大的本事就是很會拉關係，很會巴結領導。人們一看她那麼淳樸憨厚的樣子，誰都願意幫她，結果她就不斷利用人們的幫助達到自己的目的。

沒上大學　卻爆不倫師生戀

　　宋祖英在官方簡歷上稱，她大學畢業於中央音樂學院，很多網站也稱，1984 年宋祖英報考離家不遠的湖南吉首大學，沒有考上，第二年也就是 1985 年 4 月，中央民族學院到湖南招生，這次她考上了。有的文章還繪聲繪色地描述只有農村初中水準的宋祖英是如何刻苦補習功課，最後文化課也通過了。「1985 年 8 月底，宋祖英從湖南湘西考入中央民族學院，在歌舞系專修聲樂專業。師從當時在中央民族學院的周本慶老師。」

然而真實情況是，宋祖英只是到北京去進修，而不是正規讀大學。據台灣《旺報》報導，「宋祖英也曾當過『北漂一族』（沒有北京戶口和固定住所的人），度過一段艱苦歲月。」考上大學的人是有北京戶口的，也有宿舍，憑當時宋祖英的文化水準她是考不上的，而且她在湘西州歌舞團上班，經常要演出，哪有時間複習文化課呢？

《國母宋祖英傳奇》也證實了這點。宋祖英沒有讀過中央音樂學院的本科，她只是去短期培訓進修。否則她若在北京上大學，1987 年她也沒時間參加湖南舉辦的青年歌手大獎賽了。

《旺報》報導說，宋祖英和所有的「北漂」一樣住地下室，時常足不出戶，宋祖英說自己不出去就是因為沒錢。說起「北漂」時參演瓊瑤劇《婉君》的事，她自嘲道：「早知道會像現在這麼有名，當時也不會去演啊！」

新華網也曾透露，當年宋祖英畢業後在北京所有文藝團體都考過試，沒人要，怎麼都找不著工作，被江爺爺看中時，檔案已經寄回湖南。時任海政文工團團長說：「沒有關係，檔案我們可以不要，可以重新建立一份。」這再次認證宋祖英沒有讀過大學，她的檔案一直在湖南湘西州歌舞團，她是停薪留職去了北京「北漂」，最後被「江爺爺」強行調到了海政文工團。

不過 1998 年宋祖英倒是在中央音樂學院讀了在職研究生，

2009 年宋祖英重回中國音樂學院攻讀金鐵霖的聲樂博士生，成為中國眾多民歌手中的第一個「聲樂博士」，這樣就超過了習近平的妻子彭麗媛。

1987 年，宋祖英在湖南省第三屆青年歌手大獎賽中獲第一名，這一年她還在第二屆「金鳳杯」全國第少數民族聲樂大賽中獲金獎。1988 年她又獲得全國少數民族青年歌手大獎賽榮譽獎，同年 10 月，中國音協主辦的「金龍杯」青年歌手大獎賽（全國歌手邀請賽）在長沙舉行，宋祖英以一曲帶有苗家風格的《阿哥你莫走》技壓群芳，和中共政協委員、中國音樂學院名譽院長金鐵霖當時的學生張也，以並列第一的成績捧得全國「金龍杯」歌手大賽民族唱法專業組的金龍杯。

1988 年，宋祖英在全國青年歌手大獎賽上認識了後來的丈夫羅浩，當時羅浩是湖南電視台主辦賽事轉播的編導人員，他把宋祖英介紹到金鐵霖那兒去學習，這個簡單的交往，改變了她的一生。

據知名博主「達人鈞鈞」爆料，宋祖英在北京時，羅浩經常給她寫信，在學習和生活上關心她、鼓勵她，通過這種傳統樸素的交往方式建立了感情。雖然宋祖英父親很早就去世了，還有一個妹妹和一個聾啞弟弟，但羅浩對宋祖英說：「我願意把妳的家人當作我的親人看待，尤其是妳的弟弟，我們要多多關心他！」終於兩個人走進了婚姻的殿堂。

不過，在與羅浩結婚之前，宋祖英還與另外一個男人有不倫的戀情。那就是北京音樂學院的老師：周本慶。

長沙某音樂傳播公司老總胡某，是周本慶的愛徒，也算是「宋祖英的師弟」。他曾向人爆料，宋祖英當年與周本慶老師有過一段爛漫無果的「師生戀」。當時仍在湖南工作的宋祖英，一面與羅浩談戀愛，一面主動親近周本慶。

爆料人這樣說：「那個年代一些傳統的觀念左右著這對師生關係的發展。愛是自私的，愛的種子一旦萌芽，長勢無可抑制。在內心藏不住彼此的愛的時候，兩個人終於衝破了一切屏障，從暗戀發展到了地下情侶的關係。據說，當初是宋祖英向周本慶老師表白的。周本慶老師當時甚至還覺得有些尷尬，畢竟這屬一種不倫的戀情。但是，對愛的追求，愛的狂熱使彼此突破了傳統觀念的枷鎖。不過，兩人約會常常只是躲躲藏藏的，像作賊一樣。兩人的關係發展迅猛，卻由於一些種種客觀原因，使他們不能正常的結合到一起。

周本慶對於宋祖英的愛是無私的，盡自己最大的能力幫助宋祖英，宋祖英在這條道路上若沒有周本慶的引導，恐怕不至於有今天的成就。進中央音樂學院進修，是在周本慶的極力推薦下才得以實現的。師從金鐵霖，也是周本慶的關係所致。」

這位知情人還說：「飛出去的鳳凰是不歸巢的，在 1990 年的中央電視台春節晚會上以《小背簍》嶄露頭角，在之後的兩年，宋祖英的成為家喻戶曉的一大明星。1992 年結婚之後，宋祖英漸漸就與周本慶正式切斷了來往。周本慶為人低調，一直不曾向外界透露過他與宋祖英之間的事情。只是在和愛徒閒談之間不慎透露了與宋祖英那段到現在都覺得有點難以啟齒的不倫之戀。」

大陸媒體稱，「儘管宋祖英 1992 年就結婚了，但是直到 2005 年結婚 13 年之後，宋祖英與丈夫羅浩的大胖兒子才來到這個世界。」這裡面人們不知道的是，中間很長一段時間因為江澤民的出現，宋祖英和羅浩離婚了，後來才復婚。

第二節

曾慶紅把宋讓給江

搞出大陸影視圈「潛規矩」的曾慶淮（左）給他大哥曾慶紅拉皮條，結果宋祖英（中）傍上的第一個高官就是曾慶紅。（新紀元資料室）

很多人知道宋祖英與江澤民的亂倫，但不知道在這之前，宋祖英曾是前中共政治局常委曾慶紅的情人。

曾慶紅的弟弟曾慶淮，曾任中共文化部特別巡視員，是大陸文藝界重量級幕後大佬，其前妻呂某則操縱著同 X 廣告公司。曾慶淮是曾家老二，曾慶紅安排他做了中共文藝圈的幕後掌權者。曾慶淮仗著大哥的勢力在北京成立了歌華有限公司，然後上市圈錢幾個億；他還壟斷了全北京的有線電視接入服務，每年僅這一項就收入幾千萬以上；後來又開辦歌華寬帶網路服務公司，每年獲利上億。

大陸官方介紹曾慶淮時說，從 1982 年參與大型音樂舞蹈節目《中國革命之歌》的策劃組織工作後，曾慶淮多次擔任中共大型文藝晚會和藝術活動的總策劃，從中撈取了不少好處。比如 毛澤東誕辰 110 年時，中共搞大型文藝表演，曾慶淮把自己搞的那台戲安排在人民大會堂，而且是晚上黃金時間。許多人聽說中共最大的頭兒全出席，以為節目一定不一般，結果爆滿，曾慶淮從這個活動中一舉賺得 1500 萬元。

不過在大陸影視圈裡，曾慶淮最出名的是他搞出了「潛規矩」。他在文化部管文藝演出時，大肆玩弄文藝界女明星，誰要想當女主角，「曾總策劃」必須先過頭一遍手，他的下屬、原中央電視台文藝部主任趙安就經常為他選美女。但曾慶淮不光自己享用，還兼給他大哥曾慶紅拉皮條。結果宋祖英傍上的第一個高官就是曾慶紅。

《爭鳴》2012 年 9 月號曾曝光說，前中共副主席曾慶紅因鍾情看「港產、台產和日本、韓國黃色三級片」，被人告發，中組部無奈，朱鎔基出面告誡曾慶紅要注意影響。曾慶紅的淫穢在中南海官場已眾所周知。

後來，江澤民看上了宋祖英，往小妹手裡遞了一張紙條，雖然江比曾氏兄弟年歲大一輪，但江的地位比曾氏大出好幾輪，宋祖英這時已經嘗到傍高幹的甜頭，馬上投入江的懷裡，而且還與丈夫離了婚。宋祖英還想和曾慶紅糾纏，但曾慶紅知道江的妒嫉心甚重，不想給自己找麻煩，就讓弟弟再找更年輕漂亮的女演員。

後來趙安因為「國母事件」被江送進監獄，曾慶紅怕禍及他二弟，就委派曾慶淮任文化部駐香港特派員。據說曾慶淮的任務是專替他大哥搜集香港情報。

據報導，北京公安拘捕趙安時，在他的家中搜出 1000 多萬元人民幣現金，而趙安是曾慶淮的主要助手，人們質疑曾慶淮是否更不乾淨。曾慶淮與宋祖英的關係也很密切，宋祖英到世界各地演出，曾慶淮經常到現場捧場。有消息說，宋祖英和曾慶淮關係也不正常。

　　網路上還流傳一些明星照片，是 2010 年 3 月 26 日曾慶淮 67 歲生日聚會的場景，參加聚會的大都是文藝界的一線紅星，宋祖英也在其中。

　　2013 年 10 月 28 日，海外網站《人民報》發表文章《鬧不懂江曾兩家的事：英子侍候誰》，下面是文章轉載。

　　「1926 年 8 月出生的江澤民屬虎，1966 年 8 月出生的宋祖英比老姘夫小了整整 40 歲。江澤民自從 1990 年在春晚看到宋祖英，就念念不忘，後來偷偷讓人把她收進海政文工團，直到 1992 年上半年才得手。那時宋祖英剛剛結婚沒有兩個月，新婚丈夫羅浩在湖南，她就跟了老江。為了完全占為己有，羅浩被迫離婚，轉入地下，離婚不離家。當時宋祖英還不滿 26 歲。

　　突然有老江撐腰，這個湖南的農村丫頭一夜變成了『土豪』，手上戴個鴿子蛋寶石，還要把手放到顯著位置讓人拍照，可是那手太不跟勁了，手指頭又粗又齊頭，也就是手相不好，手的皮膚粗糙的一看就不是富貴命。

　　老江屬虎，宋祖英摟著老虎塑像照相，照片現在才拿出來，到了老江被迫交出軍委主席一職後，宋祖英才偷偷與羅浩復婚。2005 年，39 歲的宋祖英才懷孕，小宋卻怕老江知道她復婚了，於是堅決要打胎，宋母和丈夫堅決反對，她才沒去醫院，但宋祖英想盡辦法要讓胎兒自己流下來，比如連演 19 場，拍 MTV 時，使勁盪鞦韆，把導演嚇得汗流浹背。結果她的兒子楞是非要出來與老娘見面。

　　2013 年 3 月 1 日，『文化中國 四海同春──2013 年宋祖英美國音樂會』在洛杉磯演出一場。美國中文網 3 月 2 日秀出由美國中文電視台記者錄製的部分實況，視頻裡有曾慶紅的弟弟曾慶淮看到觀眾跺腳、狂喊、起哄，坐在台下得意洋洋的鏡頭，還有一位北京籍觀眾透露這次演出是免費看的，『希望以後多舉辦這樣的活動』。」

《人民報》在 2013 年 3 月 11 日刊登了署名文章《宋浪貓叫春，窮百姓埋單（多圖／視頻）》，抨擊這種拿中國老百姓的血汗錢去攏絡海外華僑和華人的做法是卑鄙的。後來美國中文電視台錄製的視頻，刪除了曾慶淮的所有鏡頭，還有那位暴露宋祖英演唱會是送票的觀眾。怕什麼呢？！

你說宋祖英跟老江特別鐵吧，又好像不是。聽說她跟曾慶紅還有一腿，還讓老江醋意大發。又聽說跟曾慶紅他弟弟曾慶淮關係不一般，以前的不說，2013 年 3 月初去美國演出那兩場本來沒有曾慶淮什麼事，他不但跟著去了，而且看見宋祖英在台上放蕩的扭來扭去，他得意的太過分，不時瞟他旁邊的人，意思是⋯⋯好像是老婆給他長了臉。不過有人把美國中文電視的這段視頻做了截圖後，該視頻鏡頭就被刪除了。

2013 年「十一」長假，曾慶淮攜宋祖英去湘西遊玩，還帶著羅浩當牌坊。10 月 9 日新華網發展論壇刊登了這張高清圖片。

「鬧不懂江曾兩家，英子侍候誰。」《人民報》最後這樣結尾道。

與羅浩的離婚與復婚

據台灣《旺報》報導，宋祖英與羅浩「1992 年兩人走入婚姻殿堂，曾於 1998 年離婚，2004 年，宋祖英與羅浩復婚，2005

年9月，宋祖英與羅浩誕下一子。」兩人為何離婚呢？原因很簡單，就是為了更方便地與江澤民通姦。不過大陸媒體一直隱瞞這段婚變歷史，官媒只是報導說，「宋祖英與老公羅浩因距離曾差點離婚」。

官媒說：「宋祖英的老公羅浩原是長沙電視台台長，兩人相識至今已經20年。當時羅浩是湖南電視台主辦賽事轉播的編導人員，他把宋祖英介紹到金鐵霖那

1992 年宋祖英與羅浩的結婚照。

兒去學習，1992 年，交往了四年之後，宋祖英和羅浩終成眷屬。但因距離問題，一個身在長沙，一個遠在北京，平時缺少溝通差點離婚，但兩人經過長時間的交流後和好如初。

宋祖英在家裡有個綽號，叫『腦膜炎』，因為她總不記事兒。羅浩常用『可怕』和『霸道』形容妻子，因為她除了唱歌，在家什麼都不會做，很多時候像個小女孩子。對此，宋祖英說，其實她會做家務活，是媽媽心疼她才不讓她做。

2005 年，39 歲的宋祖英懷孕了，生了一個兒子。見過的人都說，這是一個人見人愛的聰明孩子。在經歷風雨後，如今的宋祖英事業家庭雙豐收！」

2014 年 2 月 7 日新華網首頁「讀史情感」欄目有一張小小圖

片，是中年婦女宋祖英與離婚又結婚的丈夫羅浩的拼圖，據說從1992年結婚到拍這張照片時，兩人還沒合過影。新華網的題目也夠損的，叫《宋祖英罕見結婚照》。

文章說：2011年8月24日晚，電視劇《第九個寡婦》與《狐仙》在京舉行媒體見面會。葉璿、劉佩琦、李學東、秋瓷炫、遲帥、徐錦江等明星悉數到場，可謂星光閃耀。不過，在現場眾多的嘉賓中，宋祖英老公、著名製片人羅浩顯得非常顯眼。自從首次公開與宋祖英牽手亮相趙本山會館開業大典後，宋祖英神祕老公越來越多的出現在媒體視線中。

文章還譏諷說：宋祖英是中國最負盛名的歌唱家之一，在奧運會閉幕式上的亮相讓這個湘西古丈縣的山妹子大放異彩。而舞台下的宋祖英卻有著鮮為人知的平凡經歷。1992年就結婚，歷經13年（2004年9月江澤民被迫交出軍委主席之職，成為普通黨員），宋祖英與丈夫羅浩的結晶才在2005年9月遲遲到來，3700克重的大胖兒子出世，母子平安。

文章刊登四張廣為人知的帖子附圖，只有第一張帖子附圖有描述：「宋祖英與老公羅浩早期結婚照，其實，羅浩還是非常帥氣的，與宋祖英的美麗是非（常）搭調。」

不過有民眾議論說，這張結婚照怎麼倆人都穿一身黑，這是辦喜事呢還是辦喪事呢？關鍵是男人坐著，女人站著，而且那個故意展示S曲線的女人，把兩隻手連同整個身體的重量都重重地壓在男人肩上，這張照片真不愧是這家人「女欺負男」的真實寫照！

《人民報》文章繼續寫道：「『早期結婚照』，難道還有『晚期結婚照』？下面還真的緊跟著一張復婚的宋祖英和羅浩的拼圖。拼圖就好好拼，結果還是羅浩 T 恤衫拼進宋祖英胳膊裡的那張，背景塗抹得亂七八糟，沙發不是沙發，牆壁不是牆壁。此時的羅浩可不是彼時的羅浩，潛伏了 20 年不見天日，人全毀了，不但相貌氣質完全變了、面部虛虛腫腫，而且笑得毫無自信。

再下面是那張經常刊登的老照片，從左到右：羅浩、宋的聾啞弟弟、宋祖英，還有她十幾歲的同母異父妹妹宋佳玲。最後一張是『結晶』小兒子受訪。作者『windyspeed』（颶風的速度）這文章有 2 萬 1000 多人看了，但下面沒有一個網友評論。說什麼呢？有什麼可說的呢？」

網路上還流傳一張宋祖英喝酒的照片，據說她的酒量很大，很多男人都比不過她。

不過因為貪杯也曾「誤事」。她和江澤民的醜事就是在酒後失言告訴趙安等人的。

還有一次在雲南楚雄，中國文聯、中國紅十字會舉辦「送歡樂下基層」赴雲南慰問演出，在歡迎午宴上，宋祖英與彝族祝酒的漢子還喝起了交杯酒。

羅浩卻是一個文靜的人。官媒報導說，「他是一個很有智慧有才華而且非常幽默的男人，博覽群書，在音樂上也很有造詣。《湘女多情》、《月亮花花兒開》等都是他寫的，非常好聽，旋律優美，再加上宋祖英的演唱，更是棒，極力推薦大家去欣賞。」

宋祖英本人也說過自己先生的旋律感十分好。羅浩還曾擔任《雍正王朝》的製片人，並為許多的電視劇、晚會做策劃與製片，他為人相當低調，不願意出鏡，也不介意別人用「宋祖英的老公」來稱呼他。

宋祖英北京豪宅曝光

據網友爆料，宋祖英北京的家位於昌平境內的某高檔小區內，該小區是北京的三大別墅區之一，距離市中心僅 20 分鐘車程。環山抱水的地理位置獨得天地之厚待，是距北京市郊最近的高尚別墅區。

這裡不但交通便利，地理位置優越，而且小區內設施非常好，游泳池、網球場、健身俱樂部、地下停車場、會所等齊全。目前房價已上漲，據稱宋祖英此處住宅已價值不菲。

然而，宋祖英因為江澤民的關係，到底得了多少不義之財，人們不得而知，比如在深圳航空案中，20 億國有資產被盜，其中宋祖英和宋祖玉分到多少，外界不清楚，還有江澤民給了羅浩多少封口費，這些人們都不知道，但從深航案這一件事中就能看出，這套豪宅對宋家而言，只是小菜一碟了。

第三節

宋祖英開了個壞頭

開了鍍金的壞頭

2014 年 3 月中共兩會期間，面對北京交響樂團團長譚利華炮轟維也納「金色大廳」鍍金現象，宋祖英不得不承認：「去金色大廳『鍍金』，我開了個壞頭。」《大紀元》評論員沈靜曾撰文總結，宋祖英開的壞頭遠遠不止一個，文章這樣寫道：

據悉，大量的中國音樂團體到維也納，2013 年僅 8 個月中竟有 133 個，組團包場砸重金登台，觀眾手中一堆贈票，一半座位都是空的。演出更像是演員輪流當觀眾的自娛自樂，丟人現眼，被人家當笑話看。回國後卻稱「盛況空前」。

2014 年 7 月初，中共文化部發文叫停了宋祖英帶頭的維也納「金色大廳」鬧劇，要求制止藝術團組出國「鍍金」。接著，被「特招」入伍的宋祖英又遭官媒貶損、埋汰。另外，王岐山中紀委近期通報落馬官員頻繁使用「與他人通姦」，被指間接影射江澤民與宋祖英、李瑞英等人的淫亂，5月底李瑞英退出《新聞聯播》。被擺上檯面的宋祖英屢遭明批暗諷、高級黑，直指始作俑者。

實際上，宋祖英曾先後五次在海外舉辦個人音樂會十場，這個頭開得可是數以億計的民脂民膏揮霍一空。

2002年12月宋祖英在悉尼開「好日子」個唱，在當地最大的華人報紙《澳大利亞新報》打首頁整版廣告，既沒有票價，也沒有售票地點，就是為了造勢。她邀請趙本山、徐沛東等數十名大腕去捧場，演唱會票、機票、食宿全由中國老百姓埋單，還在悉尼港的遊船上擺慶功宴、放煙花。

2003年11月23日，宋祖英首開「鍍金」先例，唱響「金色大廳」。演唱會是老江為其耗費大量國庫資金換來的。中使館下令，每人必須保證送出多少張票，而且要確保奧地利人來，不要華僑，這樣可以保證電視錄像效果！

2006年10月12日在美國甘迺迪表演藝術中心舉辦的宋祖英專場獨唱音樂會，就花掉300萬美金。一個民歌手請美國國家交響樂團伴奏，華盛頓合唱團伴唱，整個演出不倫不類、不中不洋。大多數觀眾都是領事館經過政治審核後白送的票，還有一部分票是讓被使館控制的僑社「承包」。

充當江政治棋子

宋祖英不光花掉海量的銀子，以劣充優糟蹋中國文化藝術，她還是江的政治棋子。為邪黨歌功頌德，諸如《繼往開來的領路人》、《永遠跟你走》之類。為「太平盛世」塗脂抹粉，在國內、國外狐媚輕佻地大唱《好日子》，真是諷刺！江宋苟合、貪官污吏養 N 奶的荒淫糜爛是「好日子」？多少農民工討不回血汗錢抱頭痛哭？多少老百姓被強拆流離失所？多少人慘遭迫害家破人亡？多少人冤情絕境自殺身亡？

央視的《同一首歌》演唱劇組最高演出費達 800 萬人民幣，全部由政府和國企支付，宋祖英是常客。2006 年央視《同一首歌》走進瀋陽，江澤民的兩個風向標人物，宋祖英與趙本山同台表演。《同一首歌》曾被中共警察用作給法輪功學員「洗腦」用的，遭法輪功學員的強烈抗議。這首邪歌，終於在 2013 年 8 月 15 日被當局公開喊停。

2011 年 5 月 8 日母親節，宋祖英在台北小巨蛋開統戰演唱會，六套演出服裝，每套造價都在 300 萬台幣以上。僅開場「百鳥朝鳳」的禮服就花費 184 萬人民幣，她坐著金色鳳凰椅現身，營造出「皇后娘娘」駕到之勢，顯然是給落魄的江澤民打氣。

2011 年 10 月 21 日，宋祖英在重慶舉行個人演唱會，「本山號」私人飛機來回接送宋祖英，王立軍動用 900 萬「英烈基金」購買了大量演出票給下屬，贏得個「座無虛席」。趙本山與宋祖英都被指與薄熙來、王立軍存有複雜的利益關係。

近幾年，宋祖英挪用公款國外開秀還有突顯江派勢力、干擾神韻藝術團演出的目的。2013 年 2 月中旬至 3 月初宋祖英在紐約、華盛頓、洛杉磯、舊金山等地舉辦巡迴演唱會。親共媒體肉麻吹捧，有評論稱「史無前例」，卻嚇得中新網把評論都刪除了。據悉，3 月 1 日在洛杉磯雪蘭大劇院的宋祖英演唱會，6000 多張票全部白送，名曰「慰僑」，實為收買人心。《人民報》專欄作者肖慶慶寫道：「宋祖英在舞台上舉止非常放蕩，扭來扭去，抖來抖去，像一隻野貓在叫春！江快 50 歲的姘頭又在燒老百姓的錢，去欺騙海外的僑民華人！」

紅朝魔幻荒誕劇

2010 年在 500 演藝名人「道德修養指數榜」中，宋祖英以指數 188.20 高居榜首，成為最具道德修養的藝人，趙本山排名第二。文中說宋祖英，「不僅與緋聞、負面等幾乎絕緣，更重要的是極重個人言行，在公眾心目中已晉升『德藝雙馨』級別，道德指數能居首位。」民眾對此嘲諷：真是紅朝魔幻荒誕劇，滑天下之大稽！

冷傲清高的陳道明在談到「印象宋祖英」時，他入木三分的寥寥數語卻是少有的大實話，「她除了有錢了、有名了，其他一點都沒變，笨還是那麼笨，說點不著調的話，幹點不著調的事……」

真正聰明的女人是不會這麼做的。宋祖英出身於貧困的苗族山民家庭，12 歲時父親病逝，母親含辛茹苦地支撐家庭，她除了妹妹還有個聾啞的弟弟。1984 年中央民族學院到湘西招生，破格錄取了僅小學學歷的宋祖英。她也自曝比較粗心，不記事，除了唱歌，在家什麼事都不會做，丈夫羅浩給丟三落四的宋祖英取了個綽號叫「腦膜炎」。她智商有限、見識有限，上了江澤民的誘餌鉤，都名利惹的禍，如吸毒上癮，慾望無止境，從此鬼魅相伴，難以擺脫。她被鮮花掌聲和光環所陶醉，節節上升步步高，拿到了太多不該拿的東西，享受了特權階層所能享受的一切。周圍又是一群捧江澤民臭腳的人，對宋二奶極盡阿諛之能事。

　　宋曾在採訪中做著誇張的手勢說：「反正天塌下來有高的人頂著。」但這回不行了，無論是江澤民的「有事找大哥」，還是趙本山的「有事兒哥替妳扛著」，都將化為泡影，周永康被立案審查，趙本山自身難保，終極大老虎江澤民也岌岌可危。

　　每個人都要承受自己的善惡因果。善惡有報，出來混的早晚要還的。江澤民不僅貪腐治國，而且出賣了 100 多萬國土給俄羅斯。作為迫害法輪功的元凶，在全球 37 個國家及地區，被以酷刑罪、反人類罪、群體滅絕罪起訴。活摘法輪學員器官是江澤民集團犯下的驚天罪惡。

　　2013 年宋最後一次上春晚，造型似火雞。網友更是直呼：「天下第一雞！」紫紅色長裙、血紅長手套、紅色髮飾，配上雞冠髮型。揮舞的血手讓人不寒而慄，聚光燈下那身火雞裝反射著血淋淋的不祥之感。宋祖英正為沾染上個噁心人的癩蛤蟆、遺臭萬年的老孽障，為這 24 年浮名煙花的虛榮，付出沉重的代價。

第四節

宋祖英永遠的追悔

宋祖英讓自己成為永世不得翻身的人。榮華富貴會像雲煙一樣很快的消散，可是永世的悔，沒有人替她承擔。（大紀元資料室）

《大紀元》在 2012 年 4 月 10 日曾發表沈靜的文章，談「宋祖英永遠的悔」：

少女時代的宋祖英清純美麗，雖然那眉宇間藏著幾分不安分。

和她「功成名就」之後的照片比較，那份清純沒有了，美麗也就沒有了滋潤的土壤。也許是為了「適者生存」吧，宋祖英丟下了寶貴的清純，換上了千人一面的妖媚。我相信很多人一定會想念那個已經被她拋棄的清純的宋祖英。

也許她可以走這樣的一條路。一直清純下去，找個自己愛的人，唱著自己的歌。可以不是紅歌，可以不是受萬眾矚目的紅歌星，可以沒有今日的榮華富貴。可是會生活得很安心很幸福。

可以不提心吊膽，可以不把自己和另外一個人聯繫起來。可以不……

如果讓宋祖英重新去選擇，她會選做哪一個宋祖英呢？是清純的還是妖豔的？是攀權富貴的還是安分守己的宋祖英？是被名聲所累的宋祖英還是清清白白的宋祖英？

當然我們不得而知，但是我相信在今天輝煌之後，她是不是還會懷念那個清純的自己，在自己無處述說的時候，會不會流下淚水？

也許這一切的罪過不能都算在宋祖英的頭上，她只是想出人頭地而已，沒想到會有這樣的被「潛規則」。

10 多年前聽總編講了一個關於宋祖英的故事，說是宋祖英到了江澤民在北京達園的下榻，過後江澤民解釋說，原來是宋祖英在和自己的祕書在談戀愛。是和誰談戀愛我們沒有問他，是他自己在解釋，很顯然有欲蓋彌彰的嫌疑。

走過滄桑的宋祖英悔的也許比別的女人更加深重。因為那種悔是永遠都無處述說、無法述說的。無論是面對自己的家人、面對朋友、面對自己的愛人。那不是祕密的祕密只能埋在自己的心裡。

那一刻，真實的清純的宋祖英已經被虛假的被錢權交易的宋祖英出賣了。

我很為那個清純的宋祖英悲哀。

可是如今我們已經找不到了。貧寒出身的宋祖英忘記了自己從哪裡來的……更讓人痛心的是，宋祖英讓自己成為永世不得翻身的人。榮華富貴會像雲煙一樣很快的消散，可是永世的悔，沒有人替她承擔。那些走在權貴之上的宋祖英們是不是該清醒了呢？

　　人活著，不管是男人還是女人，清清白白的活著，也許比什麼都重要。

央視主播曝高官駭人淫癖

　　誰都想做清白的人，不過在中共那個環境下，想清清白白做人都很難。2014 年 8 月 8 日網上流傳一篇文章《央視女主播投書海外政治局 高官淫亂大揭密》，該文揭露中共高官的淫亂簡直讓人震驚不已。類似現象在大陸底層妓院裡也經常出現。

　　以下是該信的全文：

　　「XX 編輯，通過你在北京的介紹，我到美國後專門搜索上到 XX 新聞網，看到了很多讓我這個做了六年新聞主播的人震驚的新聞，我特別喜歡你們收集的有關『六四』的報導、圖片和評論，那時我還小，根本不知道發生了什麼，謝謝你們。

　　作為一名央視的女主播，今天寫信是想說，請你們報導央視女主播與官員的『緋聞』時手下留情，其實，那根本不是『緋聞』，甚至不是包二奶」，央視的女主播長期以來就是黨政高級官員洩慾與發洩的工具，我去之前就存在了，當時還主要是中宣部系統，後來擴大到政法、廣電和組織部門，現在央視女主播會被輪番叫去陪領導吃飯、睡覺，而政治局或以上的領導看重的女主播，幾乎就成了洩慾的工具。據說，那些領導看到這些女主播整天播報沒有他們的新聞時，非常不滿，就把女主播叫去。例如周永康和另外一位主管宣傳的官員，喜歡讓女主播舔他們的 XX，說是要洗洗這些女主播的嘴巴，誰讓他們整天叫『胡錦濤』和『習近平』

這些人如此甜？

　　這種事在央視早就心照不宣，目前上位的女主播，除了確實長得對不起人，或者被常委級與中辦一些掌握實權的領導看重的，可以說達到了 90％都被睡過、被淫辱過，這已經不能算是潛規則了，而成了『明確的規定』，誰想上位，先上領導的床，然後還得不停上大領導的床。這和我們嘴中的特色社會主義一樣，不容置疑。

　　其實，地方各電視台也一樣，省委省政府的高級官員，幾乎都以擁有或者淫辱過一兩次電視台的女主播為榮，廣州的萬慶亮書記，還有前後兩任政法委領導與公安廳長，幾乎都有電視台的女主播女友。湖南的更離譜，主管宣傳的領導有一次一次睡了兩位女主播，其中一位因實行肛交而出血，去醫院後差一點誤了廣播，此事湖南電視台都知道。

　　每個女主播都知道，只要有領導叫去陪客吃飯，那麼飯桌上一定有某位領導是看到自己的出鏡，在未來一兩個星期裡，肯定要上他的床，舔他的陽具。這已經成了中共廣播電視台女主播的培訓儀式，好像不舔領導的 XX，嘴巴就沒有理由說偉光正一樣。

　　我想告訴你們，作女主播是很多人的願望，我們也不想這樣，可是決定我們的事業甚至我們工作的權力在他們手裡。按說《新聞聯播》的女主播最不漂亮，而且年紀也偏大，但我們都知道，她們才是最高級別的。據說，主管宣傳和中辦的領導爭相以迫使《新聞聯播》女主播口交為榮。

　　我目前已經離開央視，因為我丈夫本身是宣傳部門的領導，他知道內幕，逼迫我離開的。」

中國緣何成為「黃色大國」

看了女主播的來信，網友怒斥「變態，噁心，無恥！」「官妓屬特定體制內的合法編制，這就是走狗和鷹犬的下場！」

當今中國社會道德下滑已經到了怵目驚心的地步，而且有愈演愈烈之態勢，如倒下的官員中有幾個沒有情婦？如那些富豪巨賈，有幾個不是二奶成群？中共官場公共倫理淪喪，形成了「以包養情婦為榮，以不包養情婦為恥」的官場文化。

不僅官場，全中國上上下下都充斥著黃色與淫亂，甚至中共軍隊前所未有、前所未聞的大搞黃色產業。在江澤民的主政下，總參、總後、總政色情泛濫，沉溺於聲色犬馬之中。而且在江澤民故意地助長這種淫亂的風氣中，其心腹鐵桿個個是「淫棍」。

如周永康是江澤民的最忠實鐵桿之一，在其任職期間不但頑固執行江的迫害法輪功政策，更承繼了江的腐敗淫亂。他的心腹，前公安部副部長李東生在央視任職期間，不斷向中共高官「進貢」美女，將央視變成中南海高層「藏污納垢」的「後宮」。

第四章

淫亂治國 殃及你我

為鞏固專制統治，中共大行縱慾主義，用財色的誘惑占領人們的時間和心智，讓民眾沒有心思去思考中共的罪行，從而令中共政權苟延殘喘。中共官員的帶頭淫亂，造成中國人的性觀念驟變，離婚率急速上升、愛滋病快速蔓延，整個社會的道德正在迅速淪喪中……

江澤民上臺後，帶頭靠腐敗和淫亂治國，當今大陸貪官遍地，色情氾濫。圖為北京一商務廣告。（AFP）

第一節

色性中國

《人民日報》2006 年初調查，中國有性工作者約 400 萬人。有人認為真實的資料應該要多出十倍。（AFP）

色魔吞噬中國

2009 年 8 月 9 日清早，晨練的王大爺在鄭州某路上，看到路邊一個人蹲在路上，並很快就離開了。他走近一看，發現一個剛出生的孩子裸躺在路上，老人趕快脫下衣服將孩子包著，並在附近找到三名巡防隊員。巡防隊員循著路上的血跡找到了一所中學，男嬰的生母竟是一名初中在校學生，而嬰兒的父親也是一名未成年學生。

這樣的事在大陸並不罕見。近年來大陸媒體紛紛報導，兩周長假的十一「黃金周」變成了「墮胎黃金周」，墮胎熱的「弄潮兒」大多是未婚或不足二十歲的青少年中學生。然而最讓醫生們瞠目結舌的還是這些學生的行為和想法。

一位軍隊醫院婦產科醫生回憶說，一天她接待了兩對高中男女生，其中一名 16 歲的女孩要做人流。四個孩子有說有笑，毫無顧忌，那女孩居然還「老練」地砍價：「我們是學生，費用方面可不可以優惠一點？還有，請你小心點，可不要感染了。」在她們看來，「有男朋友而不發生性行為會被別人瞧不起的，如果懷孕了更能證明自己能力好，無所謂的，我們都這樣幹。」

據 2007 國家相關部門的統計，中國每年有近 500 萬例未婚流產手術，其中 50％是青少年，也就是說每分鐘就有五名少女進行不安全流產，最小的只有 13 歲。

大陸人性觀念的巨變

2007 年 7 月，中國人民大學性社會學研究所公布的《中國人的性行為與性關係：歷史發展 2000 ～ 2006》調查報告稱，「2006年，約四分之一的中國成年男女曾跟不只一人發生過性行為。」曾潛入妓院臥底、被稱為中國性學第一人的人大教授潘綏銘在報告中聲稱，中國人的婚前性行為在增加，25 至 29 歲的男、女有過婚前性行為者比例分別高達 72.2％和 46.2％；性關係趨向多伴侶，30 至 34 歲的男、女有過多個性伴侶者百分比分別是 45.8％和 17.7％。

中國人民大學倫理學與道德建設研究中心編製的《2005 至2006 全國公民道德狀況調查問卷》，對北京、上海、哈爾濱、南昌、海口、重慶、蘭州、鄭州、昆明、大連十個城市不同年齡、職業、學歷的近 6000 人調查顯示，僅有 15.3％的人認為婚前性行為不道德，要「堅決反對」；12.8％的人雖認為婚前性行為不道德，但可以「理解」；32.7％的人則認為，只要真心相愛，婚前性行為無需指責；還有 28.8％的人把婚前性行為劃入「個人隱私」而不加評論。

對於婚外戀，有近一半人認為「是一種不道德行為，堅決反對」，26.3％的人給予「理解」，15.1％的人把其歸為「個人隱私」，「不受道德譴責」，還有極少數人持「認同」態度。

中國性產業占 GDP 的 5.5％

中國人性觀念的急速變化。以手機為例，中國現有近兩億手機上網用戶，占互聯網網民的一半多。在手機的 WAP 網站中輸入「瘋狂」、「性愛」，馬上就能搜索出兩萬多個色情網頁，若輸入「成人」、「激情」，則能看到四十萬個相關網頁。點擊進去，赤裸裸的男女胴體，毫無遮擋的色情圖片，以及淫穢不堪的視頻，全都呈現在手機螢幕上，隨時隨地散布著黃毒。

在五千年的中華文明傳統中，中國人對待性關係一直都是很嚴肅的，然而如今卻是色情遍地。在武漢，三陪小姐一度公開要求申領就業證，在廣東至東莞，沿途的山間別墅形成了蔚為壯觀的「二奶村」，別墅中多為港商包租的妓女；在山西太原，公開登記的歌舞廳曾一度達到五千家，其密度堪稱世界之最……。曾以「皇甫平」的筆名發表過一系列政治評論的《人民日報》記者周瑞金，在 2006 年初就提出《兩會代表不妨議議地下性產業》，據他調查，中國有性工作者約 400 萬人，2005 年產值達到 5000 億元人民幣。他說：「有人認為我的資料是最保守的，真實的資料應該要多出十倍。」

2005 年 2 月美國國務院發表的《2004 年度國別人權報告》

中認定，中國有 1000 萬性工作者。經濟學家楊帆則推測，性產業在中國帶動的年社會總消費額高達一萬億，相當於 GDP 的 5.5％。「性產業」包括直接從事性服務的「賣淫業」；從事間接性服務（如性表演、色情按摩）的「色情服務業」和性用品和色情品業（如黃色錄像）。2006 年 3 月，黑龍江人大代表遲夙生在人大提案中，建議將「賣淫嫖娼合法化」，此前，包括蕭瀚、潘綏銘、李銀河等學者，都公開發表性產業「非罪化」、同性戀合法化等呼籲。

第二節

紅朝色魔纏身 中共淫亂治國

在特權階層、媒體輿論、影視文藝、專家學者不正當的引導下，中國人視道德為可有可無的空虛之物，中國社會正在走向全民性亂的歧途。（AFP）

　　是什麼因素推動了中國人的性觀念發生如此大的改變呢？最主要原因無疑是政府的默認和中共官員的帶頭「表率」作用。

　　首先，中國的官員大面積的腐化墮落。在西方，雖然不斷有政界人士爆出性醜聞，但這是少數現象，在西方不能形成氣候，一旦有性醜聞曝出，當事人就會遭到輿論的譴責和民眾的唾棄。然而在中國完全是另外一番景象。早在幾年前，中共紀律檢查委員會曾公布一項調查：70％以上的縣市級官員，「生活作風有問題」。這個官方公布的數據無疑是打了折扣的，民眾普遍看到的是，基本上每個縣鄉市的掌權官員，都有道德不檢點行為，而貪官更是幾乎 100％的有小蜜或二奶。

其次，對於犯有「色戒」的官員或名流，中共輿論從來都是掩蓋真相，甚至塗脂抹粉。於是大陸出現了一種怪異現象：中共官員們白天在主席台上大講「八榮八恥」，晚上在「天上人間」等色情場所縱情聲色。據說目前大陸有各種高級私人會館四千多個，每年光會員資格費就得幾十萬至上千萬人民幣（每位）不等，裡面有各種外面無法體驗的超級享受，而出入這些高級場所的人大多是中共官員，被會員稱為「消費有價，人脈無價」。

比如中共前黨魁江澤民，他除了私下給其二奶之一的宋祖英很多好處費外，還花巨資公開為其修建國家大戲院，這座外形像「水墳墓」的北京新地標，無疑等於公開宣示：包二奶在中共治下可以榮耀登場，而不會受到任何譴責和阻撓。在大陸娛樂界，許多能拋頭露臉的演員，大多經過「潛規則」的過濾；遵守傳統道德者，在劣幣驅除良幣效應下，大多面臨淘汰的局面。

民眾評論說，中共改革三十年，最大的「成就」就是「錢與色」：不但全民撈錢，而且全民撈色，好像人活著就只是為了「財、色」二字，都把撈到錢色的這種「成功」當成目標，一旦條件許可，他們就會在各自階層、各自生活範圍內，追逐財色，整個社會風氣完全改變了，「笑貧不笑娼」成為當今很多大陸人最真實的心理狀態。

中共大行縱慾主義　鞏固專制統治

為什麼會出現這樣大面積的色情泛濫呢？毫無疑問，是中共一手炮製的，其目的是維護中共的統治。1950 年代，中共搞禁慾主義，目的是樹立統治強權，讓中共的觸角深入到人們生活的方方面面，讓人屈服於中共的統治；如今中共搞縱慾主義，其實質還是為了鞏固統治，用財色的誘惑占領人們的時間和心智，讓民眾根本沒有心思去思考中共的罪行，從而令中共政權苟延殘喘。

自從 1980 年代以來，大陸各地政府都批准、開業了很多賓館、飯店、歌舞廳、酒吧、夜總會、俱樂部和各種按摩理療場所，表面上這些娛樂場所是合法經營，但深入進去就不難發現裡面的「色情祕密」。儘管中共當局經常舉行「掃黃打非」的治理活動，但人們都知道，這些活動只是走走過場，掩人耳目，大陸娛樂場所的背後都有公安等官方後台在支撐保護傘，如果政府真的堅決取締，那些色情場所怎麼可能存在下去呢？

進出這些娛樂場所的人，除了生意人外，絕大多數是政府官員，因為中國的「權錢一體」制度，決定了生意人要想掙錢，就得買通政府官員。中國社會如同金字塔結構，廣大民眾作為金字塔的底部，很多事都在模仿和追隨上面那些地位高的「領導者」。如今在紅旗掩蓋下的黨國要員們，卻是一群以貪污、淫亂聞名的急先鋒，連中共紀檢委都承認，絕大多數縣級幹部都存在「生活作風問題」，其實，在中共地區級、省級、中央級幹部中，淫亂問題更加隱晦、更加突出。

唐太宗曰：「君為源，民為流，源不正而欲流清，不知其可也。」近年來曝光的一系列高官貪腐案中，95％的貪官都包養情婦。從北京市原市委書記陳希同、中共人大常委會原副委員長成克杰、江西省原副省長胡長清、公安部原副部長李紀周、雲南省原省長李嘉廷等，到政治局委員、上海市前市委書記陳良宇、國家統計局原局長丘曉華、國家食品藥品監督管理局原局長鄭筱萸、北京市原副市長劉志華、天津市檢察院原檢察長李寶金、海軍原副司令員王守業等，這些白天在台上「講廉政、講道德」的官員，晚上就「聲色犬馬、縱情享樂」去了，他們的言行無疑將上行下效的社會引向了深淵。

更有甚者，江蘇省建設廳原廳長徐其耀擁有 146 位情婦，玩起女人來不管老小，情婦中還有一對母女；重慶市原宣傳部長張宗海在重慶的五星級飯店裡，包養漂亮未婚女大學生 17 人；海南省原紡織局長李慶善撰寫性愛日記 95 本；四川樂山市原市長李玉書的 20 個情人年齡都是 16 至 18 歲，年齡竟小過自己的女兒；而自殺身亡的常德市政協委員巢中立在遺書裡提到，他和兩千多個女人上過床。

無奇不有的是，被稱為「二奶書記」的安徽省原省委副書記王昭耀，與其小舅子安徽省宣城市原市委書記楊楓共用情婦，楊楓還運用 MBA 知識管理其「情婦團隊」；被稱為「五毒書記」的湖北省天門市原市委書記張二江，與 107 個女人有染。

微博傳情，引來上萬人圍觀

2011 年 6 月網上傳出一個笑話，江蘇常州某衛生局長謝某，把微博當成私人會話的 QQ 來用，他給自己取名叫「為了你 5123」，女方叫「Y 珍愛一生 Y」，是個有孩子的已婚母親。

他倆在微博傳情，引來上萬人圍觀。他說：「寶貝，我上午一直在市長那彙報工作。」他還說自己這麼大年紀了，不會過分要求對方，並提出兩人交往要把握兩點：「不影響工作，不影響家庭。」不過從發微博時間來看，他都是在上班時間和她打情賣俏的。他還主動關心她：「在上海買東西沒有啊，我給你報銷。」後來他提出，「沒有身體的互相擁有，是不完美的！我期待那神聖時刻早點來臨！」於是兩人相約到某高級酒店開房，共度春宵。

事後這位局長被撤職，官方還突擊對幹部進行了網路掃盲培訓，以免官員再丟醜。不過很快又爆一則官員醜聞。廣州某街道辦事處主任劉某，其網上「裸聊」的照片出現在微博上，當記者採訪時，這位官員一口咬定，「已向組織彙報」，記者要調查，得通過組織了解，彷彿他露出生殖器的行為是上級安排的。

15 位省部級高官的共用情人

為什麼今日紅朝會出現如此大規模的色情黃毒呢？有人說，中國的共產共妻是其核心基礎。不過也有人反駁說，中國不曾經是最嚴格禁慾的地方嗎？是，但那只是讓老百姓禁慾，中共高官們卻一點也沒有禁慾。別說毛澤東糟蹋了 3000 多個漂亮姑娘，周恩來也養有情人並有個私生女，更不要說其鼻祖馬克思跟傭人有私生子，列寧嫖娼感染梅毒、斯大林霸占歌星了。

如今中共官方都承認，95％的貪官養有情人，不過讓百姓不解的是，很多高官還共用一個情婦。其實這背後還有著更深的黑幕。

1963 年出生的李薇，是具有法國血統的越南難民。憑藉聰明才智和「獻身」精神，她不但是雲南省原省長李嘉廷的情婦，李下台後，她輾轉投靠北京官員，東山再起。在她的情夫中，除了

「著名」的原山東省委副書記、青島市委書記杜世成、中石化董事長陳同海，同時「共用」她的，還有北京市原副市長劉志華、最高法院原副院長黃松有、國家開發銀行原副行長王益、公安部原部長助理鄭少東、財政部長金人慶、國安部長許永躍等，據說她至少跟 15 位省部級高官有染。

李薇的「成功」，讓人看出中國式色誘的另一大特色：「錢色交易」。不算漂亮的李薇，卻是撈錢的好手，她能幫高官們快速安全地把權力「兌現」成巨額財富。

如一次在與杜世成幽會時，她指著「面朝大海，春暖花開」的青島最美麗的太平角，讓杜把這塊地批給她。2003 年她一轉手就從中獲利 8400 萬元。在陳同海送她的大禮包裡，李薇通過股權轉讓，一個半月就淨賺 2 億多，加上全國各地加油站的股份，李薇這一項的財產就在 10 億元以上。哪怕後來「東窗事發」，在陳同海 1.9 億多元的受賄贓款調查中，也沒有李薇的名字。但任何人都不會相信，這些高官不會從情婦那裡分取自己「應該得到」的獲利。

中國色誘，就這樣在中共的先鋒表率作用下，直接滲透到每個家庭細胞裡，令中國色魔纏身。

媒體學者為性亂吶喊助威

中國原本是個性觀念正派保守的國家，近些年來在搞活經濟的幌子下，各類黃、賭、毒瘋狂出現。比如大陸有道菜叫「人體盛」：把食物放在裸體的女人身上，人們就坐在裸體女人身邊吃飯。有人評論說，如此淫亂之風，較之環境污染、有毒食品、黑心假藥等更為嚴重。

　　色情圖文由早先的街頭刊物小報，逐漸登上政府媒體和各大網站，在新浪、搜狐、網易等門戶網站裡，與性有關的詞彙遍地都是，連新華網、人民網、中新社等政府網站，也公開以各類美女情色圖文招攬讀者，中國互聯網的集體泛黃一發不可收拾。

　　電視上反覆播放的性藥、壯陽廣告，不但有知名笑星和專家助陣，甚至少兒動畫片裡也反覆插播壯陽廣告，以至於百姓們斥責「廣電總局是色情泛濫的罪魁禍首」。文藝作品更是走在宣揚性亂的前列，從早期描寫婚外戀、三角戀到如今宣揚一夜情、亂倫、不倫之愛。張抗抗所寫的《情愛畫廊》，描述的是一個藝術家與一對母女瘋狂的肉慾沉淪，該書一個月內銷售突破一百萬冊；張藝謀電影《滿城盡帶黃金甲》也因描寫亂倫而飽受爭議。

　　但更不堪的是，中國社會科學院社會學所研究員李銀河，不但呼籲「一夜情權利」、「亂倫非道德化」、「同性婚姻合法化」，還力挺換妻換偶、不反對雜交等。2004 年底，諾貝爾物理獎獲得者、82 歲的楊振寧與 28 歲在讀研究生翁 X 登記結婚，這樁「爺孫配」的畸形婚姻，卻受到官方的大力支持和宣傳。

　　於是，在特權階層、媒體輿論、影視文藝、專家學者不正當的引導下，特別是由於無神論的影響，中國人視道德為可有可無的空虛之物，人們肆無忌憚的幹著各種壞事。由於沒有道德的約束，中國社會正在走向全民性亂的歧途，從孩子到老人，人人都被潮流帶動著，不知不覺的被捲入性亂行列，以至於很多華僑感嘆：現在的中國是「土包子開花」，比西方的性解放更厲害，大陸離婚率急速上升、愛滋病快速蔓延，整個社會的道德迅速淪喪，以至於想找個純潔的姑娘都很難了。

第三節

便民政策 變相鼓勵離婚

如今中共官方都承認，95％的貪官養有情人。而相較於其他國家，中共的政策彷彿是在鼓勵離婚。2011 年第一季度大陸就有 46.5 萬對夫妻離婚，平均每天五千多個家庭解體，較前一年同期增長了 17.1％。

2010 年 10 月中共民政部統計顯示，大陸離婚率已經連續攀升了的第七個年頭。其中，22 至 35 歲是主要離婚人群，36 至 50 歲年齡段是婚姻平穩期，而 50 歲以上人群離婚率上揚。

據《聯合國人口統計年鑒》統計，2000 年前中國的離婚率在 86 個國家中排名第 58 位，2010 年則排在第 57 位，不過專家們擔心，隨著 80 後、90 後的大面積高頻繁的離婚，未來幾年中國人的婚姻狀況不容樂觀。

離婚成本有多高？

在中國，離婚有多大成本呢？最節省的是雙方協議離婚，只要交 9 元的離婚證工本費就行了。但如果一方想證明是對方有錯，以便在財產分割上占有優勢，可能會提出「婚姻忠誠度」調查，這項收費少則幾千元，多的 2 萬以上。需要離婚法律諮詢的，律師一般按小時計費，從幾十到幾百不等。就訴訟費而言，各地律師收費不一。從 500、1000 元到 1 萬元不等。如果雙方對於共同所有的房產價值有較大爭議，就要由評估機構進行房產評估，並按百分比收費，一般至少在 2000 元以上。此外，還有一些做親子鑒定和婚姻分析的機構，收費一般也不低。

如今大陸開始盛行「離婚經濟」，包括離婚調查、離婚服務、再婚仲介業、私家偵探、親子鑒定、婚姻分析等服務行業，生意都不錯。

中國新婚姻法 讓離婚更容易

與大陸放鬆離婚標準相反的是，很多國家從法律角度維護婚姻的莊嚴性。比如在美國路易斯安那州 1997 年通過新的婚姻法案，規定夫妻只有在諸如通姦、性虐待、遺棄、長期分居或重罪判刑入獄等少數情況下才能離婚。在美國離婚訴訟動輒 3 萬多美金，讓人覺得「離不起」。

德國每年大約有 20 萬人離婚，政府認識到離婚給社會帶來的老人、兒童、單親等諸多問題，正設法「增加離婚的難度」。一旦男方提出離婚，他今後必須將自己收入的一半交給前妻。巴西從 1988 年開始取消「一輩子最多只能離婚兩次」的限制，但近年來又規定，夫婦結婚兩年後方可離婚，而且還要先分居兩年，離婚後需兩年期滿後方可再婚。

相比之下，中共的政策彷彿是在鼓勵離婚，如在購房上，離了婚的富裕者可以低首付、低利率購買第二套住房，貧窮者可以在原有住房的基礎上申請購買經濟適用房、限價房，還可申請廉租房，不少人就鑽了這個空子。

中國人一直相信「萬惡淫為首」，淫穢之人一定會遭受上蒼的嚴厲懲罰。並不因為大陸人津津樂道的「婚外情」早就擺脫了「通姦」的罪惡感，上蒼就不懲罰通姦者；也不因為大陸人把錢色的多少當成成功與否的標誌，老天爺就不降罪於淫穢之人；並不因為人類的墮落，宇宙衡量好壞的標準就發生改變。

江澤民失勢　宋祖英出事

第五章

江澤民的邪惡

江有兩大特性，一是邪，二是蠢。翻開人類歷史，羅馬皇帝尼祿雖然其邪惡的一面可以與江有一比，但江的愚蠢則是無人可比的，他蠢到不但要出賣自己的國土，還蠢到毀滅自己民族的文化、更蠢到要走上反人類的不歸路，蠢到發誓要與佛法決一死戰。

（AFP）

第一節

江澤民死劫大解祕

江氏父子鐵定是日偽漢奸。

　　江澤民比宋祖英大 40 歲。宋江二人的淫亂在中共官場和民間廣泛流傳，客觀上起到了「上梁不正下梁歪」、帶動整個社會風氣迅速惡化的示範作用。中國男人們會想：「連江主席都這樣幹，我為什麼不能？」中國女人們也會想：「連宋祖英都這樣做，我為何不效仿？」於是江澤民掌權二十多年，中華大地污濁遍地、黃禍無窮。

　　然而，江澤民的邪惡遠遠不止如此。

　　1989 年 6 月，在全中國人民永遠不會忘記的那些血腥日子裡，一個名不見經傳的人物，踏著愛國學生的血跡，被中共邪黨推到前台，一躍成為其第三代黨首，開始了他禍亂中國 15 年的政治生涯。這就是被當今中國社會朝野各群體蔑視、嘲弄、追打的小丑江澤民。

　　當全世界一致譴責中共軍隊血洗天安門廣場、殘酷鎮壓學生和民眾的時候，江澤民在中共 13 屆四中全會上，應劫坐上中共中央總書記魔座，直到 2004 年 9 月中共 16 屆四中全會其被迫辭去中共軍委主席職務止。15 年間，江澤民做了無數壞事、爛事、噁心事。其中最大的兩件是，徹底顛覆中華道德文明；殘酷迫害一億法輪大法修煉人。

　　前者，正像《真實的江澤民》中所指出的：「故義勝利者為治世，利勝義者為亂世。」這個亂世丑角，以他猥瑣的個性特點，以壞事做絕的方式讓中共最後埋葬著自己；他在社會中建立了披著現代外衣的奴役制度，以共同犯罪的宗旨把官吏們緊緊捆綁在執政道德喪盡的腐敗中；在人們心中掐斷了傳統文化的根，以致全民族隨意謾罵祖先代代相傳維續香火的中華傳統文化；在最後的緊要關頭欺騙並把全人類拖下深淵，滅掉人類在道德上復活的希望。

　　後者，正像《九評共產黨》所言，江澤民出於一己之私，利用共產黨固有的邪惡，在中國搞了這場針對修煉「真、善、忍」的民眾的血腥迫害，對社會上這股向善的、對國家社會最有益無害的力量發起征討。這場迫害不僅把國家和人民拖入一場罪惡和災難，也最後從根本上打倒了共產黨自己。

　　那麼，江澤民到底是個什麼貨色？這個世紀小丑禍亂中國 15 年，究竟幹了些什麼？其對中國危害多麼巨大，影響多麼惡劣？完全可以由其掌權十數年、從同僚到下屬再到平民百姓，統統貶損有加，得不到任何人尊重的慘狀而窺見一斑。中共給其毛一代定了個「三七開」，給鄧二代打了對折；而這個被全民戲稱「三呆婊」的江三代，上至中共中央，下至街坊沒齒老太，最關心政治的中國人甚至都不屑於評價他，而只對其醜聞爛事感興趣。

一個漢奸、水貨、貪慾狂、姦夫、劊子手竟然堂而皇之統治中國 15 年，這不能不說是紅朝的一大「奇蹟」。在這個傢伙即將被押上歷史審判台之際，本書匯集各方祕聞，據實還原這個中國第一丑角罪惡齷齪的一生。

真漢奸．江澤民不光彩的出身

江澤民生父江世俊任汪精衛偽政府行政院宣傳部副部長兼社論委員會主任委員，成為漢奸作家胡蘭成的一員大將。而江澤民本身所受日偽特工訓練，幫助他在日後逃過了國民政府的懲處和中共歷次政治運動的清查。

中國大陸有一位民間學者叫呂加平。呂加平 1941 年生於上海，曾在中共解放軍中服役，退役後在湖南邵陽祁劇院工作，是個無黨派人士，自由撰稿人，中國二戰史研究會會員，民間戰略研究學者。其父呂炳奎生前曾任江蘇省衛生廳廳長、中央衛生部中醫司司長等。因此按大陸人的說法，呂加平是個中共幹部子弟。

21 世紀初，呂加平在自己的學術研究中，偶然發現一個驚天祕密——當朝中共主席江澤民是個漢奸！這一驚非同小可，這位仍然寄希望於中共的黨外人士馬上開展調查，並在取得第一手證據後，越級上報時任中共總書記胡錦濤，意圖請胡為共產黨清除這個坐上最高位的異己分子。不料，他這下卻捅了馬蜂窩，也就此拉開了一齣離奇曲折的大鬧劇。

2009 年 12 月 1 日，呂加平拿著自己花了 10 天寫好的文章《關於江的「二奸二假」和政治詐騙問題與要求調查的呼籲》，走進自己居住的城市——湖南邵陽市公安局雙清分局國保大隊辦公室，將它交給了該大隊的一位負責人，並說：「以前我寫過多篇揭露江的歷史問題和腐敗問題的文章，但都是零零碎碎的，這次我完整系統地寫了出來。這樣一個騙子、壞人、賣國賊，不僅當了中國共產黨的最高領袖，而且一當就是十多年，為所欲為地騎在黨和胡總書記的頭上當『太上皇』，甚至直到現在還在排斥胡而想插手『18大』接班人的人事安排，簡直是囂張狂妄、毫不收斂、不要臉到了極點。這篇文章我寫好後沒有給任何人看，更沒有寄發給別人和上網傳播。現在我委託你們通過組織系統，直接上交給公安和國安的領導，並呈送給胡錦濤、李長春、習近平、賀國強、周永康等黨和國家領導人，請他們過目審示，然後給一個明確的答覆。」

早在 2004 年 2 月 21 日，呂加平就在個人主頁上公布了《向中央領導和人大代表、政協委員反映我聽說的一些有關江澤民的事情和傳聞》（又稱《反映信》）一文，由於深知此舉之危險，該文還特意加了按語：「呂加平先生早已作好為反賣國、反腐敗、反專制而不惜犧牲個人一切，堅決鬥爭到底。」當時造成相當轟動。

江氏父子鐵定是日偽漢奸

中共喉舌新華網公布江澤民早年學生簡歷超級簡約：1943 年起參加地下黨領導的學生運動，1946 年 4 月加入中國共產黨。1947 年畢業於上海交通大學電機系。就這麼兩句話。至於上的哪所學校，哪裡參加的中共地下黨，任什麼職務，有什麼功績，一概詭祕的忽略不談。這對慣於吹噓黨首的黨媒來講，尤其蹊蹺。

而且眾所周知，江本人是極好出風頭的，這不合其性格，因此其中必有隱情。那麼，真相是什麼呢？

據密級史料披露，江澤民生父江世俊 1938 年參加日偽漢奸組織「和平救國會」，南京淪陷後又供職於「南京臨時維持會」，為侵華日軍效力。1940 年 3 月，汪精衛偽政府在「行政院」下設立了宣傳部，江世俊被委以宣傳部副部長兼社論委員會主任委員，成為汪偽政府直屬報刊《中華日報》的主筆和當時最著名的漢奸作家胡蘭成的一員大將。

1945 年日本投降，胡蘭成逃到日本後還寫了一本小冊子《歷史的漩渦》，其中特別提到與之共事的江世俊，還有 1942 年曾攜江世俊到北平與偽自治政府商談「和平救國文化共進大計」的往事。偽政府宣傳部的工作重點是加強對國人的奴化教育，封殺一切關於日軍侵華和南京大屠殺的內容，嚴禁南京市民收聽「敵台」，對於日偽管轄地的報刊實施嚴格的管理和監視，其所屬報刊，在宣傳方針上和日軍保持一致。1941 年，日軍還把控制下的南京廣播電台移交給偽政府，並改名為中央廣播電台。江世俊在宣傳部的出色工作多次受到日本陸軍大本營的嘉獎。

父親是徹頭徹尾的漢奸無疑。兒子呢？江澤民這個汪偽高幹子弟並沒有像新華網造假簡歷說的什麼 1943 年 17 歲在老家揚州高中畢業，「參加地下黨領導的學生運動」，而是靠其父的關係，到南京汪偽中央大學就讀。

據史料載，江澤民小學畢業後考不上揚州中學，只考進江都縣立初中。第二年，他憑藉著父親的關係轉入揚州中學。1942 年，江進入偽中央大學工學院電工系。1989 年 7 月幾經核對後複印的《南京中央大學（1940 ～ 1945）校友通訊錄》的第 42 頁上列有江澤民的名字，寫明他「42 年肄業」，即 1942 年江澤民是該校工學院電工系學生。

而當時的南京中央大學是日軍培養高級漢奸和實施皇民化教育的偽中央最高學府。1939 年 9 月侵華日軍在南京設立「大日本皇軍支那派遣軍」總司令部。1940 年起在南京、北平、上海、蘇州、杭州、武漢、廣州等七城市挑選忠於日軍的學生送到南京偽中央大學，免收學雜費及住宿費，連吃飯也不要錢，此外還有多種獎學金、清寒補助金、工讀辦法等助學措施。

那份《校友通訊錄》修訂過三次，準確無誤。通訊錄上印有五線譜校歌，歌詞中的「干戈永戢，弦誦是崇」，即是江澤民上大學時所唱的「永遠放下武器，共頌皇道樂土」的歌頌日軍的校歌。

侵華日軍陸軍大將土肥原賢二的得力助手丁默村，是侵華日軍間諜頭目。丁默村早年加入過中共，1932 年轉去國民黨，1938 年潛入上海，在上海基斯菲爾路 76 號成立「特工總部」。丁默村、李士群分任正、副主任。李士群 1924 年加入中共，1927 年 4 月，受中共指派前往蘇聯接受「特工」訓練，1928 年底返回上海，在中共「特科」工作。1938 年，李士群投靠侵華日軍。

丁默村授命重建偽中央大學之前，不想讓日軍辦的大學培養出抗日分子，因此安插「職業學生」特務摻雜其中，監視抗日思想和行為。為此丁創辦了偽中央大學青年幹部培訓班，從偽政府高級官員子弟中選拔幼苗，從小培養。

丁默村一共辦了四期青年幹訓班。江世俊深知唯有特工身分才能得到侵華日軍的信任與重用，所以力薦其子。於是江澤民參加了第四期培訓。幹訓班是以偽中央大學名義辦的，請有關專業教授及特工兼課，每期結業，直接送入偽中央大學。幹訓班成員在日軍投降後紛紛逃散。落入中共手中者，都成了保衛部門的業餘教員，定期給保衛幹部上課。

江澤民的漢奸身分被呂加平與一位住在北京通州的知情者陳某核實。江和李士群（或丁默村）合影的照片刊登在 1949 年後出版的一本揭露汪偽 76 號漢奸特務魔窟罪行的書中，呂加平曾看過這本書，也看到過書中這張照片，因當時並不知內情，所以只把它當作一般抗日書籍。陳某也看過這本書，而且知道這張照片有江及其漢奸背景。後來陳曾多方尋找這本書，但自江上台後這本書就在市面上突然消失，據說現在只有北京圖書館可能還有收存。於是呂、陳相約一起去北圖查找，查實後，再把江的這段漢奸歷史揭出來轉交給中共中央。

2003 年 10 月，有人以題為《李士群江澤民合影》發文，公開徵求一張攝製於 1942 年 6 月的照片。有目擊者表示，李士群接見偽中央大學青年祕密幹訓班第四期成員，當時一共 23 人合影。第二排左五即為江澤民。這是江澤民漢奸特務出身的鐵證，也是他揮之不去的夢魘。而江澤民所受日偽特工訓練，幫助他在日後逃過了國民政府的懲處和中共歷次政治運動的清查。

江澤民難忘棉花坪

幾十年後，江澤民已占居中共黨首。他的出風頭的陋習讓所有人嗤之以鼻。然而，有一件事情卻讓身邊的隨從百思不解。

有一次，江要去井岡山朝拜，途中專門在江西永新縣停留了一天，並悄悄去了一個叫棉花坪的小村看了看。人們都很納悶，總書記為什麼光顧這個不為外界所知的偏僻小山村，當然也不知道他與這裡究竟有什麼不為人知的特殊關係。

原來，江曾在這裡住過半年，當時國民政府以漢奸罪在追捕他，江惶惶不可終日，落難於此。

1945 年 9 月 3 日日本戰敗投降，汪偽政府覆滅，漢奸高官江世俊受到國民政府通緝、逮捕和懲處。政府收復南京後即頒布《收復中等以上學校學生甄別辦法》，對日本侵華時期淪陷區裡公立院校專科以上的在校偽學生進行審查，甄別是否漢奸，一旦查實，即以投敵賣國漢奸罪逮捕法辦。同年 10 月，國民政府教育部把上海交通大學、重慶交通大學和南京中央大學三校合一，校址定在上海徐家匯的上海交大，並把南京中央大學、上海交大等六所院校列為日偽漢奸偽院校，對在校學生進行甄別。

江澤民因是汪偽高幹子弟，又就讀於漢奸大學並有漢奸嫌疑，遂成為國民政府追查懲辦的重點對象。江聞訊後極為驚恐，於是「三十六計走為上策」，匆匆逃離，隱名埋姓，東藏西躲。後來跑到江西省永新縣偏僻小村棉花坪躲了起來。因盤纏用盡、難以生存，即編造受難謊言，被一位好心農民收留，並讓他在自己家中躲藏了半年。

國民政府對這個漢奸高幹子弟並且有漢奸問題的江曾發出通緝令捉拿，而當時中共上海地下黨學委利用學生對國民政府甄審偽學生的不滿情緒，發動六所院校的學生成立上海學生聯合會，並在 1945 年 10 月至 1946 年 3 月的半年時間內，組織舉行了七次抗議遊行、八次請願、多次中外記者招待會。南京、北平等地被列為偽學校的學生，在當地中共地下黨的鼓動下也相繼遊行抗議，要求國民政府取消甄審漢奸偽學生。立足未穩的國民政府在此壓力下終於同意取消甄審。

此時，躲避於江西的江得知這個消息，喜極而泣，便離開棉花坪。傳說他臨走時萬分感謝那位收留救助他躲過劫難的農民，並在這位農民的一本舊醫書上，寫下了如果以後他發達了一定會回來報答這家人之類的感恩之語，還簽下了自己的名字，以表示絕不食言。江回到上海，進入與南京中央大學合併的上海交大繼續學業。他的這椿漢奸偽學生案，靠中共上海地下黨這種形式的幫助，就這樣不了了之了。

誰想幾十年後，那個因躲避追查的漢奸江澤民，竟然陰差陽錯當上了中共黨首，哪個還敢問這件使他心驚膽戰的可怕往事呢？而江本人也並沒有敢堂而皇之的去向那位救命農民報恩，早已忘了曾經信誓旦旦。據說 1997 年時，那位農民的後人發現了那本有江留下感恩報答之言的舊醫書，就想辦法找到也是永新人的尉健行（時任中央紀委書記）之妻的一位親威，想通過尉去和江取得聯繫，圖其兌現報答諾言。但那位尉妻親戚很可能知道江是因漢奸問題被國民黨通緝而來此避難的內情，生怕因此漏了江的這個見不得人的漢奸底細而招來麻煩和災禍，於是就把這位農民的後人給勸住了。

校慶風波：此校非彼校

南京大學百年校慶前，校方不知怎的查到了江澤民原是抗戰後期南京大學的學生，頓時喜出望外、倍感榮耀，原來當朝「聖上」江總竟是南大校友！即向中央組織部彙報，希望好招搖的江總能前來南京參加母校百年大慶紀念活動，並能給母校題詞祝賀，校方也順便得到一些實惠。不料他們的邀請立即遭到中組部領導的制止，勒令他們不要再提此事，更不要請江出席南大校慶。

校方接此指示後不知其因，深感困惑，上下啞然。後來才知道，原來江當年讀的是被國民黨定性為漢奸偽大學的汪偽南京中央大學，而不是國民黨、共產黨辦的金陵大學和南京大學。更使人瞠目結舌的是，這位現在偉大的江總當時竟是一個被國民政府通緝捉拿而要予以嚴懲的漢奸偽學生！這樣的敵偽身分又怎能來出席南大百年校慶，將自己暴露於光天化日之下讓人所皆知呢？於是知趣而退、無奈作罷。不幸的是，為此，江的漢奸偽學生身分已經流傳甚廣。南大校方在上級指令下為了掩人耳目，堵人嘴巴，不再擴散江是日偽漢奸，而且在百年校慶後出的紀念文集中，專門刊登了江的一篇自述，讓其大肆吹噓自己在汪偽中央大學時，如何奔走南京街頭，參加示威遊行和衝入煙館賭場禁鴉片禁賭的「愛國」學生運動。

稍有歷史常識的人都知道，在當時中國的日本淪陷區城市和學校裡，任何中國學校的師生要想上街抗議示威、集會遊行，舉行反對和打倒日偽的抗日學生運動，必遭日偽當局逮捕關押、嚴刑拷打，甚至格殺勿論。但江把在南京日偽當局允許搞的對侵華殖民統治有利的禁煙禁賭活動，恬不知恥地標榜為愛國學生運動，把自己打扮成為「愛國者」，反而不打自招地供認了他為日偽效力的漢奸學生真面目。

呂加平踢爆了黨首江澤民竟是個漢奸的中共家醜後，遭到來自江和周永康把持的中共政法委的持續打壓，甚至將這位70高齡的老人無端判處10年徒刑，下獄折磨，不許保外就醫。這些醜行激起海內外輿論的一致譴責。

第二節

江澤民不是共產黨員的鐵證

　　篡政多年的中共第三代黨首江澤民，竟被發現根本不是中共黨員。

　　江是假中共黨員的問題，呂加平在 2009 年 12 月 5 日寫的《二奸二假》一文中已經有所揭露。文中指出，2002 年 11 月中共「16 大」結束後，大會公報在介紹江的履歷時說他 1946 年入黨；2003 年 3 月第十屆中共人大公報說得更是具體：他 1946 年 4 月入的黨。

　　呂加平說，這兩個所謂絕對權威的文件漏洞百出，難以成立。因為當時這個日偽漢奸高幹子弟是國民黨政府通輯追查的漢奸學生。江不可能在 1946 年 4 月剛從江西逃避政府通緝回來、從南京偽中央大學生轉上海交通大學時加入中共上海地下黨。可以肯定的說，他從來就沒有加入過中共，所謂 1946 年 4 月加入中共地下黨之說是假的，是偽造騙人的。

2010 年 7 月 29 日，呂加平外出旅遊回來後，有機會進一步接觸到了當時江的假地下中共黨員的材料，所以又寫了《關於江假中共地下黨員問題的新證據》。

他披露說：「江是一個貨真價實的假中共地下黨員，在 1949 年前他從來沒有入過黨，有人證物證。知情的共五個人。當時中共南京地下黨市委書記陳修良、上海市委地下黨的一個負責人賀崇寅、上海交大當時的地下黨支部書記吳增亮、賀崇寅的夫人及揭發的一位老幹部，他們互相碰面核實，證實江澤民根本沒有入過黨，這個假黨員是昭然若揭的。」

現在關於江的假中共地下黨員問題，又有了知情的正義者揭出了更加確鑿詳實、更有說服力的新證據：

呂說，7 月 30 日收到上海一位名叫胡鎖明的軍隊離休老幹部 7 月 26 日發來的信，胡在信中自我介紹說，他生於 1925 年，1942 年 17 歲時在中學加入了中共上海地下黨，同年考入上海交通大學機械系，於抗戰勝利後的 1946 年畢業，1951 年從地方調到解放軍總參三部工作，一直到 1985 年離休回到老家上海定居於部隊幹休所。

85 歲高齡的胡鎖明在信中說，他看到了呂寫的《二奸二假》一文後對江不勝憤怒，但他認為呂對於江是假中共地下黨員一事的揭露，理由還不夠充分，他另有證明江 1946 年不論在南京偽中央大學還是轉學上海交大後都根本沒有加入中共地下黨的更詳實證據。他希望能夠盡快同呂加平取得聯繫，要呂打電話或寫信給他，好把這些證據的事實真相如實告訴呂加平。

呂加平當晚就給他打了電話。電話中胡鎖明詳細介紹了他知道的關於江是假中共地下黨員的一些情況。

三頭對案

胡鎖明說，江澤民是在 1946 年隨南京偽中央大學合併到上海交大時轉學來滬的，在上海交大就讀機電系，而他讀的是機械系。江只比他小一歲，低一級，因此他和江是上海交大同校不同級也不同系的同期校友。因為級系不同，又因為在上海交大中共地下黨員組織活動時，他從來沒見過江參加的身影，也沒任何人向他說起過江的事情和江也是中共地下黨員的情況，所以他不知道也從不認為江在 1949 年以前是中共地下黨員。

胡鎖明說，要搞清楚江在 1946 年時是不是中共地下黨員的問題，有三個人特別重要，因為他們最知道其中的內情真相。這三個人，一個是抗戰時期和抗戰勝利後擔任中共南京地下黨市委書記的陳修良（女）；一個是從陳修良手中接收轉移到上海的南京地下黨員的上海地下黨市委的賀崇寅，而賀又是胡鎖明在中學入黨時的介紹人；第三位是上海交大地下黨負責人吳增亮，也就是胡鎖明在上海交大時的直接上級。胡鎖明與這三位認識，尤其與賀和吳的關係更是熟悉和密切，只是後來胡調到解放軍總參三部工作，因情報工作的原因，才在這三十多年間和他們很少聯繫，直到他離休回到上海後才又重新來往。

胡鎖明說，對江是不是 1946 年入黨的中共地下黨員問題，是 1989 年江靠那場流血鎮壓事件當上黨的總書記後才提出來並引起他們質疑和關注的。當時胡鎖明離休回到上海已有數年，他覺得如果江是從南京轉到上海交大的中共地下黨員，或者江是在轉學到上海交大後在交大入的黨，那麼與江同校並也是中共地下黨員的他，而且又都在吳增亮領導下，胡是應該知道江的，吳增亮和其他交大中共地下黨員也會告訴他。可是他對江在上海交大時也是中共黨員這件事卻一無所知，吳和其他黨員也從未向他說起過江是地下黨員的事。這使他感到非常詫異和不解。

於是胡就去問了兩個人：胡在上海交大時的地下黨上級、上海市政協副主任吳增亮，還有胡的入黨介紹人賀崇寅，並通過他們去問陳修良。結果答案如下：

陳修良說江澤民在南京上偽中央大學時沒有加入中共南京地下黨，她不知道她手下的黨組織中有江這個地下黨員；賀崇寅說他接收的南京來滬地下黨員中沒有江這個中共南京地下黨員；吳增亮也否認他的上海交大地下黨組織中有江這個地下黨員。人證俱在，真相大白！

胡鎖明向呂加平進一步介紹了歷史背景。他說，抗戰勝利後，在國民黨壓迫下，中共南京地下黨一些在日偽部門、學校工作和學習的黨員處境困難，又因為南京偽中央大學要遷到上海與上海交大合併，因此他們紛紛轉移到上海或躲避，或遷移。於是時任中共南京地下黨市委書記的陳修良和市委領導與上海地下黨市委協商，經上級黨組織批准，決定將這些黨員的黨組織關係正式從南京轉到上海地下黨市委，由中共上海市委接管領導，這裡面就包括原在南京偽中央大學工作和學習來滬的中共地下黨員，但由於種種原因，這次南京一些地下黨員由寧移滬工作一直沒有及時辦理，一直拖到 1947 年，陳修良才將他們的黨員組織關係轉交到上海市委手中，上海市委負責接收的就是賀崇寅。

在這些被移交給上海地下黨的人員中，陳修良回憶說，她不知道江是中共南京地下黨員，也正因為江在南京偽中央在學時不是地下黨員，所以在向上海市委的移交名單中並沒有江，她也不可能把一個不是地下黨員的人移交給中共上海市委；賀崇寅回憶說，他在 1947 年接手這些從南京轉來的中共黨員中沒有江這個人，所以他也就不可能將江作為南京地下黨員交給上海交大地下黨負責人吳增亮。而吳增亮更是表示，根本沒有從賀崇寅手中接收過江。他的上海交大地下黨組織中也沒有江的這個黨員，而江也從未向他要求過入黨，因此吳沒有吸收過江在交大入黨。

因為江是不是中共地下黨員這件事，與他們三人都有著直接的關係且又事關重大，於是後來吳、賀、陳三人為這個問題專門聚到一起碰面核對，並得出了共同的結論：江在 1946 年不論在南京偽中央大學還是在上海交大，都不是中共地下黨員，而且一直到上海解放時他都沒有加入過中共地下黨。最後他們把這個結果告訴了胡鎖明，才使胡最終確認江的確不是中共地下黨員。

無恥的造假

中國人現在都說，見過不要臉的，沒見過這麼不要臉的。

江澤民為了說明他是真貨，到處宣傳，說他是 1946 年從南京轉學上海交大後在交大入的黨，其入黨介紹人是也曾在南京偽中央大學讀書的中共地下黨員王嘉猷。對此胡鎖明揭露說，王嘉猷本人在南京偽中央大學時的入黨手續沒有辦好，不算正式的中共黨員。王後來也轉學來到上海交大，但由於他這時還不是中共正式黨員，所以陳修良並沒有把他不健全的黨組織關係轉交給賀崇寅。因此王沒有資格也沒有可能給江當入黨介紹人，吳增亮也從沒有接收過王嘉猷對江的入黨介紹，可見江澤民說王嘉猷在上海交大介紹他入黨的說法純屬捏造。胡鎖明說，當時上海市委和交大地下黨把與王相似情況的人稱為「袋袋戶口」，是指把手續不全的黨組織關係放在口袋裡而沒得到上海市委和交大地下黨認可的「半戶口戶」，而江則絕對是「沒有戶口」的非中共黨員。

江在當上總書記後，極力想證明自己1946年已加入中共，因此不惜把當時還不是中共正式黨員的王嘉猷拉出來說是他在上海交大的入黨介紹人，而且還無中生有地捏造賀崇寅也是他在上海交大的入黨介紹人。賀崇寅得知後，對江的這種卑鄙做法大感吃驚和氣憤，並力加駁斥，但因為這時江已經坐上中共第一把椅子，為不影響黨的形象和聲譽，同時也擔心江小人會為掩蓋其假地下黨員的真相而加害於他們這些知情者，只好不從正面批駁闢謠，但還是寫文章委婉表示他沒有介紹過江入黨。雖然他們三人曾和江有一定來往，但為了避嫌避害，他們從此斷絕了與江往來。

胡鎖明說，現在陳修良和賀崇寅已相繼去世，但賀夫人還健在。賀去世後胡又專門到賀家找了賀夫人，再次詢問和落實江的假地下黨員問題。賀夫人說，丈夫生前多次對她講過，江在解放前並沒有加入過中共地下黨，他也根本沒介紹過江入黨，江的中共地下黨員身分是假的。

這次讀到呂加平揭江「二奸二假」和政治詐騙的材料，胡鎖明希望立刻把這些他所知道的向黨中央、胡總書記和有關國家安全、公安、紀檢等政審部門報告，並公布於眾，讓人人都知道這個事實真相，以使中央和有關部門立即著手對江進行調查。胡表示，如果中央和組織上真的對江進行調查，他將提供一切自己知道的江的假地下黨員的情況和線索。

據胡鎖明說，當時上海交大地下黨的負責人吳增亮好像還健在，江是不是從南京轉來的地下黨員或有沒有在上海交大入黨，他最清楚，也最有發言權。不過已經許久沒有和他聯繫。胡鎖明把吳增亮的地址、電話告訴了呂加平。呂加平馬上給吳老打電話，但打了多次始終無人接聽。是不是搬了家或改了電話，或者發生別的什麼事情，就不得而知了。

胡鎖明說，當他得知江是一個不折不扣的非黨員、假黨員後，感到極度的震驚。他不知道黨和國家政審部門是怎麼使江漏網並任他奪到最高權力的，也不知道江澤民用什麼妖法騙術騙過所有人而變成中共黨員，並直線爬上中共黨、政、軍最高權位的。於是想揭露江，也就成了胡鎖明義不容辭的責任。

第三節

江澤民送 40 個台灣給俄國

江澤民出賣給俄國的大片國土都是極其肥沃的土地，把中華民族的後路斬斷。（大紀元合成圖）

共產黨教義公開宣稱：無產者沒有祖國。意思很明白，奪來的就是我的，沒什麼愛不愛。包括金錢、女人、土地……因此，所謂愛國、賣國，完全是為權力服務。這個概念，尤其被漢奸、俄奸江澤民玩得很熟。

蘇俄美女俘獲江澤民

民間學者呂加平在調查中發現，江不僅是個漢奸，還是個俄奸。後來，除了呂加平的研究，更多的史料被解密。證據顯示，江澤民是個不折不扣的雙料賣國賊。

1945 年，蘇聯紅軍突襲東北，獲得日軍土肥原賢二的全部特工系統檔案，其中當然包括江澤民曾接受培訓的日偽青年幹訓班的文字及照片檔案。

　　江在中共建政後被派往蘇聯企業學習和工作。據國外有關情報部門披露，期間克格勃間諜機關專門派了一名叫克拉娃的蘇聯年輕女特工與他聯絡。江澤民貪戀女色，饑渴難耐，不知是計，便一頭紮進美女的懷抱。誰知濃情蜜意時，克拉娃在江耳邊輕聲說出他的日偽漢奸上司李士群的名字，嚇得江淫意全無，六神無主，隨即就範，被迫加入克格勃遠東局，受命收集中共留蘇學生及中國大陸情報。作為交換，克格勃許諾不洩漏他的日偽漢奸歷史，在他回國前還可以與克拉娃風流快活，並甩給江一筆錢。

　　1991 年 5 月，江澤民主政後出訪蘇聯。《人民日報》事後報導說，在江訪問原來工作的利加喬夫汽車製造廠時，見到當年和他在一起的職工，江不禁熱淚盈眶。實際上是「巧遇」了當年讓他拜倒在石榴裙下的色情間諜克拉娃。這個女人見到他媚叫：「親愛的江啊！」

　　此間蘇聯特工安排江與老情人舊夢重溫。1999 年 12 月 9 日和 10 日，中國人遭遇了當代史上最恥辱的日子。江澤民與來訪的俄羅斯總統葉利欽簽署了《中俄國界線東西兩段的敘述議定書》，無償割讓中國領土約 150 萬平方公里。相當於東北三省面積的總和，或約 40 個台灣；與當下黨國和菲律賓不依不饒相爭的漲潮時露出水面不超過 20 平方米的黃岩島比，江贈送給俄國的中國國土相當幾百億個黃岩島！

　　世界上沒有任何一個國家的領導人如此慷慨的贈送本國領土給外國，哪怕一個彈丸小國，哪怕一塊巴掌大的地方。江的惡行招致朝野上下萬分義憤與萬分不解。這種不合情理的做法，後來在其「二奸二假」的身分暴露後才得出答案。江澤民這個克格勃遠東局特務，自知身分一旦暴露，就會立刻下台，甚至死無葬身之地。他當然心知肚明，因此，他敢不做這筆交易嗎？

江澤民簽署了條約，生米煮成熟飯，共產黨也怕公開條約詳情導致其垮台。這便是中共內部後來了解了情況也不肯追究江澤民責任的原因。

永遠不能原諒這個奸細

據維基披露：1999 年 12 月 9 日，江澤民和葉利欽簽訂的《關於中俄國界線東西兩段的敘述議定書》，成為中俄邊界的法律文件，該文件完全承認了清政府與俄國間的一系列不平等條約，它使中國永遠喪失了 150 萬平方公里的土地。列寧曾三次發表政府聲明要歸還給中國這些土地。而江卻在所謂保障北方安全和與俄建立戰略協作夥伴關係的名義下，把黑龍江和額爾古納河對岸及烏蘇里江以東本屬於中國的領土主權，以法律條約形式拱手相讓、白白奉送給了俄羅斯。

此事實完全可以證明江不僅是一個賣身投靠日偽並在抗戰勝利後受到國民黨當局通緝的漢奸，而且還是一個打入中國黨政軍最高核心領導層內部、出賣國家領土主權和大宗國家利益的蘇俄奸細，其榮膺「二奸」之「美譽」當之無愧。

江簽署的中俄《議定書》不僅徹底否定了清朝康熙年間中國官兵浴血奮戰換來的中俄邊界平等條約——《尼布楚條約》，還承認了滿清與俄國簽訂的不平等的《瑷琿條約》、《北京條約》等，出賣了外興安嶺以南、黑龍江以北的「外興地區」，烏蘇里江以東的「烏東地區」，並且將大片當年被沙俄強占的領土永久性地劃歸俄國，其中包括 1953 年聯合國大會表決裁定為中國領土的唐努烏梁海地區（約 17 萬平方公里，相當於貴州省面積），還包括連不平等的《璦琿條約》都承認是中國領土的江東六十四屯（3600 平方公里，相當於香港面積的三倍多），和自金代開始即歸中國管轄、《尼布楚條約》中明確劃歸中國的庫頁島（7.64 萬平方公里，相當於兩個台灣）。

江澤民從 13 億中國人每人手中奪走一畝肥沃的可耕地送給了俄國，把永遠的傷痛和屈辱留在了中國人的心中，並且斷了中華民族生存發展的後路。

蘇俄政權剛建立時，脆弱不堪一擊，隨時都有被西方強國消滅的危險。列寧為拉攏中國共同抵抗蘇聯的敵人，一度提出要歸還這些領土。

列寧在 1919 年發表對華宣言稱：「凡從前俄羅斯帝國政府時代，在中國滿洲以及別處，用侵略的手段而取得的土地，一律放棄。」1920 年 9 月 27 日，前蘇聯政府又宣布：「以前俄國歷屆政府同中國訂立的一切條約全部無效，放棄以前奪取中國的一切領土和中國境內的一切俄國租界，並將沙皇政府和俄國資產階級殘暴地從中國奪取的一切，都無償地永久地歸還中國。」（見《俄羅斯蘇維埃聯邦社會主義共和國政府對中國政府的宣言》）

斯大林掌權後，否認「對華宣言」，並將簽署此宣言的外交人民委員部副部長列文・卡拉罕作為「叛國犯」槍決。

江澤民割讓的大片國土都是極其肥沃的土地。有人形象地比喻說，那裡的土「攥一把都流油」。中國人的祖先留下的這片遼闊土地，不僅覆蓋著大片原始森林，而且蘊藏豐量的礦產和石油，是未來中華民族騰飛和崛起最寶貴的生存資源。

在中國現今 960 萬平方公里的國土上，荒漠化約占國土總面積的 33％，嚴重水土流失的國土約占 38％，剩下的生存條件較好的國土只占國土總面積的不到三分之一！中華民族的人口重心已經從中原退向東南沿海一弧、沿長江一線，背後已是大海。人口還在繼續增加，耕地還在繼續減少，環境還在繼續破壞。中國國土對人口的承載力已逼近極限。江澤民出賣的這片遼闊富饒的土地本來是中國未來生存和發展的希望，實際上江澤民已經把中華民族的後路斬斷，把炎黃子孫逼入了絕境！

　　難怪中共公安傳訊呂加平大兒子大林時，一位警察說：「你父親可以寫這些（反江）文章，可以把文章向中央報告，但不能上網公布，因為這是家醜，家醜不能外揚，影響不好。」

第四節

性醜聞　江淫亂光碟之謎

到底有沒有那張光碟？光碟之謎迄今還未破解。但可以肯定：江宋海招醜事確實存在。（新紀元合成圖）

上世紀 90 年代中期，中國民風空前迷離，謠傳、緋聞盛行，高官、老闆、小販、民工，似乎全民都在找茬兒娛樂。不幸，本文主人公、中共土皇江澤民也被裹入其中。但也不怪大眾，那廝本來底子就潮，七老八十還與孫女輩的女歌手苟且，自以為保密工作一流，卻忘了中國人的解密能力。

美國前總統柯林頓與萊溫斯基的緋聞可以公開聽證，電視、報刊大肆傳播，換到中共黨國，就變成了諱莫如深的政治。偏偏呂加平是個不信邪的漢子，非要公開曝光江的醜聞。結果招來土皇氣急敗壞的報復。

反江英雄呂加平在他的著作《囚廬與陷阱》裡，以 17 萬字的篇幅，詳細記述了自己一介平民，公開挑戰中共漢奸黨首江澤民之後全家被迫害的遭遇，其中就有江宋醜聞，特別是那張傳說中的性光碟。

性碟救了呂加平一命

2004 年 2 月 21 日，呂加平向中共中央和人大代表、政協委員反映了他在高層聽說的一些有關江澤民的事情和傳聞。呂加平寫了此文後，即受到公安部門全程跟蹤監控，而且三天未回家，不知去向。

隔天 2 月 23 日，有神祕網友在論壇上貼了個帖子：有人警告，不放呂加平，宋祖英將變璩 XX ！可能有光碟。匿名者說：「證實江宋亂的呂加平被抓了，但萬萬抓不得！江大哥與宋妹妹的好戲還在後頭，要想讓全國、全軍和全世界的人接著看光碟，就繼續關人好啦！江澤民你不要忘記，你和英子的每次幽會，都有音像資料為證，完全是專業版，放出來肯定比春晚好看！」

神祕人警告說：「如果不放呂加平，就會像台灣女議員璩 XX 同當局某先生局長搞性交易而被人祕密拍成光碟曝光出來一樣，將也會在網上公開江的類似璩 XX 性醜聞的光碟。」

結果僅僅一天，老江就把呂加平放回了家。這是江自 1989 年 6 月上台以來，最乖、最服從命令的一次。

那麼，呂加平都寫了些什麼，先遭祕密被捕，又被祕密釋放？下面是他舉報的一部分內容：

前幾天我去看望一位老同志，他告訴我一些有關江澤民和宋祖英的事：

前兩年江澤民經常到某軍種司令部看宋祖英的演唱，該部也經常在禮堂舉行有宋祖英作壓台唱的演出，江澤民每次必到，並頻頻接近宋祖英。有一次演出完後江澤民在與宋祖英握手時偷偷遞給宋祖英一張小紙條，宋祖英接過後因人多當時沒敢看，就裝進了口袋，回去後打開一看，紙條上寫著：「以後有事找大哥，大哥可以幫助你解決任何事情。」紙條上所說的「大哥」，就是江澤民自己。後來宋祖英還把紙條上的話告訴了別人。

江澤民為了與宋祖英祕密來往不受干擾和外傳洩露，宋祖英便和丈夫離了婚，宋離婚後就住在該部隊的招待所裡。這以後江澤民經常在晚上到該招待所與宋聚會，來時相當保密，隨從警衛防備很嚴，不許外人接近。而且每次來的車子都換了新的牌照，一次一換，使人認不出是江的專車，江下車後就徑直到宋室。對於江、宋在某招待所幽會，該所的人只當沒看見，而且大為噁心反感，後來一位有正義感的老幹部把江、宋的這種事和傳聞向有關上級領導作了反映，可是反映者卻反而受到了監視，電話被監聽。

聽說宋祖英在中央電視台的演出播出有特權，一切由她自己決定，中央電視台的任何導演、領導和中宣部等上級部門均不得過問。更有甚者，社會上還廣傳宋祖英享受國家一級警衛待遇之事：宋祖英在「16大」前曾隨團赴四川綿陽演出，當時任四川省委書記的周永康（現任公安部長）經中央警衛局局長由喜貴的批准，對宋祖英進行只有副總理級以上的黨和國家領導人才有資格享受的一級警衛待遇。周、由之所以如此敢於違規行事，不可能與江澤民的特許無關。而周永康後來很快被提拔為公安部部長，也肯定與他如此討好宋祖英和江澤民有關。

聽一位知情的朋友說，曾任中央電視台文藝部主任、多年執導春節聯歡晚會的趙安，在2001年的某天邀請一些知名女明星到一家叫全家福的飯店宴聚，其中有宋祖英。席間，宋祖英趁著酒興津津樂道、興致勃勃地大談她與江澤民的風流豔事，此事被趙安偷偷記錄了下來。後來趙的這份手稿被他的合作者、歌詞作者張俊以得到，張就以此手稿內容向有關國家機關、司法紀檢部門和相關領導等發了 200 多封匿名舉報信，檢舉揭發趙安和宋祖英誹謗江澤民等黨和國家領導人。然而後來張俊以卻反被江澤民親自下令逮捕法辦，法院主要以誹謗國家領導人罪將張俊以判處 6 年徒刑（趙安被判 10 年）。據說，趙安的這份記錄手稿現在還存在趙、張案件的卷宗裡。

性碟令江賊喪膽

呂加平睡得正香，朦朧中突然被很響很急的敲門聲驚醒，等他把燈打開，房主已經開了門，猛地湧進來五、六個警察，呂加平立刻明白了：警方確實一直在暗中嚴密監視追蹤他。

這是呂加平外出調查江醜聞時，因為電話被監聽，在海軍朋友家中遭到圍捕的一幕。時間是 2004 年 2 月 24 日凌晨 2 點 15 分。

客廳裡三、四個警察圍著呂加平的朋友——那位海軍軍官，拿了拘傳證要他簽字，並很凶地指著呂問：「你是怎麼認識他的？他是什麼時候來的？」呂加平見此情形連忙向那位朋友深表歉意：「老 X，真對不起，牽連你了。」這位在「文革」中曾經歷過殘酷批鬥，甚至遭受過專政迫害的海軍朋友說：「沒關係，這點小事算不了什麼，我們又沒有做錯什麼事。你要多保重。」

呂加平在警察簇擁下出門，樓梯上、樓道裡站滿了警察，小區院內停著七、八輛警車，都開足前燈，空地上也站了不少警察。圍捕呂加平的場面真可謂宏大嚇人。沒見過這陣勢的人乍一見真會膽顫心驚，兩腿發軟。

呂加平被抓回去以後，有朋友告訴他（當時他的電話還沒被招斷），胡錦濤在得知呂失蹤後，大發雷霆，把公安部長周永康叫去嚴厲訓斥：「你們是怎麼看的呂加平！他是怎麼失蹤的？呂加平如果出了事，拿你是問！無論如何要盡快把他找回來！」

呂加平被提審了十幾個小時後，回到家中，夫人于均藝告訴他說：被抄家了！「大概兩點半到三點的樣子。剛開門，就湧進來很多警察，走在前面是個女警察，她雙手高舉著『搜查證』衝進我的房間，跟她一起進來的還有幾個拿著專業攝像機的警察，有兩部攝像機。他們一邊拍攝，一邊一間房一間房地搜查。非常仔細，每個桌子、抽屜、書架、衣櫃，甚至每個角落都翻了。書都是一本一本翻開看，凡是有寫文字的紙張、本子和光碟都不放過，並且特別檢查了電腦。他們一邊搜查，兩台攝像機就一邊跟著拍攝。把電腦和打印機也給沒收了。前後大概搜了兩個多小時，天亮才結束。」

她對呂加平說：「你的房間是他們查抄的重點，他們搜查得更仔細，時間也最長，拍得最多，幾乎每樣東西都不放過，床底下、桌底下都檢查了。」

這讓呂加平很不明白，他寫的文章都是公開的，所有的文字資料，電腦裡的資料和信息也都是公開的，沒什麼見不得人的祕密，動用如此眾多的警力和拍攝設備對他家大動干戈地長時間過細查抄，到底在找什麼？

後來他猜想，可能當局想真正掌握江的漢奸等歷史問題和貪腐色情醜聞的文字或影像證據，想拿到這些證據和探知其具體來源，如果真有的話，可以立即交給江並毀滅證據。

「他們」也可能認為，呂加平之所以敢寫反江挺胡文章和直言要江向胡交出軍權，很可能是由胡派人向他提供證據並指使他這麼做，甚至很可能由胡直接指示他這樣做，他們想找到這方面的確鑿證據。如果有的話，那對胡就大有把柄可抓了。

這使呂加平想起那位海淀分局國保（公安局「國內安全保衛」部門簡稱）某先生領導與他的單獨談話：「呂加平，你的這份《反映信》寫得太不堪入目了，誰看了都會感到噁心。你向中央反映是可以的，但涉及到老江的問題，事情關係重大。你寫這個東西無論如何應該先給我們，不能私自外傳。但你不經過我們審查就把它散發了出去，你的膽子也太大了，誹謗和攻擊黨和國家領導人，這在我們國家是絕對不允許的，你的行為在國內外造成了極其惡劣的影響，按道理說你是要受到嚴辦的。」

「你把老江的事情搞得沸沸揚揚，滿城風雨，局面搞成這個樣子，已經難以收回了，要平息這事，就要依法處理你。但你的名氣、影響很大，國內外都特別關注，所以不能內判定案，必須通過法律途徑解決。但如果通過法律程序開庭審判，老江和宋XX就要出庭作證，也要請律師為他們辯護。這樣一來，這件事就會搞得更大，社會影響會更廣更惡劣。其實，老江的事情大家心裡都清楚，但是要知道他作為中央軍委主席，是根本不可能出庭作證的，而宋XX如果出庭亮相，這樣的桃色豔聞反而會越傳越廣，把事情弄得更難看，更丟醜，更收不了場，這也就會大大影響黨和國家領導人的形象和威信，也叫我們為難，因此這樣做肯定是不行的。」他要求呂加平寫個保證書了事。

回家後呂加平接到一個電話，一位不願說出自己姓名的朋友在電話裡告訴呂加平，他被抓以後上面有許多老同志出面保他，有的是原黨和國家領導人。還有胡錦濤訓斥周永康的事。

另一個電話是和他一起散發《反映信》的張輝打來的。張輝說警方也審訊了他，專門問了那個江宋海招幽會的情況。張輝把和呂加平在海軍老幹部處聽到的海招之事告訴了他們，證明此事不是空穴來風、胡編亂造，有來源根據。當時中國著名維權人士李智英正好在他處，警方對李嚴加盤問，拳腳相加，打得口鼻流血，然後粗暴地把李從地上拖起來押到公安局受審，至今未放。

到底有沒有性碟

自從發生「呂加平反江挺胡案」以來，除了呂加平這個首要「御犯」外，還有個人至今處於監控之中未被解控，就是和呂加平從未見過面的外地網友某先生。

呂加平 2000 年 5 月 14 日在網上發表了《中國的戰略失誤與美國的高明計畫》一文，外省某先生看到後給他打了電話。此後他倆經常在電話上和網上交流，成了朋友。某先生也是堅決反江的，呂寫的一些揭江文章有不少資料是他提供的，《反映信》中有兩條內容也是某先生提供並要呂寫進去的。

呂加平被遣回邵陽後多次給某先生打電話，但總是打不通，有一次終於打通了，就問某先生怎麼樣，某先生說：「呂老師，我已經知道你們回邵陽了，外電已經報導了。但是我這裡的情況不好，我出事了，我已被國保抄了家，現在還在對我監控之中。我現在在公司辦公室裡，公司大門口和我辦公室就有國保看守著，我到哪裡他們就跟到哪裡。我這裡很慘，你要多保重。」說完就掛了電話。

第二天，某先生借朋友的電話和呂加平通了話，但講得非常簡短，看來仍不方便，但他特別強調說，警方主要不是查問保證書上網的事，而是在追查那張光碟。

警方要找什麼光碟？當 2004 年 2 月 21 日呂加平因躲避抓捕而跑走，呂太太于均藝將《反映信》和前言連夜上網公開，第二天網上就出現了對江的最後通牒，說，江和宋的「每次幽會都有專業版音像資料為證，如果呂加平不被釋放，光碟就會向全國和全世界公布。」在此之前網上曾流傳台灣某局長與女議員璩 XX 性醜聞的光碟。有的警告還說：「不放呂加平，宋將會變成璩XX。」其意是暗示江的海招場面可能已被祕密拍攝並製有光碟，如果不放呂加平，就會像璩 XX 性交易光碟一樣上網曝光。

難道真像網上所說有人已把江宋海招密室淫亂祕錄成光碟了？難道某先生知道那張光碟的事？警方對他抄家就是為了查找光碟？呂加平想問個究竟，但某先生說現在不便說，以後告訴呂，然後就掛了電話。

2004 年 12 月 1 日呂加平暫時被解禁，便和某先生又進行了電話和網路交流，但每次問某先生被審訊、抄家、監控，尤其那張光碟的情況時，某先生都是非常簡單地說上幾句，不願多談，像有極大的難言之苦和危險在即。

五年時間裡，某先生多次不連貫的講述，讓呂知道了他出事後的梗概，但每次說到這事，特別是說到光碟時，某先生常常說：「呂老師，我所受的要比你慘得多，他們對我採用的手段，對我的侮辱，實在是太可怕、太恐怖了，我一想起來就會淚流滿面，不堪回憶。」呂加平想寫書，希望他提供關於光碟的情節。某先生說，他一想起這些事就傷心不已，冷靜不下來。前不久某先生又來信，但仍然拒絕向呂提供他的遭遇和光碟之事，只是說，如果呂在回憶錄中要寫他的事，只要寫上這樣幾句話就行了：「當網上出現不放呂加平就讓宋 XX 變璩 XX 的帖子後，公安部立即實施了代號『封鎖』的特別行動。2004 年 2 月 26 日上午，某先生在某地被當地國保強制帶走進行傳訊。」

那麼，究竟發生了什麼事使某先生如此不堪回首呢？「光碟」到底是怎麼回事呢？呂加平至今只有某先生在電話中談及的一些情況：

當時警方一定要某先生交出那張光碟，某先生一再表示自己絕對沒有，並說：「如果真有這樣的光碟，那可以肯定，中央高層內部，尤其是軍隊高層內部，已經打入了台灣特工或美國間諜，是他們在海招那間房裡事先偷偷安裝好了微型攝影設備，然後暗中拍下製成光碟。」

某先生的這種說法有道理，美台特工和中共內奸收集情報的勁頭，尤其收集中共領導人的隱私祕聞，特別是江的醜聞，更是他們戰略情報工作的重中之重。他們早就知道江宋淫亂，因而派出特工打入軍隊內部或買通軍方相關人員，事先在海招那間房裡偷偷安裝超級微型攝錄設備，江來幽會時暗中攝下，然後製成光碟，準備作為要挾江的殺手鐧。這完全是有可能的。而且對於已在中共軍方內部無孔不入、暢行無阻的美台特工來說，以現在的高科技條件，也是很容易做到的。

此外，呂加平還從某先生的電話中得知了他的一些情況：

1. 某先生被傳訊和監控以後，電腦被沒收，電腦裡所存 800 多篇各種文章資料、信息及公司業務資料全被刪除，某先生不久即被公司解聘而失業；

2. 後來某先生通過朋友到深圳工作。一天他在街上行走時提包突然被急駛而過的摩托劫匪搶走，住處也在同一天被盜賊入室。屋中被翻得亂七八糟，現金和值錢之物卻一樣沒丟。某先生判斷還是為了尋找那張光碟，因為沒找到，就用摩匪劫包，看看包裡有沒有。某先生隨後報了警，警察在查看現場、問明情況和與上級取得聯繫後竟然對他說：「某先生，難道你還看不出來嗎？你的處境相當危險，你為什麼不趕緊離開深圳呢？」

3. 某先生被迫離開深圳，靠朋友幫忙在上海找到了工作，但不久深圳那一幕又在上海發生，跟蹤者又在他住處翻找那張光碟；

4. 某先生只得又離開上海，開始了身無著落、難維生計的漂泊生活。儘管後來有朋友讓他有口飯吃，幫他度過生存難關，但也只能是寄居閒住而不能從事任何工作，某先生成了一個真正孑然一身、身無分文、渾身傷痛甚至生命都受到威脅的落魄失業者！然而，雖然他無所事事地寄居在朋友家，卻仍然受到當地國保的嚴密監控，時不時地要「關照」他。那張光碟，使他在政治、經濟、家庭和精神上所受到的四重打擊迫害而失去起碼人權保障和人格尊嚴的慘狀，一直延續至今。

現在的問題是：到底有沒有那張光碟？如果有，是由誰祕密攝製的？又是怎樣攝製的？它現在在哪裡？某先生究竟有沒有？如果有，他是從哪裡得到的？如果沒有，國保為什麼一直對他緊追嚴查，死死認定他一定有光碟，非要他交出來不可？為什麼不惜跟蹤到深圳、上海等地，一再故意暴露自己意圖、用非常手段翻找呢？再有，他為什麼不願說起自己的痛苦遭遇而且不願提及那張光碟呢？看來，那依然是一個撲朔迷離、難以破解的謎。

但有一點可以肯定：江宋海招之事存在。否則警方不會如此認真執著地長時間追那張光碟，公安部更不可能會實施代號「封鎖」的保江祕密行動。

或許根本沒有那張光碟，但卻有江宋海招醜事。「不做虧心事，不怕鬼叫門！」江非常害怕有人偷偷潛伏拍攝製成了光碟。一旦真有此碟，公布出去，他將身敗名裂、一切玩完。於是「寧可信其有，不可信其無」，責令公安咬定這位某先生不放。

光碟之謎，也成了警方和中央高層的關注焦點。根據江在道德品質、生活作風上的一貫醜陋表現，因此對他對號入座，就是基本相信真有一張類似璩 XX 那樣的光碟。由於江也要求盡快找到，於是各方也就不惜一切地追查起來。

光碟之謎迄今還未破解。《囚廬與陷阱》文稿經呂加平被捕入獄前授權《新紀元》編輯、出版為《紅朝第一御案》一書，2014 年 7 月在香港和海外上市。

第五節

江澤民「悶聲」大發財

2000 年 10 月 27 日，在答覆香港記者提問其「欽點」董建華時，江澤民惱羞成怒，並藉機「傳授」江澤民的家訓：「悶聲大發財」。

「人類社會發展的歷史告訴我們，貪污腐敗現象是社會穩定、發展與進步的阻礙因素。它們破壞社會政治體制的正常運轉和國家政策的實施，擾亂社會秩序和資源的合理分配，破壞社會公平和正義的原則，侵蝕社會道德和人們的精神世界。所以，要維護社會的穩定，促進社會的發展和進步，就必須堅持進行反對貪污腐敗的鬥爭。」

請不要驚訝，這不是哪位正人君子的演講，這是黨國「敬愛的」江主席 1995 年 10 月 6 日在「第七屆國際反貪污大會」開幕式上的講話原文，由新華社播發。

中國共產黨就是這麼搞笑，在中國第一貪江澤民主政的 15 年裡尤其搞笑。經濟學家何清漣在其被業界稱為當代中國小百科全書的《中國現代化的陷阱》修訂本前言裡，引述了一位深圳官員的話說：「我們沒辦法，身在衙門，不由自主。一個社會如果十個人中有七個做賊，剩下的三個也得跟著做，要不然你就會被真賊當作賊來抓，因為你不貪污腐敗，別的人心裡就不踏實。」

那麼，中國官場舉世聞名的貪腐風是怎樣颳起來的呢？除了共產極權制度的根本因素之外，可以說，中共黨首江澤民就是始作俑者和黑旗手。

2000 年 10 月 27 日，香港記者張寶華在中南海問江澤民關於董建華在 2002 年香港特首選舉中是否已經「欽定」，江澤民怒而譏諷香港記者簡單、幼稚，並不失時機的「教導」他們：「中國人有一句話叫『悶聲大發財』，我就什麼話也不用說了，這是最好的……」

江澤民撈錢的貓路

美國「卡內基國際和平基金會」列舉的數據顯示，自 1990 年以來，中共官員貪污腐敗，每年造成的直接經濟損失大約在 9875 億到 1 兆 2570 億之間。這其中，江澤民首當其衝。

2007 年中共「17 大」前夕，中共財政部長金人慶突然下台，有人傳因其中了台灣女特工的美人計，洩露了機密；但另有消息指，這與金人慶和江澤民前些年合謀把國庫的錢轉到國外有關，當時胡溫正在徹查近 1000 億人民幣去向問題。當時未經朱鎔基批准，是江直接從金人慶那裡劃錢出去的。

據《中國事務》披露：江澤民在瑞士銀行的祕密帳戶上存有 3 億 5000 萬美元；江還在印尼的峇里島有一棟豪宅，據悉是由前外長唐家璇於上世紀 90 年代花 1000 萬美金替江購買的。

前中國銀行香港總裁劉金寶 2005 年因貪污罪被判死緩。香港《開放》雜誌披露，國際結算銀行 2002 年 12 月發現一筆 20 多億美金的巨額中國外流資金無人認領。之後劉金寶在獄中爆料，這筆錢是江澤民在「16 大」前夕，為自己準備後路而轉移出去的。劉金寶還曾擔任中國銀行上海分行行長。

江家幫涉案的不歸路

2003 年 6 月下旬，中共中央政治局討論審議由中紀委、監察部提交的「關於黨政幹部和家庭公開公布經濟收入，擁有資產、資金的提案」，議案後來在政治局常委會上表決：結果四票贊成，二票反對，三票棄權。投反對票的二人為黃菊和賈慶林；投棄權票的三人為吳邦國、曾慶紅、李長春。於是關於中共幹部公開財產案第五度被擱置了。而五分之四的分母當時均隸屬江家幫。

在江澤民任中共總書記 13 年和通過政變留任兩年軍委主席期間，中共官場空前糜爛，從上至下吸金成風，官越大越敢幹。其中有幾大名案。

■王雪冰案

據萬維網 2002 年 6 月載文披露：中共建設銀行行長王雪冰涉嫌「貪污」10 億元人民幣，被美國政府從紐約中國銀行揭露幾個月後，共產高檢院已對王雪冰正式立案。

據透露，王雪冰是江澤民的密友，江每年過年都會在家中設宴邀請約 20 個「知已」聚會，王雪冰夫婦必然到座。獲王雪冰違規貸款的許多人都與江澤民關係密切。現已證實，1991 年到 1999 年王雪冰主管過的紐約中國銀行違規貸款中，主要被告客戶

　　周強和劉平夫婦，是以 NBM 公司和揚美公司名義舉貸的，涉及到江蘇省五礦進出口公司和揚州經濟開發總公司。揚美公司裡，揚州市政府的揚州經濟開發總公司持股 70％，另 30％的股份則是揚美總裁周強的妻子劉平個人所有。周、劉二人從紐約中行取得大量貸款、不斷增加信用額度，並在貸款到期後一再延期，其所依據的，主要是各類假造或不實抵押物。更邪的是，該二人從紐約中行貸款後，又經由其他公司將款項轉存至香港廣東省銀行和寶生銀行，詐稱該存款為黃金買賣收入，並以之為抵押，再度進行貸款。

　　萬維網說，揚州在中國只是一個小城市，而該市的一家不起眼的空頭公司居然能得到在美國的中國銀行特殊規格的違規關照，周強、劉平夫婦顯然在揚州大有來頭。如果人們聯繫到江澤民家族在揚州的影響，聯繫到江的侄兒邰展欠揚州工商銀行 1150 萬人民幣，邰因炒地產失敗無法償還，偽造文書被告上法院，法院竟宣布停止調查和審訊，以及周、劉二人憑江澤民座上客身分進出紐約中行那趾高氣揚的架式，就不難發現，王雪冰貪污案後面有江澤民的影子。

　　上下事例一對照，讀者就不難聯想到，香港中行劉金寶 20 億無名錢和紐約中行王雪冰牽出的貪腐案，都與江澤民利用海外銀行洗錢中飽私囊有關。

■招沽權證案

　　2012 年 4 月 16 日，中共中央機關刊物《求是》發表了溫家寶文章，稱「要強化問責，對於工作不力、發生重大案件和對腐敗案件查處不及時的部門、地方，要按有關規定嚴格追究責任。」

與此同時，有消息稱，中紀委正在追查一個與江澤民、江綿恆、江澤民侄子吳志明等關係密切的金融貪污大案——招沽權證案。此案案發於 2007 年，被掩蓋了五年，是中國證券市場驚爆金融史上第一大醜聞，涉案金額高達 1.2 萬億人民幣。

2007 年「17 大」前，中共統戰部在海外以《通了「海」的海歸美女》一文，披露了這一中共證券市場有史以來第一大醜聞黑幕。

該案由上海證券交易所高管劉嘯東所製造。劉嘯東是江澤民長子江綿恆在美國時的好友，劉妻、海歸美女劉敏又是江澤民侄子吳志明的情人，劉嘯東夫妻自然成了替江家撈錢的代理人。招沽權證案 1.2 萬億涉案金額，使 50 多萬中國大陸股民傾家蕩產、血本無歸，直接損失 228 億元人民幣，間接損失 500 多億元人民幣。

因中共高層的討價還價，此案 2008 年之後一度被擱置。中紀委現在翻出舊案，矛頭直指江澤民。

■王維工案

另據《大紀元》2009 年 4 月報導，上海公安局系統一位劉姓副局長祕密披露，中央雙規黃菊的大祕書王維工時，王的妻子和子女卻成功離開上海，回到擁有永久居留權的澳大利亞悉尼。其實當時王妻已在上海市公安局項目組掌握之中，王妻的護照號碼等都在公安檔案裡，並已對其實行了邊控（控制出境的限制），按大陸最基本的辦案程序，因老公涉重大案件，她此時不可以離境。

這位再三叮囑不要暴露其姓名的上海市公安局副局長透露，王維工被雙規後，其妻已在監控中，但由於一個神祕電話，不但對其妻解除了監控，還取消了邊控。原來，神祕電話來自江澤民的大祕書。事情反映到北京後，江很關注。江大祕後來專門到上海市委做過一次說明。他說，江澤民認為，「我們共產黨從來不搞株連，王被雙規是罪有應得，沒有理由監控他的妻子，不能開這個先例。」

由於江祕直接抬出了江，北京沒有繼續追問。知情人士認為，江澤民整陳希同時，正是用株連方式迫陳希同認罪。而其現在下了台，卻突然跳出來保護一個貪污犯的老婆，還美其名曰不株連。其司馬昭之心，路人皆知。

這位知情者透露，江澤民一直堅決反對公布財產的陽光法案。其實更擔心自己貪污腐敗的子女。

另據公安局刑警大隊一位分隊長講，江澤民下令讓王維工老婆走掉是有交換條件的，條件就是王維工「知道說什麼和不說什麼」。他說，這一點從王維工目前的受審情況可以看出來：王知道妻子和子女在澳大利亞，就一副心平氣和的樣子，至今沒有透露任何涉及江澤民家族的事情。

江公子斂財的鼠路

《紐約時報》在《中國的「太子黨」們靠裙帶關係致富》一文中提到：好萊塢夢工廠沒有張揚的是它最新、也是最重要的合作夥伴：61 歲的江綿恆，他是中國過去 20 年來最有權力的政治首腦江澤民的兒子。

江綿恆的商業集團還和微軟、諾基亞成立了合資公司，並監督電信、半導體和地產項目等國家支持的一系列投資平台。

在今日中國，如夢工廠這般要通過江綿恆這種「中間人」才能達成交易，幾乎是理所當然的。分析家們說這正是中共如何分贓的方式，讓高級領導人的親屬在史上最大的經濟繁榮中中飽私囊。江澤民之子江綿恆，上海一好萊塢工作室夢工廠最新、也是最重要的合作夥伴。

江澤民手握黨政軍大權後，讓大兒子江綿恆趕快「悶聲大發財」，江綿恆深得其父貪慾真傳，也很快贏得「中國第一貪」的頭銜。

1994 年，上海市經委黃姓副主任策劃創辦了上海聯合投資公司，公司剛運作了三個月，黃卻突然被調回市經委。原來，沒人認識的江綿恆看中了「上聯」，遂「貸款」幾百萬人民幣買下市值上億的「上聯」，並自任董事長兼總經理。「上聯」就這樣被江綿恆搶去，黃副主任就此消失，連名字都沒人記得。

表面上「上聯」是國企，但實際等於江綿恆私產。江綿恆以上聯為個人事業的旗艦，坐鎮上海。繼續涉足各重要經濟領域，令很多國企先後落入江家私囊。到 2001 年，上聯和上聯控股的公司已有十餘家，如上海信息網路、上海有線網路、中國網通等。業務相當廣泛，如電纜、電子出版、光碟生產、電子商務的全寬頻網路等。由於他是江澤民的兒子，所以要錢有錢，要權有權，做生意包賺不賠，海外華裔和西方商人包括雅虎掌門人楊致遠等紛紛上門拜訪或投靠，幾年時間江綿恆已建立起他的龐大電信王國。

江綿恆胃口大得不行，董事頭銜多得數不清，甚至上海過江隧道、上海地鐵董事會他也有份。有商人在飛機上看到空中雜誌中刊登的上航董事會照片，江綿恆赫然其中，其儼然成了上海灘的大哥大。

　　然而，中共當今的規則是，錢一定要與權掛勾。於是 1999 年 12 月 2 日，和科學建樹毫無瓜葛的江綿恆被江澤民授意國務院任命為中國科學院副院長，擠進國家領導人行列。緊跟著，2001 年 5 月，香港舉行「財富論壇」，江代表有意帶了江二代出席，與國際要人和跨國公司富豪接軌。外國商人深諳中共官場潛規則，中國申奧成功第二天起，江綿恆就陸續與富豪們簽下大單，進而成為中共「官商一體」最高代表。

　　江綿恆是「網通」老闆，但前邊沒加中國二字，是個地區性公司，且早已讓江綿恆給折騰空了。忽一日他揚言要吞併「北方電信」，而以「網通」當時的狀況，收購「北方電信」完全是做白日夢。於是江公子上演了最早版的「我爸是李剛」——由江澤民親自下令中國電信必須一分為二，分為「北方電信」和「南方電信」，「北方電信」10 個省固定資產送給「網通」。就此，爹甩給兒子一個大錢包：「中國網通」。

　　蹊蹺的是，拿到金荷包後，作為內地四大電信商中最後一個沒上市的公司，「網通」的上市時間表卻一拖再拖，難道江公子不喜歡上市圈錢？難道他得到北方電信 10 個省固定資產後還是沒有資產？那麼錢哪兒去了？

　　2004 年 10 月是規定上市最後期限。這段時間，江綿恆開始玩花活。他把網通三次整合，之後再統統撤銷。後來才知道，江在令人眼花的整合、撤銷把戲中，將國家電信資產都巧妙挪進自己荷包。江綿恆的親信、中國網通總裁張春江毫不隱諱的說：這一切就是「為了股票上市」。說白了就是先把官產掏空，再拿買「網通」股票人的錢繼續玩。

　　還有一件眾所周知的醜聞，2000 年 9 月，江綿恆和台商王永慶的兒子宣布合辦宏力微電子公司，總投資 64 億美元。據王文洋透露，號稱合資，他一分錢沒出，全是江綿恆從銀行弄來的錢。藉著江老賊，這個江小賊大洗國庫，成了名符其實的「中國第一貪」。

大地產商周正毅號稱上海首富，2003 年 5 月被查扣。據透露，調查周正毅官商勾結圈地問題時，已查到江澤民兩個兒子頭上。調查人員查到緊鄰靜安區的普陀區時，發現江綿恆和普陀區政府在靜安區圈了一大塊地。而江綿恆和江綿康在上海都是免費圈地，不掏一分錢。江綿恆比周正毅還惡：周圈地還要給「上海幫」進貢，江大公子卻強遷住戶到遠郊，絕不按規定給予任何補償。

周正毅逃稅、操縱股票和不法貸款導致香港中銀總裁劉金寶被撤職。此案被稱為中共建政以來最大的金融詐騙疑案，調查結果直指江綿恆，而劉金寶當初是透過周正毅夫婦攀上江綿恆，坐上香港分行行長寶座的。作為回報，幾單巨額貸款經他手直接批給了江綿恆，其中就有成立那個假合資的宏力微電子公司時，違規操作批出的十幾億貸款。外界分析，江綿恆貪腐所涉金額，絕對超出當年「上海幫」陳良宇等人，其數目之巨大，可謂怵目驚心。

官媒後來報導了上海市第一中級法院對周正毅的罪判：處罰金人民幣 3300 萬元；以虛報註冊資本罪判處罰金人民幣 700 萬元，決定執行罰金人民幣 4000 萬元。對被告人周正毅以操縱證券交易價格罪判處有期徒刑兩年六個月；以虛報註冊資本罪判處有期徒刑一年，決定執行有期徒刑三年。

如此輕判讓輿論和民眾大跌眼鏡，誰都明白，因為周勾上江綿恆，判決才「與眾不同」。

2011 年 11 月 18 日，中共人力資源和社會保障部免除了江綿恆中國科學院副院長職務。中國網通也在 2009 年宣布與中國聯通合併。

第六節

江澤民一意孤行迫害正信

1989 年四川樂山一次滑坡中，大佛寺內山根處露出一座古崖墓，墓中藏一個民國初年的造像，凸眼鼓肚，頗像「江大蛤蟆」。早有高人說過，江澤民元神是一隻久藏古墓的蛤蟆精。

　　1997 年鄧小平去世之後，江澤民感到兒皇帝熬到頭了，更是急於樹立自己的個人權威，放言「現在要好好坐一下」。按照中共的潛規則，權威無非就是軍事權威與政治權威。

洪災練兵控軍權

　　1998 年中國長江流域遭遇了一場洪災，給江帶來了不小的軍事機會。儘管大陸官媒統一口徑稱此次洪水為「百年一遇」的「特大洪水」，但許多水利專家們卻認為，這場洪水本身其實並不算「特大」。根據其最大洪峰流量，遠未達到 20 年一遇的洪水流量，應屬於「小洪水」，但卻意外釀成「高水位，重災情」。長達兩個多月之久的災難過去後，官方的內部統計證實：洪水受災人口近 4 億，死亡近 5000 人，直接經濟損失 3000 多億元。

究其原因，主要是和江澤民執意要「嚴防死守、拒不分洪」的決定有關。溫家寶與氣象、水文專家都主張在荊江分洪，但江澤民卻以軍委主席的身分發出命令，沿線部隊全部上堤，「軍民團結，死守決戰，奪取全勝」，否定了分洪方案。

雖然長江主幹堤紛紛決口，哀鴻遍野，但兩個多月的抗洪，江澤民藉機組織了自加入朝鮮戰爭以來最大的一次軍事行動，對於長江流域是中共軍隊渡江戰役以後的最大一次兵力調動。在這次軍隊「抗洪搶險」行動中，江澤民調集了廣州、濟南、南京、北京和瀋陽軍區，包括空軍、海軍、二炮、武警部隊以及解放軍沿江沿湖各大專院校，共計 10 多個集團軍、30 萬官兵。其中，114 位將軍、5000 多名師團級幹部聽從江澤民調度親臨長江大堤，總計出動官兵 700 萬人次，組織民兵和預備役人員 500 多萬人次，用兵總人數居然超過了中共建政之前的淮海、遼瀋、平津三大戰役解放軍人數的總和。

對於沒有摸過槍的江澤民，滿意地檢驗了軍隊不顧險情只聽命於自己「核心」地位的「政治覺悟」。通過這次調兵，江澤民牢牢的控制了軍權，完成了軍事權威樹立。

群眾運動樹業績

接下來，江盤算的就是政治權威的樹立了。那時江的「三個代表」還未出籠，江只有一個所謂的「三講」運動，就是要「講學習、講政治、講正氣」，但中共官場上上下下都是走過場，從 1995 年起，搞了兩年也沒弄出什麼名堂。模仿「文革」，江想用大規模的群眾鬥群眾的方式，即利用全國性的政治運動建立權威，更快捷有效。鎮壓法輪功成了江澤民意圖豎立政治權威的選擇。1999 年 7 月，江澤民發動了一場對法輪功信仰團體的鎮壓運動，這場運動已經持續了 15 年，至今仍未平息。

法輪功也稱法輪大法，是以「真、善、忍」為指導的性命雙修的功法，按照宇宙演化原理而修煉。在眾多的健身功法中，法輪功的發展最快，在群眾中影響最大，從 1992 年 5 月由李洪志先生傳出後，到 1999 年的七年間，民間已有上億人習煉，就連中共體制內的大多數人也想不到江真敢對這樣上億的修煉群體大開殺戒。但是，透過江澤民《在某重要會議的談話要點》（以下簡稱《談話》）可以了解到江為什麼敢如此大膽妄為？

《談話》中說：「相比之下，其他氣功組織就不那麼容易解決，很可能在全國引起劇烈動盪，甚至於製造暗殺、毒氣、爆炸等恐怖暴力活動，就會給我們的工作帶來相當大的難度，對社會穩定起破壞作用，起不到懲戒的效果。法輪功講『真、善、忍』，我們的打擊工作就可以放手進行。以後利用打擊法輪功的經驗，可以有效的運用於其他氣功組織。」

另外，《談話》中還稱：「中央鑒於蘇聯社會主義制度消亡的歷史教訓，一直決心對各種反馬克思主義的思想、信仰和理論進行批判，奪回並鞏固無產階級的思想陣地，在意識形態領域進行一次消毒，法輪功鼓吹『真、善、忍』，給了我們動手『消毒』的機會。」

而江的最終賭注似乎寄託在暗殺法輪功創始人上，江澤民下令成立「特別行動小組」實施暗殺法輪功創始人的計畫，下令說：「要加強行動，設計多種方案。」「保證刺殺行動萬無一失……」

刺殺成功，則「許多問題會迎刃而解」。

　　即便如此，江澤民鎮壓法輪功，開始時，中共中央常委七人，除了江澤民本人，沒有一個支持的。但江澤民認為：六常委越是不支持鎮壓，就越要鎮壓，鎮壓是對六常委是否忠心於江的試金石。

妒嫉心驅使　江魔性大發

　　1999 年 4 月 25 日，由於天津市公安部門抓捕多名法輪功學員，加上多年來中共政法和宣傳部門一直在暗中騷擾法輪功（如禁止法輪功書籍出版等），上萬名法輪功學員只好到中南海附近的中央信訪局上訪，史稱「4‧25」事件。

　　該事件由於法輪功學員的和平理性，也由於朱鎔基總理的妥善處理，僅一天時間即得到基本解決。但江澤民看到有上萬名法輪功學員寧願為法輪功上訪，內心就受不了了。更令他受不了的是他看到有幾十位肩上有軍銜的軍人，江曾震驚得大呼「動員能力之強，組織紀律之高，非常罕見！」另外，外電對此事件的讚賞，包括對朱鎔基的讚賞，對江澤民來說無疑是火上澆油。

　　江澤民如此生氣還有一個原因，就是喬石對法輪功的支持。喬石雖然在「15 大」上退休，但是他把鄧小平指定胡錦濤為第四代領導核心的祕密，向全世界公開，等於宣布江澤民到「16 大」就必須退休，而且只能傳位給胡錦濤。不管江如何想繼續連任或提拔自己的人馬接任總書記和國家主席，都做不到了。僅此一點，凡是喬石支持的，江澤民就反對。

　　喬石不但在 1998 年做出「法輪功於國於民有百利而無一害」

的結論，還特意提到「得民心者得天下，失民心者失天下」的古訓，令江澤民大為不悅，當即批示（大意）：「寫得玄玄乎乎，我看不懂。」並把報告推給羅幹。羅幹心領神會，捏造「法輪功有國外政治背景」，製造事端嫁禍法輪功。江澤民對法輪功的妒嫉心因受「4·25」事件刺激而爆發。

江身上有一股邪勁

1999 年 4 月 25 日晚，江澤民模仿毛澤東寫大字報「炮打司令部」的手法，連夜向全體政治局委員寫信，並且強行把個人信件作為中央文件下發，江在信中假裝憂心忡忡地說：「難道我們共產黨人所具有的馬克思主義理論，所信奉的唯物論、無神論，還戰勝不了法輪功所宣揚的那一套東西嗎？」

在「4·25」上訪事件的第二天，羅幹（政法委）、賈慶林（北京市）和政治局常委召開會議商討處理意見。政治局七個常委，除了江澤民之外，其他人都明確表達了反對意見。

1999 年 6 月 7 日，江在中央政治局會議上發表關於抓緊處理和解決法輪功問題的講話，把法輪功的產生和迅速傳播說成是「國內外敵對勢力同我黨爭奪群眾、爭奪陣地的一場政治鬥爭」。

據中共高層透露，那時的江澤民在會上聲勢逼人，其身體上確實有一種東西讓人懼怕，想反對，但也不敢發聲。

為調集全國所有資源來鎮壓法輪功，江澤民從中央到各省市都成立了類似德國祕密警察蓋世太保的特務機構——「610 辦公室」。該機構類似「文革」中的「中央文革小組」，是中共為對付緊急狀態成立的臨時祕密的最高權力機構，能根據需要調動軍隊、武警、公安、外交、財政、電訊、教育等等部門的資源和人力，並有權要求政府其他部門服從「610」為鎮壓法輪功作的安排和調度。

據報導，一位「610」官員透露說，在一次小範圍的所謂「慶功」宴會上，現任公安部副部長劉京興致大發，給陪酒的吉林省和長春市公安局「610」官員透露，在「610」編制和鎮壓經費大規模擴大上，江澤民曾經對胡錦濤大聲咆哮。

劉京當時說，2001 年江澤民在一次布置對法輪功打壓的會議上宣稱，原各地「610 辦公室」是以各地政府名義設立的，但由於公安廳、國家安全部、公安局、司法局等部門利益驅使和業務特點不同，推諉、應付、不服從命令、消極對待等現象已經使得「各地法輪功事件不但沒有減少的趨勢，反而越演越烈」。

在會上江澤民提出要在國家安全廳、公安廳、各地公安局也增加設立相應的「610 辦公室」，這時胡錦濤說：「增加『610』機構得增加人員編制，經費不少。」江立時大怒，衝著胡錦濤咆哮道：「都要奪你權了，什麼編制不編制、經費不經費的！」胡聽了一聲不吱，面無表情地在筆記本上寫著什麼。劉京還表示，從那以後在對法輪功的「鬥爭」中，胡不得不「要錢給錢，要人給人」。

但令人奇怪的是，江的邪勁，並非鬥勇，卻類似於鬼邪，很怕見光。專門處理「法輪功」問題的「610」成立後，江澤民是這個組織的總頭目，所有重大密令都是由他傳達下去。但江卻怕留下證據，送去的密令從來不落款，但「610 辦公室」的人見到此類「白條」就會立刻執行。

如果說江澤民因擔心「義和團」重演而鎮壓法輪功，那麼當它了解法輪功的情況後會停止鎮壓；如果說江澤民因一時失去理智鎮壓法輪功，那麼在一次次「構陷」一輪輪「升級」失敗後，它會重新考慮如何收場而有所收斂，可惜以上都不是。從江那種明知是錯也要幹到底的邪勁，從提出「三個月消滅法輪功」，到後來要進行「二、三十年時間」長期鬥爭，可以看出其持續鎮壓的迫切渴望。有民間高人曾經解讀江的這一邪惡使命的宿命。

1989 年四川樂山發生了一起十分轟動的奇事。在一次滑坡中，大佛寺內的山根處露出了一座東漢時期為葬死人而開鑿的崖墓，墓中竟藏了一個人的造像，造像的模樣頗像剛剛爬上中共權力頂峰的江澤民。在造像的背後有一塊「功德碑」，記載著民國初年為建造此像捐款者的姓名，其中姓江者有 13 人。後來就有人將 13 解釋為「澤民」兩字為 13 畫、江統治中國 13 年（1989 至 2002 年），依此證明此造像非江莫屬。當時就有投機鑽營之輩捧其為「喜生彌勒」，匆忙張燈結彩、焚香膜拜，裝修墓門、鐫碑刻文，將一張假彌勒的紅底彩照懸於凌雲寺的展廳。

江接到被加封為「彌勒」的喜訊，迫不及待的趕到樂山一睹自己的「尊容」。當江在崖墓中看到造像確與自己相像時，以為自己真是神佛下世、喜不自勝，興奮的哈哈大笑。隨從們齊聲捧頌：「像，太像了！」江還補充一句：「就差一副眼鏡！」

二十多年過去了，隨著江的下台和他的惡行、醜聞世人皆知，所以造像也被冷落。儘管缺乏維修，燈光昏暗，像體骯髒，但面部輪廓仍不失江的明顯特徵。

為什麼在民國初年江出生前後，就有高人能建造出一個酷似半個多世紀之後的江澤民的人像，而且恰在江上台的 1989 年與世人見面呢？或許是上天要通過「藏江墓」這一奇觀向世人透露與江澤民其人相關的玄機。

當「藏江墓」剛被發現時，有人興沖沖的將那張為造像披紅掛彩的照片遞給峨眉山的一位得道高僧。高僧看後只說了一句話：「此人與水有緣！」道出了他所看到的天機：此人的元神是一隻來自江澤之地的蛤蟆。

如果仔細端詳造像就會看出，那凸出的眼泡、鼓鼓的肚皮和那幾乎沒有脖頸的體形正好勾畫出了蛤蟆最為明顯的特徵。這也印證了上海民眾早就呼江澤民為「江大蛤蟆」。

也早有高人說過，江澤民在轉生人身之前是一隻久藏古墓的蛤蟆精。

在去「藏江墓」的坡道旁，叫做「虎丘」的景點裡，有一隻面目猙獰的下山虎石雕，背後有一個山洞（虎穴）。導遊告訴人們別在這裡照相，因為這是一隻下山餓（惡）虎，它是要吃人的。

江屬虎，或許，假佛被人奉承時，也就是惡虎要下山吃人行惡了。

然而，凌雲山的大彌勒佛像與山齊高、與日月同輝，崖墓（「藏江墓」）中的假彌勒（實為魔鬼）龜縮墓穴、怕見天光。這一真一假、一明一暗、一大一小、一高一矮的明顯反差，正預示著這場驚天地、泣鬼神的正邪大戰以及歷史的必然趨勢。

第七節

中共毀在江澤民手上

　　在共產黨暴政統治的社會裡，老百姓無法評論黨魁，除非到了共產黨垮台的時候。蘇聯共產黨從 1912 年列寧創立蘇聯共產黨，經過斯大林、馬林科夫、赫魯曉夫等，到戈爾巴喬夫第九代的 1991 年就氣數已盡，熬不到 80 歲就滅亡了。中共的總書記從陳獨秀、瞿秋白算起，到習近平已經是第 13 人。不過在國際共運史上，從來沒有哪個黨魁像江澤民那樣被百姓公開罵得狗血噴頭的。

　　其實無論古今中外，從來沒有哪個皇帝、君王或國家首腦，在當權時就被眾人如此羞辱、譴責與聲討。如今江澤民的愚蠢、貪婪、狡詐、凶狠、陰險、淫亂、妒嫉、作秀等劣跡，已成了百姓茶餘飯後閒談的笑料了，這不得不說是人類歷史上獨一無二的現象。

　　簡單地說，江有兩大特性，一是邪，二是蠢。翻開人類歷史，羅馬皇帝尼祿雖然其邪惡的一面可以與江有一比，但江的愚蠢則是無人可比的，他蠢到不但要出賣自己的國土，還蠢到毀滅自己民族的文化、更蠢到要走上反人類的不歸路，蠢到發誓要與佛法決一死戰。

江澤民除了「二奸二假」的臭名外，他在外國首腦面前掏出梳子梳頭，邊吃飯邊為人獻唱《我的太陽》；他攀花枝的醜聞、他住高級賓館卻走垃圾道進出、害怕見到法輪功的醜態；他用「悶聲大發財」的物質貪慾，取代神州大地上僅存的善惡標準；他因為嫉妒李洪志大師而發起對法輪功的迫害，不顧眾人反對而肆意剝奪上億民眾做好人的權利；他偷盜國庫錢財，把高達四分之三的國民經濟收入用於全面迫害法輪功；他殘酷鎮壓修煉「真善忍」的人，令中華大地上「假惡暴」更加猖獗；他指揮活體摘取法輪功學員器官的惡行，犯下了這個星球上從未見過的邪惡……

如今眼看中共的政權不保，其實中共的江山早就毀在了江澤民的手上。

正因為江澤民鎮壓法輪功，中國被迫從「以經濟建設為中心」全面轉為「以鎮壓法輪功為中心」，於是出現了被國際社會起訴的、以江澤民、羅幹、周永康、劉京、薄熙來等人為代表的「血債幫」，從而引發政治、經濟、軍事、文化、外交等方方面面無法解決的難題。毫無疑問，江澤民鎮壓法輪功的結果，就是從內部打倒了中共。

其實，中共垮台並不是什麼大事，歷史上一朝一代都是這樣更新進行的，然而由於江澤民的邪惡與愚蠢，他把國家和民族帶到了毀滅的邊緣。試想，一個民族若反對真善忍，能崇尚什麼？她還能有光明的未來嗎？中共官員早就承認，對付法輪功的經費已經超過了一場戰爭，以人民為敵的戰爭的結果會如何呢？這樣的政權能不垮嗎？

所以說，裝殮中共的棺材的最後一顆釘子，被江澤民在 15 年前就釘上了，如今的歲月，只是由於老天爺的慈悲，給良知覺醒的民眾一個從劫難裡逃出來的機會：那些遠離了中共、不想跟江澤民一起下地獄的人，才能最終獲救。

目前江澤民靠器官移植、氣功師發功等，支撐著人間肉體，按照「現世報應無漏網，人作惡都得償」的天理，他的肉體會挺到共產黨滅亡的時候，接受世人的審判，從而給人類留下永久而深刻的教訓。

江澤民失勢　宋祖英出事

江澤民與江蛤蟆的由來

2014 年 7 月，北京一隻巨型充氣蛤蟆吸引西方主流媒體報導，將江澤民的綽號是「蛤蟆」公告天下。江澤民這個中共邪靈中最邪最惡的魔頭，中國民間盛傳其是千年蛤蟆精轉世，而副元神是鱷魚，身邊布滿了各種陰性的低靈爛鬼⋯⋯

北京玉淵潭公園湖面上一隻極像江澤民的巨型充氣蛤蟆，西方主流媒體在報導中紛紛直接介紹蛤蟆是江的綽號。（大紀元合成圖）

中外媒體都聚焦「江蛤蟆」

在民間，江酷似蛤蟆的說法早有流傳。有網友將江仰面浮於水上的瞬間和蛤蟆比較，讓更多的人信服。（網路圖片）

　　2014 年 7 月，就在中共前政治局常委曾慶紅被爆已在押的同時，直接針對前中共黨魁江澤民的各種負面新聞也紛至沓來。其中最熱的話題，莫過於北京玉淵潭公園湖面上一隻極像江澤民的巨型充氣蛤蟆所引發的熱議。

　　7 月 23 日西方主流媒體也紛紛報導此事，直接稱「蛤蟆」是江澤民的綽號。《紐約時報》報導說，在某人通過圖片合成技術將一副大大的方形眼鏡架到充氣蛤蟆的鼻子上之後，人們突然發現，它看起來是多麼的像前中共主席江澤民。

　　大陸媒體還連續翻炒前江澤民的三大姘婦。其中央視主播、江澤民姘婦李瑞英 2014 年 5 月底被「離職」；江澤民與蘇聯克格勃女間諜淫亂賣國醜聞在大陸互聯網曝光；被稱為風向標的江澤民情婦宋祖英，有消息稱其正在接受中紀委和軍方檢查機關雙重內部調查。

自 2012 年 2 月王立軍逃館事件後，《大紀元》及時準確把握中國局勢走向，其中對薄熙來下台、中共政法委將解體、廢除勞教制度、抓捕周永康的預測，都一一得到證實。《大紀元》也最早預言逮捕曾慶紅和江澤民一定會發生。現在曾慶紅被抓，江澤民集團的最大「老虎」江澤民被抓的時日也不遠了。

陸媒熱炒「大黃蛤蟆」

7 月 19 日，北京玉淵潭公園湖面上一隻高 22 米、底部長 34 米的充氣蛤蟆一經亮相即引起外界熱議。不少網友吐槽稱，和大黃鴨相比，充氣蛤蟆「模樣雷人」、「太醜了」、「毀人三觀」。也有不少民眾借充氣蛤蟆暗諷前中共黨魁江澤民，戲稱有人導演了這場戲，讓江提前曝屍。

中國大陸各大網站也紛紛轉載這條消息，但 19 日當天記者查詢發現，包括新華網、人民網、南方網、光明網、千龍網、金羊網等在內的多個門戶網站的報導連接已被刪除，只有個別網站仍可看到。

湊巧的是，「充氣蛤蟆」僅兩天便漏氣趴下，癟「蛤蟆」圖片在網上熱傳。

也有人配了張大炮打蛤蟆的圖，並說：「帶大眼鏡的蛤蟆，蹶著挨打，七門炮，被雲山霧罩的廢掉了一門，還有六門炮挺著，中南海在後面看著這一切……」還有人說：「開始抓蛤蟆的意思嗎？」「江澤民危矣。」

至今，雖然新華網等中共官網屏蔽了有關報導，但在百度上仍然可以搜索到大量相關報導和評論，並且很多媒體不再沿用最初的「金蟾」、「蟾蜍」的說法，而是直接說「充氣蛤蟆」，「大黃蛤蟆」，但文章後面的評論功能多被封閉。

有的網站直接在標題指充氣蛤蟆「模樣雷人毀三觀」，「網友調侃：蛤蟆是來找鴨子的」。

《錢江晚報》的一篇標題為《大黃鴨風靡世界，大黃蛤蟆呢？》的評論文章批充氣蛤蟆的設計「東施效顰」，做法「非常之猥瑣」；「明明是隻蛤蟆，非說是金蟾，明明看著很噁心，非說很祥瑞，非常之無聊。」並稱，雖然「大黃鴨和大黃蛤蟆，只是幾個字的差別，一個載入史冊，一個留下罵名……」

國際主流媒體首次聚焦江澤民和「蛤蟆」

如果說江澤民是蛤蟆的說法此前多存在於民間，隨著西方多家主流媒體也紛紛聚焦蛤蟆和前中共黨魁江澤民的直接聯繫，顯示這個說法已經在國際社會得到共鳴。

英國廣播公司（BBC）7 月 23 日報導說，在社交媒體的嘲笑聲中，中共審查者似乎已經下令禁止互聯網上有關北京公園裡一個巨大充氣蛤蟆的報導。人們將它跟前中共主席江澤民相比較。在江澤民 13 年的統治當中，他被中國人授予「蛤蟆」的綽號。

《紐約時報》7 月 23 日報導說，在某人通過圖片合成技術將一副大大的方形眼鏡架到充氣蛤蟆的鼻子上之後，人們突然發現，它看起來是多麼的像前中共主席江澤民。在江澤民和蛤蟆之間的比較開始在網上流傳之後，新華社和互聯網門戶新浪刪除了有關蛤蟆的報導。

法新社報導說，一隻 22 米高的充氣蛤蟆上周出現在北京公園，但是遭到社交媒體用戶的嘲笑，他們將它的樣子跟中共前主席江澤民相比較。江澤民於 2002 年卸任主席，他被一些網民戲稱為「蛤蟆」。

文章還稱，圍繞江澤民的謠言紛飛，一些報導說在反腐運動當中，習近平在瞄準江澤民的一些同盟。

英國《電訊報》報導說，72 英尺高的充氣蛤蟆的照片堂而皇之登上許多中共官媒的版面。但很快這隻巨大的兩棲動物就成為一個可怕的尷尬。網民很快發現，它跟江澤民出奇的相似。

一張蛤蟆戴著江澤民標誌性的粗框眼鏡的合成圖片也冒了出來。當周末的暴風雨令這隻蛤蟆癟掉一部分之後，它倒下的臉浸入水中，人們開玩笑說這預示著 87 歲江澤民的健康情況。現在這隻蛤蟆已經受到中國互聯網的審查。

民間說法：癩蛤蟆精投胎成江澤民

江澤民和蛤蟆的關係，並非空穴來風。由於江澤民上台後，各種腐敗淫亂、賣國等醜聞流傳不斷沸沸揚揚。民間稱其「（癩）蛤蟆」、「江蛤蟆」、「三呆婊」、「江鬼」、「江賊民」等以表不齒。在《江澤民其人》一書中，開篇的楔子寫的特別生動。書中介紹：末法之時轉輪聖王下世傳法度人。由於此時人間面臨大劫，於是從無間地獄中找了一股集蠢、惡、壞、奸、醜等充滿妒嫉的邪氣，引其竄入世間陰氣濃厚的古墓。這股邪氣被一隻蟾蜍吸入腹中，於是得了蟾蜍的外形。數年後蟾蜍命終，帶著千年的邪靈之氣轉生成人，這就是江澤民。

在江澤民當上海市長時，上海坊間就有江是癩蛤蟆轉世的傳聞。外界觀江澤民的形態舉止，也確實和蛤蟆相似。1989 年江進京後，許多北京人也都叫他「江大蛤蟆」。據江澤民身邊的一位高官透露，江吃的東西，「除了珍禽異獸外，還包括蝗蟲、龜蛇、蠍子、鱷魚、耗子崽，甚至還有高價從越共取來的人腦，以及不時輔以冰毒類的藥品『提神換氣』。」這些一般人一看到就感到全身噁心的東西，「江吃起來卻很自在」，這位官員說。

由於蛤蟆喜水，江的名字中不僅帶「水」，而且其發跡之地上海也帶「水」，提拔它的汪道涵更是「水」滿滿。江澤民主政期間，1998 年中國出現一場蹊蹺大洪災。在發大水的時候，北京流傳著一種說法：江澤民，江澤民，江水淹死人。民間早就傳說江澤民上台會帶來水災。

由於江澤民由邪氣所生，所以無論它走到何處，都是陰風颼颼、怪雲翻滾。無論是它的德國之行、冰島之行，還是出訪美國，情況幾乎都相似。江澤民去冰島首都雷克雅未克附近一個最著名的噴泉參觀時，就在江到來的片刻，噴泉忽然噴出半邊黑色污濁的水柱，那半邊水柱對應的天空同時也陰雲密布，天空變成一半黑一半亮。有當地的居民驚嘆道：從未見過那麼黑的泉水噴出。

有高人道解連番異象指出，這些都因江澤民這個中共邪靈中最邪最惡的魔頭所致；對其喜水、凶殘張揚的個性，中國民間傳出因其是千年蛤蟆精轉世，而副元神是鱷魚。因此，身邊布滿了各種陰性的低靈爛鬼，為天地正氣所不容。

第二節

奇文：江元神的變化軌跡

2009 年 10 月，《大紀元》評論欄目裡出現了一篇署名文正的連載評論《漫談江澤民元神變化之軌跡》，講述了作者對江澤民這個人體的來龍去脈以及其最後結局的個人觀點，下面原文轉載，供讀者玩味。

2009 年，中共耗費上千億元的民脂民膏搞的所謂「國慶」慶典，最明顯的是暴露了中共統治已經面臨完結。經過中共有選擇性的電視實況播放，不但暴露了內部各派之間權鬥厲害，也暴露了各派自身的弱點，這一次，輸的最厲害的是江家幫，當然，底子掉得最慘就是江家幫的頭目江澤民。

北京市民似乎天生就有政治敏感性和對政治人物的敏銳觀察力。有市民這樣評說中共所謂的「國慶」慶典：「老百姓說這不是我們的慶典，這是他們的慶典，拿著納稅人的錢瞎糟（浪費）。」「老百姓說這是抖擻，快完蛋了。60 是一個甲子，一個輪迴，該輪迴了，折騰到頭了。」

從電視實況播放的畫面上看，整個大遊行過程中，站在天安門城樓上的中共十個頭目有一個驚人的相似之處，就是表情沉重，像是在參加中共的特大追悼會。

北京市民這樣說：「我對那個（慶典）不感興趣。可是他們也不高興，那些人表情沒一個人高興。都皺著眉頭，沒一個人笑，我也奇怪。起碼也得裝裝樣子笑一笑，畢竟是你們的節日。不是老百姓的節日，跟老百姓沒關係，展示他們的成果，他們倒不樂，挺奇怪的。」

不僅是中共的十個頭目表情像是在參加特大追悼會，應邀前來捧場的中共元老級的高官也像是來弔喪的。宋平心不在焉，臉上不見一絲笑容；朱鎔基不僅一身黑衣，還戴了一副黑色墨鏡。一位七十歲的北京市民對此評說：「好像是穿了一身喪服。這哪裡是參加大慶？分明是來弔喪的嘛！」

北京市民當然也注意到了江澤民的特別之處，例如，站在胡錦濤身邊的江澤民，西服內安裝撐子，以遮掩其裡面萎縮得不像人樣的軀體。兩側的西服袖子空蕩蕩的，看上去裡面好像是一個失去雙臂的殘疾人。照常理來說，前來攪局的江澤民會有幸災樂禍的表情，在遊行花車播放它的講話，稱讚它的三呆婊時，江理應咧嘴一笑，但奇怪的是江澤民從始至終都顯得心事重重、煩躁不安，舉步維艱。人們注意到江澤民表情發呆，稍站一會兒，就得坐下，失去了往日的狂妄。

北京市民說：「他（江澤民）確實呆了，他呆得已經不是一星半點了，癡呆狀已經顯示出來了。圖像顯示坐在那，跟泥胎差不多，靈魂已經失去，看著他面部表情根本沒有什麼。」

這句：「跟泥胎差不多，靈魂已經失去，看著他面部表情根本沒有什麼。」確是一語道破真機。說出了江澤民此時的真實的生命狀態。當人們談到某人的靈魂時，往往是在說某人的元神。這裡說的靈魂，指的就是江澤民的元神。為什麼江澤民的元神已經失去呢？還要細說分明。

什麼是元神

人們常說人的靈魂，實際上是指稱人的元神，因為這「靈魂」二字有時易造成概念模糊不清，用元神來指稱靈魂的主要涵義，就不易造成誤解。元神的觀念產生於人類的遠古時期，大量反映在各民族的早期神話和傳說中。《聖經》記載說：「耶和華上帝用地上的塵土造人，將生氣吹在他的鼻孔裡，他就成了有靈的活人，名叫亞當。」上帝吹的這口靈氣，其能量級遠高於造人的分子這層粒子的能量級，他就形成了使人的肉身具有活力的元神。《聖經》的意思是說，當一個人有了元神之後，才是一個有意義的活人，否則他只是一堆肉和骨頭的組合而已，也就是說我們這個肉體它只是一個軀殼，不具備人的特質。只有當一個「元神」進入人的肉體這個軀殼時，一個真正意義上的完整的人才能在人世間活靈活現起來。

在有些教科書上的分子示意圖中，原子被描述成一個小鋼球一樣的東西，這些小球被堆積連接成分子。其實，微觀世界遠非這類示意圖描述得那麼簡單機械。比如，一個電子可以同時穿過兩個縫隙，微觀粒子的運動如同水波一樣可以疊加，其玄妙遠遠超出我們的想像。在現階段，人類可能觀測到的最微小的尺度上，科學界已經證明，我們宇宙的空間結構既有延展的維，也有捲縮的維。我們的宇宙有像水管在水平方向延伸的、大的、容易看到的維——我們尋常經歷的三維，也有像水管在橫向上的圓圈那樣的捲縮的維——這些多餘的維緊緊捲縮在一個微小的空間，即使用最精密的儀器也根本不能探測到它們。那麼，不同的能量級的粒子用不同的方式組成不同於我們這個表面分子層空間的另外空間，就容易理解了。在那些無量無計的另外空間裡，還存在無量無計的不同的時間，在那些無量無計的時空中，也存在無量無計的不同的各種生命，以及無量無計的不同的各種生存方式，也就是順理成章的事了。

人的身體是由表面空間的分子這類物質構成的一種生命形態，而人的元神是由非表面空間的粒子構成的生命形態。這種粒子是比表面空間的分子更微觀的物質，他也有不同層級的存在形式，形成不同的生命層次，構成元神的粒子愈微觀，這個元神的生命的層級就愈高，他存在於非表面空間的另外空間，其形象也與表面空間人的身體的形象有很大不同，有的甚至是根本不同。一般構成元神這種粒子的能量級遠高於表面空間分子粒子的能量級，他存在於人身體的非表面空間，具有主宰人身體的能力。人就是由「元神」發出信息，透過大腦發號施令，控制著人體，表現出在「有形」空間的各種活動。

當今社會，距上帝造人的年代已很久遠，人類社會發生了極大的變化，道家認為，人體是一個小宇宙，這個小宇宙也和大宇宙一樣，發生了極大的變化。所以當今存在於一個人身體裡的往往不止一個元神，有多個元神這種生命體，但是，只有一個主元神，其餘的元神都是副元神，平時是主元神主宰這個人身體的活動，只有當主元神意識不清、不怎麼管事的時候，副元神才能主宰這個人身體的活動。

宇宙中存在著許多不同形式的時空，這是當代許多有見識的科學家都認可的事實，在修煉界有功能的人早就知道這一點，而且能觀察到甚至能體驗到另外時空的生命存在形式和生活狀態。現代也有許多科學家運用多種方式在探索另外時空中的生命存在之迷。對於不信神的人來說，能證明宇宙存在著不同的時空、不同時空中的生命存在形式和生活狀態最直接的證明，就是在這個星球上，不管是生活在東半球，還是生活在西半球的人；不管是信神的人，還是不信神的人中，都出現過大量的保留前世記憶的事例。

元神的前世今生

在表面分子的這個時空中，人主要是由肉身和元神所組成，人的肉身看得見、摸得著，其當世的經歷就是他的生命歷史。而人的元神，人的肉眼是看不見的，手是摸不著的，但他才是能代表一個人生活意義的真正生命體。他生存的歷史源遠悠長。

能證明人的元神生存的歷史源遠悠長的最普遍證據，就是古今中外出現過的許多關於人回憶自己前世、前幾世、前幾十世的記載。

在中國古代，修煉文化較為普遍，許多人或多或少能夠知道自己的前世。北宋大文豪蘇軾，字子瞻，號東坡居士，曾任翰林學士，官至禮部尚書，他在世時，就知道自己的前世是一個修行僧人，他曾對人說，「我八、九歲時，也曾經夢到我的前世是位僧人，往來陝右之間。還有我的母親剛懷孕時，曾夢到一僧人來托宿，僧人風姿挺秀，一隻眼睛失明。」蘇東坡在杭州時，曾與朋友參寥一起到西湖邊上的壽星寺遊歷，蘇東坡環視後對參寥說：「我生平從沒有到這裡來過，但眼前所見好像都曾經親身經歷過這似的，從這裡到懺堂，應有九十二級階梯。」叫人數後，果真如他所說。蘇東坡對參寥說道：「我前世是山中的僧人，曾經就住宿在這所寺院中。」此後，蘇東坡便經常到這所佛寺中盤桓小憩。他在詩文中曾多次提到自己的前世，例如：「我本修行人，三世積精煉。中間一念失，受此百年譴。」（《南華寺》）關於蘇軾元神轉世的故事不少，這裡就不多說了。

現代媒體對當代轉世實例的報導也不少見，1987 年《倫敦航訊》曾報導，英國一對在車禍中喪生的小姐妹，一同投胎轉世，成為原來母親的一對孿生女！而負責調查此事的精神病專家亦認為除了投胎轉世外，並沒有其他更合理的理由來解釋這宗怪事。

在泰國，曾發生一女子帶著她前世的護身符轉世的事例，這女子前世偶遇泰國第一高僧時，那位高僧一眼望見她，就馬上送給她一個護身符，這被認為是最高的賀禮。當時那位高僧向她預言，她將要拿著這個護身符來轉世。在她前世臨死前，她右手緊握著這個護身符，莊重地對妹妹說：我一定要靠這個護身符轉世，我必定會再度轉世，還要做更大的事業。在她遺體入棺時，家人按照她生前的吩咐，讓她的右手手掌緊握著這個護身符。就這樣，護身符成了最重要的陪葬品。

她死後大約半年，她的妹妹發現自己懷孕了，妹妹結婚十多年，這是第一次懷孕，胎兒出生時，手掌右掌竟然緊緊地握著一個護身符，正是陪葬新生兒死去的姨母的那個護身符。嬰兒的父母非常驚訝和迷惑，夫婦倆決定掘開姐姐的墳墓一探究竟，當夫婦倆打開棺蓋看時，頓時目瞪口呆了，其姐姐手中的護身符不見了，這棺木自從下葬後就一直沒有開啟過，絕不可能被人盜走後，塞進妹妹的肚子，放入胎兒的手掌裡。這嬰兒就是姐姐轉世無疑了，高僧的預言真的應驗了。他們給嬰兒取了名字，叫做答拉答，是取自經文，意思是祝福死者。

嬰兒漸漸長大，她的外貌跟死去的姨母非常相似。這個奇聞一時間在泰國廣為流傳，各界人士紛紛前來探望這個女嬰。她的確是個不同凡響的女嬰，才八個月大就能夠獨立行走了，一歲零兩個月就會說話，而且語調跟姨母生前一個樣，說話速度非常快。每當答拉答說出意見時，往往是使用命令式的口吻，如果父母不贊同，她就會不高興。潛意識中她還是以其父母的姐姐自居。在答拉答 22 歲時，她經營的產業已經擴大了數倍，規模之巨大十分罕見。答拉答前世所發的願：「我一定要靠這個護身符轉世，我必定會再度轉世，還要做更大的事業。」也應驗了。

在這個事例中，主人翁答拉答不但保留著上輩子的外在特徵，包括相貌、形體、言行等，就連內在的性格特徵也跟前世差不多。最令人信服的是，連上輩子的陪葬信物也帶到今生來，令人無法懷疑轉世的真實性。

根據幾次蓋洛普民意調查的結果顯示，現代西方人中至少有四分之一的人相信元神輪迴轉世，並且相信這一事實的人數還在不斷提高。在東方，相信元神輪迴轉世的人也不少，因為元神的輪迴轉世不是一個不可證明的假說，而是一個不可辯駁的事實，只是有的人被自己的觀念蒙住了雙眼，再多的事例擺在面前，也會咬住牙關死不承認。可以說人類的歷史實際上是由各種不同能量級和不同形狀的元神依附肉身上書寫出來的。當元神在這個表面分子空間走完了一段歷史後，就離開其所依附的肉身，這個肉身失去了元神的主宰就成為死屍。元神離開肉身後，必然要有個去處，那麼他會到哪裡去呢？這個問題我們暫不討論，先來看一段江澤民元神在唐朝時的經歷。

江澤民元神在唐朝時的一段歷史

2004 年 11 月，《大紀元》發表了醒世之作《九評共產黨》後，2005 年 5 月又推出了一部振聾發聵的力作《江澤民其人》。《九評共產黨》揭示了中共是一個共產邪靈附體的邪教組織，在人世間引發了勢不可擋的「三退」（退黨、退團、退隊）大潮，截至 2014 年 10 月，在《大紀元》網上聲明退黨的人數已超過 1 億 8000 萬人，中共隨時面臨徹底解體滅亡的結局。《江澤民其人》揭示了江澤民元神在唐朝時，曾為唐高祖李淵之子李元吉，李元吉在唐朝犯下十惡不赦的大罪，罪當形神全滅，經千年刑罰，只剩一股嫉恨之氣。因宇宙中舊的勢力要利用他來害人，就使這股嫉恨之氣，奪了一個蟾蜍精之體，李元吉元神僅剩的千年邪靈之氣，以蟾蜍之形轉生投人胎，成為江澤民。點明了江澤民的主元神乃是一蟾蜍精，在人世間就出現了世界各地大量蟾蜍以各種奇怪的方式死亡、江澤民肉身日見萎縮的現象。據中共公安內部消息，《九評共產黨》、《江澤民其人》被中共列為禁書，中共動用國家機器阻止這兩本書的傳播。但百姓通過各種途徑還是能看到這些書，且在民間傳播和討論。這些在民間傳播和討論的部分內容，下文中有所披露。

　　卻說這李元吉本是唐高祖李淵的第四子，其生母竇夫人有德有才，當李元吉出生時，相貌奇醜無比，竇夫人有觀相之術，一看李元吉的元神乃是一個災星轉世，長大後將對李家不利，就不願意撫養他，派人將他拋棄，李府侍女陳善意見棄嬰可憐，偷偷將棄嬰抱回撫養，李元吉才得以長大成人。要說這李元吉元神形狀雖奇醜，也還是個人形，比後來江澤民元神的形狀是一個癩蛤蟆要好看多了。

　　竇夫人眼力果然不錯，李元吉在成長的過程中，對李家確實起的是災星的作用。據史書記載，李元吉「及長，猜鷙好兵，居邊久，益驕侈。常令奴客、諸妾數百人被甲習戰，相擊刺，死傷甚眾。後元吉中創，善意止之，元吉恚，命壯士拉死（勒斃），私諡慈訓夫人。」也就是說主宰李元吉這個肉身的主元神沒有人性，經常命令自己的下屬相互殘殺，死傷的人不少，就是李元吉自己也受過傷，他的救命恩人陳善意好意勸阻他不要害人害己，他不但不聽，還下令把他的救命恩人殺害了，其心性比畜生都壞。殺人之後，又假惺惺給被他害死的人一個掩蓋其罪惡的稱號，更顯其邪惡狡詐。

　　他不僅經常命令自己的下屬相互殘殺，還要獵殺動物、殺百姓，據史書記載，李元吉經常與竇誕縱獵，「蹂民田，縱左右攘奪，畜產為盡。每射於道，觀人避矢以為樂。百姓怨毒。不可與共守。」禍害社會。招人怨恨。

　　他年紀不大，卻淫毒異常，經常夜晚潛出，姦淫民女，還和其生父的寵妃有亂倫的行為。

　　他妒嫉之心奇重，忌恨其二哥秦王李世民功高蓋世，不僅多次挑撥其父皇和其大哥太子李建成，加害其二哥李世民，還多次親自下手部置殺害李世民，據史書記載，「時秦王有功，而太子不為中外所屬，元吉喜亂，欲並圖之。」乃構于太子曰：「秦王功業日隆，為上所愛，殿下雖為太子，位不安，不早計，還踵受禍矣，請為殿下殺之。」太子不忍，元吉數諷不已，許之。於是邀結宮掖，厚賂中書令封德彝，使為遊說，帝遂疏秦王，愛太子。元吉乃多匿亡命壯士，厚賜之，使為用。元吉記室參軍榮九思為詩刺之曰：「丹青飾成慶，玉帛禮專諸。」元吉見之，弗悟也。其典簽裴宣儼免官，往事秦府，元吉疑事洩，鴆殺之。自是人莫敢言。秦王嘗從帝幸元吉第，伏護軍宇文寶寢內，將以刺王，太子固止之，元吉慍曰：「為兄計，於我何害？」他當著李建成面說是為李建成設計刺殺李世民，但早有人看出「元吉戾很，使得志，且不能事其兄。」他曾對其部下說：「但除秦王，取東宮如反掌耳！」東宮就是其大哥太子李建成，先殺二哥，再奪大哥之位，李元吉哪還有一點人味。

　　李元吉幹壞事天下第一，辦正事的本領則是差得要命。唐武德二年（619 年）三月，劉武周南侵，據史書記載，「時劉武周率五千騎至黃蛇嶺，元吉遣車騎將軍張達以步卒百人先嘗之。達以步卒少，固請不行。元吉強遣之，至則盡沒於賊。達憤怒，因引武周攻陷榆次，進逼并州。元吉大懼，紿其司馬劉德威曰：『卿以老弱守城，吾以強兵出戰。』因夜出兵，攜其妻孥，棄軍奔還京師，并州遂陷。」李元吉指揮不當，臨陣脫逃，導致李唐在黃河東岸之地幾乎盡失，關中大震，甚至連高祖李淵都亂了陣腳，高祖認為：「賊勢如此，難與爭鋒，宜棄大河以東謹守關西而已。」此時，秦王李世民臨危不亂，獨排眾議，堅持要反擊敵軍。同年11 月，李世民請纓出戰。不到兩年，李世民就將劉武周擊潰，大唐危機解除。

唐武德九年（西元 626 年），突厥侵犯中原，李元吉和李建成又使出一個挖空秦王府的毒計，李建成推薦元李吉率軍抗突厥，李元吉要求讓尉遲恭、程知節、段志玄以及秦王府右三統軍秦瓊等人與自己一同前往，檢閱並挑選秦王帳下精銳的兵士以增強自己軍隊的實力。兩人還密謀藉機殺死秦王，坑殺尉遲敬德等將領，此毒計被秦王李世民知道，定下防禦之計。

唐武德九年六月初四庚申日（西元 626 年 7 月 2 日），李建成、李元吉一早就派四、五百兵士埋伏於玄武門，只等李世民一到便下殺手。當李世民一行人來到時，李元吉先張弓搭箭射向李世民，箭沒有射中。李建成、李元吉兩人朝李世民射了三箭，幸好李世民早有防備，身穿鎧甲而來，才未被射傷。混亂中，秦瓊還射一箭，李建成當場死。李元吉見狀想逃，被尉遲敬德一箭射死。這就是歷史上有名的「玄武門之變」。

李元吉一生作惡多端，妒嫉心奇重，貪生怕死，好色亂倫，沒有半點治國的本事，卻有無數害人誤國的毒計。如此毫無人性特質的怪物，其人形醜陋，其元神也好看不到哪裡。李元吉的肉身被射死後，其元神到哪裡去呢？這就得按照善惡必報的天理給他安排去處了。

李元吉壞得出奇，其肉身被射死後，按照善惡必報的天理，應受形神全滅的惡報，直墜地獄道，在十八層地獄中層層受刑罰，最後打入無生之門，進到無間地獄，永世不得輪迴超生。那有人要問了，那江澤民元神與李元吉的元神是一個什麼關係呢？留待下文來解析，先從蛤蟆精的來歷說起。

江澤民的來歷

　　中華民族古老的文化乃是神傳文化，淵源流長，有著豐富的內涵。幾千年來，為我們留下許多與神仙有關的故事，這些故事中的人和事往往與當今人類社會的一些事有著千絲萬縷的聯繫。當年江澤民剛爬上中共的總書記之位不久，民間就有人傳出，江澤民的主元神是一個蛤蟆精的形狀，江澤民的副元神是一個鱷魚精的形狀。這裡主要簡述蛤蟆精的來歷。

　　這蛤蟆精最早的元神，很久很久以前，本是天人道中的一神仙，叫蟾蜍仙，其形貌可不是人世間中的賴蛤蟆形狀，而是仙風道骨。有一次王母娘娘開蟠桃會，邀請了各路神仙赴會，蟾蜍仙也在被邀之列。蟾蜍仙赴會時，在王母娘娘的花園裡偶遇一仙女，動了凡心，出言不淨，遭仙女呵斥並狀告至王母娘娘處。王母娘娘見蟾蜍仙犯了天條，隨手將嫦娥月宮中獻來的月精盆拋向蟾蜍仙，罰其下凡界為蟾蜍，那月精盆化作一道精光射入蟾蜍仙體內，這月精盆乃是仙界中一件寶物，王母娘娘預知這月精盆在蟾蜍仙下凡界有用，令蟾蜍仙待磨難結束後，將月精盆完璧歸趙，方可重新位列仙班。

　　這蟾蜍仙轉生到人世後，為一癩蛤蟆形狀，因其來自仙界，先天一點靈氣未滅，受其本能使然，利用部分月精盆的精華之氣，經多年苦練成蛤蟆精，練就了寶物七枚金錢，有使人生財轉富的能力。它之所以能練就了具有聚集財富的七枚金錢，是因為它的元神體內藏有仙界寶物月精盆。在地球上所有的蟾蜍中，它的本領最強，具有代表地球上所有蟾蜍的資格，也就是說，它是蟾蜍之王，簡稱蟾王。如果它的境況好，地球上所有蟾蜍的境況就會跟著好，如果它的境況壞，地球上所有蟾蜍的境況就會跟著壞。這個宇宙中有一個天理，動物是不准修成神仙的，只有轉生得人身，才有希望真正在正法門中修煉成神。

有一次，這蛤蟆精在使妖術害人時，被道家仙人劉海降服。歷史上確實有位道家仙人叫劉海，為五代後梁陝西人，據《道藏金蓮正宗記》云：劉海，「姓劉諱操，字宗成，號海蟾公，燕山人也。十六歲以明經擢甲科，遷至上相，平生好談性命之說，受正陽子化度。」正陽子何許人也，乃是被稱為呂祖的呂純陽，八仙中的呂洞賓。劉海從呂洞賓那裡學到了仙術，就具有了降妖除怪為民除害的本領，他降服了很多妖精，其中一個妖精就是這個蛤蟆精。劉海在降服蛤蟆精的過程中，毀掉了它的一條腿，所以這個蛤蟆精就成了一隻三條腿的賴蛤蟆形狀。民間之所以傳說，三條腿的癩蛤蟆難尋，就是因為這三條腿的癩蛤蟆是妖精，它的癩蛤蟆皮殼已非表面空間的這層分子所構成，是比表面空間的這層分子更微觀的那層分子所構成，它可生活在人看不到的另外空間，普通人便更難尋到了。

這蛤蟆精見自己不是劉海的對手，就表示要改邪歸正，跟隨劉海作一些善事，積一些功德。而劉海喜愛布施金錢給一些貧苦人，正好利用這隻蟾蜍能使人生財轉富的能力，這隻蟾蜍跟隨劉海後，當劉海要布施金錢給一些貧苦人時，就讓這隻蟾蜍變出一些財富給一些貧苦人，改善一下他們的處境，這樣做對這隻蟾蜍以後轉世為人有機會真正在正法門中修煉是有好處的。這隻蟾蜍在跟隨劉海作善事的過程中，只要世人誠心求這隻蟾蜍給他（她）們送財，而他（她）們又有德與之交換，也就是說，拿德換錢，對有些累世積攢德多的人，有時是靈驗的，可以發點小財，這是他們拿德交換得到的。

　　但這樣的事不能大規模的做，這隻蟾蜍也不具備大規模做的能力，這樣做了一些後，漸漸的名聲在外，尤其是那些在世間小道中修練的風水師中傳開了，認為金蟾有給人招財致富的能力。這樣，通過許多風水師的口耳相傳，以及文藝作品的渲染，從宋朝開始，在社會的一些人中，就流傳開了在自家房屋或店面內外擺放金蟾可招財的故事。但直至清朝末年，民間以擺放金蟾來招財的人並不多，畢竟金蟾招財的能力再大，也帶有妖氣，蟾蜍本身的形象就醜陋，一個三隻腳的殘疾蟾蜍的形象就更難看了，直到 20 世紀 90 年代初，江澤民入主中南海不久，成了中共的總書記，在華商中用金蟾作為招財的信物才開始盛行起來，進入 21 世紀的前兩年，更是達到顛峰。

　　再說那隻金蟾的命運。前五百年，它憑自己的一點先天的靈氣，修成了妖怪，逢五百年一劫，被劉海降服，為其所用，稱為神獸，也積攢了一些功德。又過了五百年，此金蟾已有千年壽命，也是它應遭第二劫之時。一日，劉海對其說：「你已有千年之壽，命該遭劫，此劫之大，我也無力保你逃過此劫。前日師祖傳旨，教我一個助你逃過此劫之法，你可願意？」那金蟾連稱願意，於是劉海帶那金蟾來到江蘇揚州城外的一座陰氣濃重的墓穴中，劉海告訴那金蟾：「我施法，讓你在此昏睡數百年，你就能逃過此劫，一旦醒來，自有生靈進入你這皮囊，奪你之位，你的本命之神就能離體轉投人胎，得人身真修大道，可得永年。」說完，劉海朝那金蟾頭部一點，那金蟾就雙眼微閉，昏昏而睡。在這金蟾昏睡之期，宇宙中，人世間，發生著天翻地覆的變化。

　　從 19 世紀開始，由於人類整體的道德下滑嚴重，在宇宙中一種舊的、邪的勢力的安排下，幾千年前，被正神打入下界的古蛇撒旦，成為一個能附體、吸取被附體者能量、操控附體者思想的妖魔，它在另外空間的外形是一個大紅龍。但在 19 世紀以前，它在人世間附體的人數並不多。1818 年 5 月 5 日，一個帶有邪惡使命的人，出生於德國萊茵省特利爾城，取名叫卡爾・馬克思，此人被宇宙中舊的、邪的勢力安排，夥同大紅龍在人世間毀滅人類。與卡爾・馬克思同樣被安排帶有此邪惡使命的人還有恩格斯、列寧、斯大林、毛澤東、鄧小平、江澤民等人。1948 年 2 月，在馬克思與恩格斯共同起草的共產主義者同盟綱領性文件《共產黨宣言》正式發表時，大紅龍在人世間開始大規模附體人身，殘害人類，最終要毀滅人類。

當時它在人世間害人的能力還不大，只是「一個幽靈，共產主義的幽靈，在歐洲遊盪」（《共產黨宣言》）。到了 1921 年，這個共產主義已經不僅僅是幽靈，它在世界許多國家都有了以共產主義邪理為教義的共產黨邪教組織，具有了在人世間的具體物質實相，這時，中國被共產主義邪理迷惑的極少數人，也成立了共產黨邪教組織，即中國共產黨。而宇宙間舊的勢力為了毀滅人類要安排的集蠢、惡、壞、奸、醜、顯示、妒嫉於一身之最終人選，因此，必定要找一個最適合之靈體作為其附身之首選，找來找去，發現唐太宗時之惡人李元吉滅後，在無間地獄中妒嫉之邪氣還有一絲尚存，故引其竄入世間，導入陰氣濃重之墓穴中。

「墓中早有一蟾蜍伏於其內，張嘴欲鳴之際，忽將這千年邪氣吸入腹中，頓時蟾蜍之元靈被沖離體投生而去，而那千年邪氣卻成了蟾蜍之邪靈。幾年後，蟾蜍壽終，已得蟾蜍之形的千年邪靈之氣轉生投人胎，成為江澤民。」（《江澤民其人》）

不用多說，讀者諸君就已知道，那隻蟾蜍就是在墓中昏睡數百年的那隻金蟾，它的元靈被沖離體投生而去後，帶走了仙界寶物月精盆以及寶物七枚金錢，這蛤蟆精的皮殼就失去了招財進寶的能力。李元吉的元神在無間地獄經千年的磨滅解體後，已不具人形，殘留的那一絲嫉恨之氣，不能成為做人的元神生物之形狀，所以就奪去了蛤蟆精非表面空間的這層分子所構成的皮殼，來做李元吉殘留下的那一絲嫉恨之氣在另外空間的存放之體，這叫做奪體成形，這樣的事情在宇宙的歷史中都是罕見的。當存放李元吉殘留下的那一絲嫉恨之氣的蛤蟆精的皮殼，轉生到人世時，那個人的肉身名叫江澤民，江澤民主元神的形象就是存放了李元吉殘留下的那一絲嫉恨之氣的癩蛤蟆形狀。現代人的肉身中，一般會有主元神與副元神，江澤民肉身中的主元神是癩蛤蟆的形狀。

蟾王江澤民的結局

上個世紀 20 年代初，西來的共產邪靈在神州大地有了被其附體的邪教組織——中共後，中華民族史無前例的大劫難就開始了，而唐朝時的惡人李元吉元神的一絲嫉恨之氣奪體成形的蛤蟆精於 1926 年間，應劫在江蘇省揚州市一個江姓家庭中，投人胎轉生到人間，得名江澤民。江澤民具有闊嘴、凸眼、鼓肚的外形，就和他的元神是癩蛤蟆的形狀有關。

前文說過，奪體成形的蛤蟆精，在地球上所有的蟾蜍中，它的本領最強，它就是蟾王，但是，當蛤蟆精本身的元神脫殼轉生輪迴時，已帶走了招財進寶的能力。江澤民奪去的只是蟾蜍之王的頭銜，並無蟾王原來那麼高的本事。

　　江澤民在人世間所犯的罪狀，真是罄竹難書，要知所犯罪的詳細內容，請讀者諸君閱讀《江澤民其人》一書，就能看個清楚明白，這裡不贅述。《江澤民其人》一書的「大結局：無間地獄江鬼數終」一章中披露了一位具有特異功能的老僧人道出的一個祕密：江惡貫滿盈，罪業彌天。「江澤民元神在 2000 年 9 月間即徹底被打入無間地獄了，現在世間上活動的，不過是江的人皮，以及操縱它的爛鬼而已。」此話有何見證？古希臘的賢哲之人柏拉圖說過：「看得見的是看不見的所投下的影子。」在歷史上是被許多事實證明了的至理明言。

　　隨著江澤民的元神在 2000 年 9 月間即徹底被打入無間地獄後，人世間的所有蟾蜍的境況也就跟著壞了。

　　2008 年，倫敦大學學院古生物學會的艾萬斯和紐約石溪市石溪大學古生物學家克勞瑟等科學家宣布了他們的一個發現：距今 6500 萬至 7000 萬年前，地球上有一種體積最龐大、品質最惡劣，脾氣最暴躁的蛙類動物，他們把這種龐大的兩棲類動物稱之為「惡魔蟾蜍」。這種蟾蜍學名叫 Beelzebufo ampinga，源自希臘文惡魔 Beelzebub 和拉丁文蟾蜍 bufo，ampinga 則是盾牌之意，因為它的身體部分結構如同盔甲一般堅不可摧。

　　惡魔蟾蜍長 41 公分，重約 4.5 公斤。其體格強壯，擁有非常寬的嘴，以及有力的下顎，食量不小，惡魔蟾蜍能吃掉蜥蜴、哺乳類動物與小青蛙，還可能吃掉剛孵化出來的小恐龍，科學家認為惡魔蟾蜍可能也長了角，對於「惡魔蟾蜍」而言，頭上長角可以算是標準配備。他們的研究發現刊登在《國家科學院公報》上。

　　從上述的科學發現來看，遠古以來，蟾蜍的祖先也就並非善類。按照宇宙中「善惡必報」的天理，壞事幹多了，這種生物是注定要滅絕的。當舊宇宙中的神選定江澤民的元神是蟾蜍形象時，蟾蜍最終將隨著江澤民一起走向毀滅的命運就被決定了。

當元神為蟾蜍的江澤民進入人世到其走紅期間，地球上的蟾蜍大量增加，把蟾蜍當作招財信物的人數也增加不少。這些蟾蜍的命運與江澤民的命運息息相關，例如：上個世紀 20 年代江澤民出生之後不久，即上個世紀 30 年代，澳大利亞昆士蘭就從美國夏威夷引進了一種叫作甘蔗蟾蜍的來對付甘蔗園的害蟲灰殼甲蟲，這種甘蔗蟾蜍身長 20.5 公分，體重 840 公克，是一般蟾蜍一倍以上，與上文所說的惡魔蟾蜍有類同之處。甘蔗蟾蜍到澳大利亞後繁殖迅速，估計澳大利亞境內目前甘蔗蟾蜍的數量已經超過兩億隻，它對其他物種構成威脅，甘蔗蟾蜍的皮膚有毒，導致澳大利亞原生蛇類、蜥蜴和袋鼬數量大幅減少，它們的卵和蝌蚪也有毒。貓狗誤食會送命，兒童如果抓它們玩，也可能被毒死。淡水鱷魚、澳大利亞野狗、袋鼠因吃甘蔗蟾蜍中毒身亡的事故時有發生，因此它也被稱為魔鬼蟾蜍，成為了環境公害。也就是說，這種甘蔗蟾蜍從上個世紀 30 年代起被認為是有益於人類的動物，而到 21 世紀時，已蛻變為危害人類安全和環境的公害了。這和江澤民從世事不知的少年演變為反人類的巨奸大惡幾乎是同步進行的。

兩年前，澳大利亞北行政區政府呼籲百姓為根治毒蟾蜍獻計獻策。一名澳大利亞國會議員提議，人們見到這種害蟲時，不妨用曲棍球棒、高爾夫球桿等類大棒予以重擊，直至打死為止。為了避免甘蔗蟾蜍進一步繁殖，澳大利亞一個環保團體展開積極捕殺，甘蔗蟾蜍在捕獲之後，會被放進塑膠袋冷凍，然後做成液體肥料。

與此同時，江澤民已失去權勢、處境江河日下，因其與中共迫害法輪功所犯下的人類有史以來最殘酷的種族滅絕罪和反人類罪，被法輪功學員在世界各地起訴，追訴其罪責。世界各地的蟾蜍的命運也命懸險境。魔鬼蟾蜍在澳大利亞處於捕殺之中只是具有代表性的一例。這裡再略舉幾例：

1. 據法新社 2005 年 4 月 23 日的消息，在德國漢堡出現了前所未見的生態奇景，上千隻蟾蜍的身體在一瞬間會像吹氣球一樣鼓脹，然後爆裂死亡，其內臟四濺開來，甚至飛到一公尺外。

根據漢堡自然保育協會人士史莫尼的描述，蟾蜍身體爆裂死亡的過程猶如「科幻電影」。前一秒鐘，蟾蜍還在地上爬，後一秒時，身體就開始鼓脹、破裂，鼓脹的程度是原來體積的三倍半。

2. 2004 年 4 月中旬，廣東江門市新會區霽嶺村出現了幾十萬隻蟾蜍，為與蟾蜍群爭奪空間，霽嶺村村民不得已上演了一場「人蛙大戰」。

據村民介紹，村裡青蛙最多的時候，村道、空地、牆邊、溝渠、沙堆、雜草堆等地方，都爬滿了黑色青蛙，蛙群上下疊了好幾層！一起風，這些蛙只就順著風向爭相向前跳，還排著隊跳到民居裡面。村民說從未見過這樣的場面。

為了趕走蛙群，村民們用掃把拍打，清掃這些來歷不明的蛙隻。一場「人蛙大戰」下來，家家戶戶打掃出的死蛙都裝滿了好幾垃圾桶，「都有一到兩萬隻」。很多村民把死蛙倒進魚塘，做了魚餌料。經江門市野生動物保護管理辦公室檢測鑒定，這些青蛙屬於蟾蜍的一種，也就是「癩蛤蟆」。

3. 2008 年 6 月 29 日 9 點鐘開始，黑龍江大慶市薩爾圖區中林街城市森林東三線附近的公路上，出現大量蟾蜍。很多行人下車驅趕蟾蜍，但因蟾蜍數量太多，車輛經過之處，蟾蜍的屍體遍地都是。這裡的蟾蜍多數都是幼蟾蜍，如果不仔細觀察很難看清楚。這個路段上還聚集著很多麻雀，它們落在公路上和樹林裡，專吃這些幼蟾蜍。

這種局部地區的蟾蜍滅亡，對於全球的蟾蜍還不是滅絕式的，因為人力有限，對於地球上的任何生物來說，最可怕的事，就是因罪大惡極遭天滅。上文提到，江澤民的元神是蟾蜍之王，如果它的境況好，地球上所有蟾蜍的境況就會跟著好，如果它的境況壞，地球上所有蟾蜍的境況就會跟著壞。江澤民這些年犯下的罪行罄竹難書，罪大惡極，必遭天懲，連帶著蟾蜍類也將遭天滅。

2008 年有科學家指出：一種叫作「寄生性真菌兩棲壺菌」（parasitic fungus amphibian chytrid）是一種可席捲青蛙、蟾蜍、蠑螈等兩棲動物的致命病毒，會造成自恐龍絕跡以來，地球上最大規模的生物滅絕。情況顯示，此種疾病在野外難以遏阻，一個區域內的兩棲類感染後，高達八成會在數月內死亡。

這些事例證明江澤民的元神徹底被打入無間地獄後，它所代表的青蛙、蟾蜍也跟著遭了殃，也面臨著滅絕性的災難。

在人世間已經失去了元神的江澤民肉身，從照片就可以看出玄機：「看著他面部表情根本沒有什麼，跟泥胎差不多，靈魂已經失去。」那麼，江澤民的肉身會有什麼下場呢？

《江澤民其人》一書在「大結局：無間地獄江鬼數終」一章中預言道：「某年月日，全球公審江澤民大聯盟聯絡各國大法官組成陪審團，在天安門廣場對江澤民進行公審，陪審團宣讀江澤民罪狀達上千頁，最後以叛國罪、貪污罪、酷刑罪、反人類罪、群體滅絕罪等等判處江澤民極刑。

話音剛落，半空中忽然降下來一根繩索將江澤民從頭到腳牢牢捆住，一隻鈎子將江澤民倒掛在半空中，片刻之間，風雷大起。萬千閃電同時擊在江澤民的每一寸肌膚上，煙霧繚繞之際，江澤民的衣物、頭髮、肌膚、內臟、骨胳同時起火，整個身軀全被雷火消滅殆盡，未留一點殘餘。」

從江澤民所犯下的史無前例的滔天罪行來看，按照善惡必報的天理和人世間正義的法律，江澤民元神和肉身就應該是如此下場。未來的宇宙中不會出現這樣一個壞到了極點的怪物。

江澤民失勢　宋祖英出事

第七章

九頭鳥與蛤蟆精的傳說

宋祖英的情況與九尾狐妲己有相似之處，也有不相似之處。相似之處是，九頭鳥占有了宋祖英的身體；不相似之處是，九尾狐使用迷魂法控制紂王的魂，利用紂王幹了很多壞事，而癩蛤蟆托生的江澤民本身就不是個好東西，九頭鳥和癩蛤蟆頭兒的結合是苟合。

（大紀元合成圖）

第一節

湘西驚現九頭鳥

九頭鳥又名鬼車 代表凶禍的惡鳥

江澤民的元神來自那個因妒嫉心而殺人的唐朝李元吉，難怪今生的江澤民也是妒嫉心極強，他妒嫉法輪功創始人李洪志先生在 1998 年時大陸法輪功學員就有一億，超過中共黨員人數，於是這個中共總書記就要加害教人修心向善的法輪功。

江澤民的主元神是個癩蛤蟆，那宋祖英的主元神是什麼呢？前些年網路上流傳一個帖子，這樣寫道：「大家一定都聽說過妲己禍亂朝廷的故事吧，這也與文王推演『後天八卦』有關，是《封神演義》的主線。妲己原本是冀州侯蘇護之女，後來被九尾狐附了體，搞得個商紂王五迷三道，丟了國家，武王從此才開創了八百年大周江山，中國社會也從此進入了『後天八卦』的『天子時代』。

如果我沒記錯的話，在上世紀 90 年代初我看到了一則報導，說在中國湖南湘西的叢林中，發現了傳說中的九頭鳥。看到這則新聞，我深感不妙，我想當年的九尾狐就搞的天下大亂。狐狸妖媚，九尾的狐狸，那一定是妖媚異常，如今出現了傳說中的九頭鳥，這一下一定了不得。鳥怎麼著呢？鳥會唱歌，有九個頭的鳥一定歌唱格外動聽，於是沒幾年就從湘西走出了一個『辣妹子』，一直唱到了江魔頭身邊，成了小三級的『國母』，而且是以唱功著稱。如果您不相信這些，那您權且就當戲說故事聽吧！真是天象之下皆有安排，唯世人不信也！」

提到九頭鳥，人們都知道「天上九頭鳥，湖上湖北佬」這句有趣的民謠。世界上到底有沒有九頭鳥呢？近幾年來，大陸媒體報導了湖北省恩施自治州、湖南省石門縣等地發現了九頭鳥的消息，引起國內外的關注。在馳名中外的生物寶庫、奧祕王國——神農架，奇禽異獸種類繁多，有不少關於九頭鳥的目擊者。

張新全，初中文化，他是在 1982 年 11 月的一個陰天的上午 10 時左右看到九頭鳥的。當時他在神農架林區泮小張八角廟燕子附近的承包土地上種土豆，突然聽到空中有鳥的奇特噓叫聲，像沉悶的哨音，跟他以前聽到的各種鳥叫聲不同。他感到奇怪，便抬頭望去，令他大吃一驚：發出怪叫聲的是一隻簸箕大的巨鳥，包括翅膀在內大約有兩米，其羽毛黑灰色；更令他驚駭的是該鳥有一簇腦袋，大約有九個頭，嘴巴呈紅色；它的尾部也很奇特，呈圓扇形，既像孔雀開屏，又像車輪，旋轉而飛。一會兒，這隻九頭鳥便飛進了遠方的山林。

是否真的有九頭鳥的存在呢？通過調查研究和分析，不少學者專家的答案是趨於肯定的。他們認為原因如下：

一、九頭鳥類在古代詩文中記載頗多，現代也多處發現，可以設想它是一種稀奇罕見的鳥類動物，只是科技界尚未獲得標本罷了。

二、自古迄今，九頭鳥常發現於湖南、湖北、河南等地，而以湖北為中心。所以人們說的「天上九頭鳥，地上湖北佬」，是從地理範圍的角度講這種天上地上的對應關係，是有實物作依據的，而不僅僅是神話傳說。

三、古今目擊者看到九頭鳥滴血或嘴巴是紅色的，可能是九頭鳥捕食動物或身體受傷後殘留血跡所致。

四、當代發現九頭鳥僅限於鄂西的神農架和恩施自治州、湘西北的石門縣南坪河鄉，而這三地正好連成一片，地處北緯30至32度、東經109至111度之間，這並非僅僅是巧合。因為這個維度範圍出現了很多神奇的事，現代科學解答不了。

五、神農架是華中屋脊，恩施自治州是山區，壺瓶山是湖南屋脊，說明九頭鳥主要生活於人煙稀少、森林茂密的中山和高山地帶，很難見到，所以不應輕易否定九頭鳥的客觀存在。

六、神農架的九頭鳥很可能棲息於八角廟燕子洞等處。此洞地勢險峻、高深莫測，人們很難攀入洞裡，說不定九頭鳥就以燕子為主食。神農架山洞密布，棲息於洞穴中的燕子（短嘴金絲燕）最少有數百萬隻，以動物為食的鳥類很容易入洞捕食燕子，所以九頭鳥不愁食物。

據此推測，九頭鳥可能是存在的。

不過我們這裡說的古代九頭鳥和現代科技界談論的九頭鳥還不是一回事，就跟那個從天上被貶到人間的蟾王，與人們一般看到的蟾蜍蛤蟆不同的道理一樣，我們談論的是肉眼看不見的元神，而不是外在肉體。

在中國古籍中，九頭鳥，又稱九鳳、鬼車、鬼鳥。如果鳳凰是吉祥鳥的象徵，那鬼車就是災禍鳥的代表。

據《山海經》中的《大荒北經》記載：「大荒之中，有山名曰北極櫃。海水北注焉。有神九首，人面鳥身，句曰九鳳。」九鳳本是楚人所崇拜的九頭神鳥，人面鳥身有九首的九鳳，是戰國時代楚國先祖所崇拜的半人半鳥的圖騰形象。但後來九頭鳥因為是楚國的圖騰，被周文化排斥，九鳳也被視為蠻夷的楚國神靈，逐漸由神格淪落為妖怪一流。

周密的《齊東野語》中說：「世傳此鳥，昔有十首，為犬噬其一，至今血滴人家，能為災咎。故聞之者必叱犬滅燈，以速其過。」也就是說，古人多認為九頭鳥是不祥之兆，是禍星的代表。

南朝梁人宗懍在《荊楚歲時記》中，載錄當時楚地風俗：「正月夜多鬼鳥度，家家槌床打戶，捩狗耳，滅燈燭以禳之。」在各種神話中多認為九頭鳥失去的頭顱被狗咬下，所以各類針對九頭鳥的避禍儀式，多會將狗用於祭典上，作為驚走九頭鳥之用。

唐人《三國典略》描述九頭鳥的外貌與鴨相似，身上羽毛是赤色。明代《天中記》卷五十九引《本草》：「鬼車，晦暝則飛鳴鳴，能入人家收人魂氣，一名鬼鳥。此鳥昔有十首，一首為犬所噬，猶言其畏狗也，亦名九頭鳥。」而《嶺表錄異》中也有類似記載：「鬼車，春夏之間，稍遇陰晦，則飛鳴而過，嶺外尤多，愛入人家爍人魂氣。或云九首，曾為犬嚙其一，常滴血。血滴之家，則有凶咎。」

古丈縣的紅石林

宋祖英在談論她的家鄉湖南湘西古丈縣時，她只提到古丈縣出廠的茶葉，其實古丈縣還有個更出名的地方：古丈紅石林國家地質公園。

人們常說，若去湖南旅遊，「張家界看山，紅石林觀海」，「進入紅石林景區，不用潛水，您已置身於5億年前的海底世界。」位於古丈縣的「紅石林國家地質公園」，景區內石峰林立，萬峰疊嶂，千姿百態的喀斯特地貌令岩石呈現出被海水波濤侵蝕的一輪一輪的曲線。像古丈紅石林這樣具有「紅皮膚」而且是海底岩石的地方，全中國只有古丈這一個地方。景區屬於地質歷史上所稱的揚子古海，據考察說是有4.5億年的歷史。

古丈紅石林地質公園的介紹中這樣寫道：「進入石林區你就進入了一個夢幻般的愛情聖殿，世界地質奇觀的『人間愛情樂園』，其間的冰石夫妻、旺夫岩、情郎獻花、萬卷情書等景觀詮釋愛情真諦，奧陶海底、野豬峽、小龍峽等特色線路，另還有地下溶洞，絕壁天坑，千年古木等，整個景區融紅、秀、峻、奇、絕、古於一身，堪稱「武陵第一奇觀」。讓您親身感受大自然的鬼斧神工。《血色湘西》2008年9月18日在紅石林開機，其中最驚險的天坑賭命就實景就在紅石林景區內。

紅石林國家地質公園是張家界至鳳凰旅遊黃金走廊上的一顆明珠，是中國唯一的紅色碳酸鹽石林，與『芙蓉鎮』隔酉水河相望，景區集岩溶、峽谷、溶洞、湖泉、瀑布於一體，具有極高的地質科研、美學觀賞和旅遊價值。2005年被國土資源部授予國家地質公園稱號，2006年被評為山水人文類的新瀟湘八景之一的

『酉水畫廊』，2013 年榮膺『中國最美地質公園』評選第一名，2013 年被評為國家 4A 級旅遊景區。

　　紅石林目前是全球唯一在寒武紀形成的紅色碳酸鹽岩石林景區，景區內遍布高大奇石，造型各異，顏色變化多端，且隨天氣、時間、季節變化而變化，晴紅雨黑，陰轉褐紅，晨昏有別。據地質專家考證，4.5 億年前這裡是揚子古海，海底沉積了大量混合泥砂的碳酸鹽物質，經地殼運動和侵蝕溶蝕作用，形成了這片美麗的地質奇觀。」

　　宋祖英出生在這個有 4.5 億年歷史的揚子古海，經過那麼多年的演變，什麼事都可能發生。我們無從知曉宋祖英的元神與九頭鳥有無關係，不過宋祖英喜歡把自己打扮成鳥，倒是有目共睹的事。特別是她在最後一次參加春節晚會時那身暗紅色的鳥服，讓人不由得想起可怕的九頭鳥帶來的災禍。

第二節

鬼鳥與蛤蟆的苟合

宋江「愛情」傳說

2011 年 5 月 16 日，《人民報》發表了署名作者門禮畈、題為《宋祖英和江澤民的愛情傳說》的諷刺文章，全文如下。

沒有人不知道妲己禍亂朝廷的事，那是九尾狐攝去蘇妲己的魂魄，占有蘇妲己的身形，表面看還是蘇妲己，實際上不是蘇妲己，她的魂魄已經沒有了。

宋祖英的情況與九尾狐有相似之處，也有不相似之處。相似之處就是，她是九頭鳥占有了宋祖英的身體；不相似之處是，九尾狐使用迷魂法控制紂王的魂，利用紂王幹了很多壞事，而癩蛤蟆托生的江澤民本身就不是個好東西，九頭鳥和癩蛤蟆頭兒的結合是苟合。

一個始終讓人費解的問題迎刃而解

一個始終讓人費解的問題是：宋祖英並不是一個能說會道的女人，而且卸了妝，走在街上也不是一個讓人眼前一亮的萬人迷。為什麼在中南海她能打敗李瑞英，江澤民也不敢再帶李瑞英出訪了呢？先看看宋少將的丈夫和好友們怎麼說：

《京華時報》曾在 2008 年 5 月報導說：「中國北京鳥巢夏季音樂會——《魅力·中國》」第二次新聞發布會 5 月 18 日在鳥巢舉行，陳道明、閻維文等友人到場助陣，三人不約而同以「印象宋祖英」為話題，談對宋祖英的印象。陳道明說：「她除了有錢了、有名了，其他一點都沒變，笨還是那麼笨，說點不著調的話，幹點不著調的事。……」閻維文說：他眼裡的宋祖英是個「典型的不會說話的人」，「聽她講話會緊張，因為不知道她下一句接到哪裡」。宋祖英的丈夫羅浩說：「在家裡我們都管她叫『腦膜炎』」。

怎麼會這樣呢？難道宋祖英沒長腦子？原來與癩蛤蟆轉世的江澤民苟合的宋祖英原名叫「鬼車」，後來又叫「九頭鳥」。每當要說話時，九個腦袋有九個想法，九個頭上的九個嘴都爭著要表現自己，於是宋祖英就「腦膜炎」了，說點不著調的話，幹點不著調的事，這個頭說完上句，那個頭搶著說下句，所以閻維文說：「聽她講話會緊張，因為不知道她下一句接到哪裡。」

九頭鳥的身世

說到九頭鳥，必須要提起周公旦，因為「鬼車」原來有十個脖子、十個頭，因為它掠食人類兒童，被視為公害，於是周公旦命令獵師射殺它，射掉一個頭後，只剩下十個脖子九個頭的「鬼車」趕快逃走。

儒學先驅周公旦，姓姬，名旦，亦稱叔旦，周代第一位周公。西周時期的軍事家、教育家，被尊為「元聖」。

當「鬼車」的第十個頭被射掉後，那個沒有頭的脖子不斷的滴出血，直到如今，九頭鳥滴過血的地方都會有災有難。古人認為，見到九頭鳥是非常不吉利的事情，所以要趕快吹滅燈火、放狗把它趕走。

宋祖英走出大山

宋祖英的家鄉特別偏僻，十歲之前她都是在外婆家裡生活的，外婆家住在半山腰，要上山頂的話得走最起碼一兩個小時。到鎮裡得走可能一天。好長好長一段路，下山下到河裡，完了再爬上去，再爬上對面的那個山，永遠是這樣走。

現在官網說，宋祖英小時候，受到朱逢博和李谷一的影響很深，其實是瞎掰，家鄉那麼偏僻，連電都沒有，上哪兒去聽朱逢博和李谷一的歌兒呢，宋祖英連她倆的名字都不知道。關鍵是，九頭鳥本身就會鳴叫，所以被挑去縣文工團當學員，那時候才開始學著模仿她們的聲音和技巧。

江澤民的身世

「當今世界上，能把江澤民的身世說清楚的，非《江澤民其人》的開篇莫屬。」這是一位道行很深的出家人說的。

據《江澤民其人》開篇「楔子」所云，大唐武德九年，高祖李淵次子李世民削平天下十八路反王，滅盡七十二道煙塵，安享富貴，江山一統。高祖有四子，長子建成、次子世民、老三元吉、老四元霸。李元霸早夭，建成封英王、世民封秦王、元吉封齊王。建成、元吉與高祖寵妃張豔雪、尹瑟瑟私通，曾被秦王撞破，雖事後囫圇過去，仍深感驚恐。按照帝王繼承規矩，高祖去世之後，長子建成當繼位，但李世民功高蓋世，大唐江山幾乎為他一人打下，父親高祖常常讚譽有加，建成、元吉心中十分妒恨。

「元」、「吉」二字，合之頗類「唐」字，故元吉自命有天子之分，覬覦大位已久，建成懦弱不成事，自知父親不喜歡，而野心勃勃的老三元吉終宵謀劃，如何先借大哥建成之手除去二哥秦王李世民，再把太子除掉以自代。

文章說，恰逢平陽公主病逝，文武宗親皆去送葬，建成、元吉假意擺下酒宴，邀秦王共飲，卻在酒中下了劇毒。秦王生性豁達，只道建成與元吉知錯謝罪，坦然不疑，舉杯欲飲。自古「王者不死」，秦王才飲一小口，一隻燕子飛過，遺糞於杯中，又污了秦王衣服。秦王遂起身更衣，忽然腹痛如絞，回府後，終宵泄瀉，嘔血數升，幾乎不免。自知酒中必有蹊蹺。唐帝聞之，恐秦王兄弟之間不能相容，欲使秦王移居洛陽，自陝西以東皆由秦王主政，建天子旌旗，如漢梁孝王故事。

建成、元吉大恐，知秦王膽略過人，胸襟如海，文有長孫無忌、徐懋功、李淳風、房玄齡、杜如晦，武有秦叔寶、程咬金、尉遲敬德、李靖等，日後舉義旗，天下歸心，無人可制，於是再設毒計，欲調秦王手下大將遠征突厥。秦王見事緊急，遂將建成、元吉穢亂宮廷之事告知高祖，高祖命建成、元吉第二天進宮對質。建成、元吉次日率亡命之徒四、五百人，來到玄武門前，只等秦王一到便下殺手。誰知秦王早有準備，身披鎧甲而來。建成、元吉見秦王，便彎弓射了三箭，皆被秦王躲過，秦瓊還了一箭射死建成。元吉欲逃，被尉遲敬德一箭射死。此事史稱「玄武門之變」。

李元吉死後，惡靈下地獄還業，閻羅王知其與父皇寵妃通姦，並姦殺二哥李世民未婚之妻等亂倫之事，又以鴆酒毒害秦王，以弓箭射秦王等有違天倫之事，十惡不赦，因而將其打入無生之門，下無間地獄，經過千年消磨，已不具先天生命之形骸，無完整思想，只剩一股嫉恨之氣。

世民即位，稱太宗皇帝，改元貞觀，開創貞觀盛世。太宗仁德如天，體恤百姓，繼帝位，上順天意，下合民心，實為蒼生之福。

千年之後，歷史需要一個最無正念理性，蠢、惡、壞、奸、醜、顯示、妒嫉、遇事膽小如鼠之人形大醜出現，找來找去，最終在無間地獄中找到最為合適之物，就是唐太宗時期之惡人李元吉，其被滅後，妒嫉之邪氣還有一絲尚存，故引其竄入世間，導入陰氣濃重之墓穴中。

文章說，墓中早有一蟾蜍伏於其內，張嘴欲鳴之際，忽將這千年邪氣吸入腹中，頓時蟾蜍之元靈被沖離體投生而去，而那千年邪氣卻成了蟾蜍之邪靈。幾年後，蟾蜍壽終，已得蟾蜍之形的千年邪靈之氣轉生投人胎，成為江澤民。

九頭鳥和蟾王的苟合是有歷史原因的

有了一個最無正念理性，蠢、惡、壞、奸、醜、顯示、妒嫉、遇事膽小如鼠之人形大醜江澤民，那麼配合江的一切都是醜陋的、不光彩的，包括江的家庭出身、個人履歷和生活作風在內。江的老婆和所有情婦都行為不端，那幾個主要姘頭都是有夫之婦、背叛丈夫與江長年苟合。這些苟合不僅是男女作風方面的不檢點，更多的是政治上的助力，其中最醒目、最轟動的醜聞之一就是九頭鳥和蟾王的淫亂史。

自從江澤民踏著「六四」義士們的鮮血登上中共最高權位後僅僅半年多，九頭鳥就在 1990 年殃視春晚第一次亮相唱《小背簍》，網上現在還有這個錄像，即使這是 21 年前的錄像，宋祖英的化妝很業餘，臉上是嬰兒肥，但眼神中卻出現瞬間即逝的凶狠，今天一看，不由的暗暗吃驚。

那時，宋祖英生活拮据，工作還沒有著落。而江在鄧小平家追求劉曉慶剛剛碰了壁，江覺得宋祖英的吊吊眼很像大明星劉曉慶的丹鳳眼，於是……

江澤民暗中下令把她招進海政文工團，並擔任獨唱。從此江經常前去觀看海政文工團專場，並在演出後上台與主要演員（宋祖英等）握手。漸漸的大家都知道了江主席為何如此青睞他們的演出。直到有一天，宋祖英接到江「大哥」的小紙條，那九個頭一齊亂喳喳，各抒己見，結果連那張小紙條宋祖英都拿出去給其他演員看了。當江把宋祖英安置在海軍招待所，供其一人使用時，小紙條的醜聞也就悄悄的傳了出去。

宋祖英為何在中南海大勝李瑞英

在殃視黃金時段播報新聞的李瑞英是江的第三個主要姘頭，CCTV 台長順水推舟，在江出訪時派有夫之婦的李瑞英隨行，說是為了搶頭號新聞。領導知道，送她去陪睡，自己的官位也會水漲船高。

終於有一天，李瑞英與宋祖英在中南海撞了車，九頭鳥多厲害啊，不但撒潑打滾、尋死覓活，而且九張嘴一起對著李瑞英狂叫，不允許她再接近江。李瑞英淚眼模糊的望著江，希望他能撐自己的腰，但江大蛤蟆乾嘎巴嘴不說話，蛤蟆嘴巴再大，只有一張，九頭鳥那九個腦袋十個脖子一起晃動的時候，老江就眼暈。於是兩個回合李瑞英就敗下陣來。警衛說，李瑞英嚎啕大哭而去。自此以後，CCTV 再也不搶頭號新聞了，春晚年年必有宋祖英。

九頭鳥露出了本相

眾所周知，宋祖英演唱會的服裝非常奢華，而且近年來越發表現她的特色，什麼特色？她的服裝和演出道具、布景，越來越顯露九頭鳥的羽毛顏色和它的勃勃野心。

「鬼車」是紅身，藍、紫色翅膀。宋祖英在殃視春晚表演了那麼多年，也沒敢放肆穿類似的衣服，這兩年江不行了，中共不行了，九頭鳥授銜少將披掛上陣，露出了本相。

這也只是人們用肉眼看得見的，實際上九頭鳥此世就是來幫蟾王完成其禍害中國的使命，淪喪中國人道德的。它也做到了這一點。

江當政時朝思暮想要滅亡中華民國，派自己的大兒子江綿恆接近王永慶的兒子王文洋，江說要把王永慶的資產拉到中國大陸，搞垮中華民國經濟。沒想到王永慶剛投資個電站，就被地頭蛇欺負得差點吐血，於是趕快煞閘。

被稱作「共產國母」的宋祖英在中華民國百年慶的母親節，攻入台灣小巨蛋體育場，僅僅為舉辦一場演唱會，光劇場設備、裝潢、布景就耗資一億新台幣，還不算 8000 張門票全部免費和價值數百萬元人民幣的演出服裝費。

江大蛤蟆改出身 啓發九頭鳥

江大蛤蟆改漢奸出身為「烈士子弟」，九頭鳥想改成分為「鳳凰」。

九頭鳥野心不小，居然想冒充鳥中之王，於是開場戲就是「百鳥朝鳳」（圖片請見第 217 頁），背景呈現 LED 鳳凰飛天動畫，宋祖英以一身金黃羽毛斗篷出場，內穿一襲孔雀開屏閃亮奢華禮服，乘坐金色鳳凰椅現身。

另一套裙，被黨媒稱作「用了霸氣的金黃，氣勢十足」，外面是銀色刺繡的黑色紗裙，整個看上去不倫不類。

那件金色華麗禮服，被媒體稱作「無不透露出逼人的霸氣」。引人注意的是禮服下邊全部裝飾的是黑色「烏鴉」！

另外還有一套演出服，用白紗做成羽毛狀披肩，九頭鳥還怕人看不懂，故意把兩個翅膀張開做一個造型，那頭上高聳的假髮代表了九頭鳥的九個頭。

另一套服裝全身採用彩鑽裝飾，全部手工製成，最引人注目的是那兩個誇張的極似短翅的流蘇肩頭，更像是鳥從空中掉下來，變成了「雞」。

在宋祖英 21 年的演出中，媒體從來沒有說過她穿的衣服「霸氣逼人」、「霸氣的金黃」，唯獨 2011 年，中華民國百年慶的母親節，在台灣小巨蛋的演出時，她的服裝加進了這個內容：中華民國執政黨中國國民黨向撒旦子孫中國共產黨稱臣。

九頭鳥的結局

2010 年 2 月 3 日，人民網強國博客上發表了一篇文章《宋祖英能成為史上第五美人麼？》文章中有一句話：宋祖英現在還活著，不知道將來會不會死得很慘。但願她不要為了成為中國歷史上第五美人而死得很慘。

與蟾王譜寫淫曲的九頭鳥就是九頭鳥，無論怎麼折騰它也成不了中國歷史上第五美人。至於說會不會死得很慘，那得宋祖英自己說了算。

第三節

苟合後 宋張狂歹毒

背負幾條人命的宋祖英。（新紀元資料室）

　　自從認識江澤民之後，宋祖英變得張狂、歹毒和凶狠。除了把偷錢又主動原數歸還的小保姆江海平重判 12 年徒刑，讓她「代問江主席好」的地方官丟掉烏紗帽，而且起碼背負著兩條人命：天津的 27 歲女歌手謝津和人大副委員長成克杰。

小保姆投案自首 仍重判 12 年

　　據《人民報》報導，1994 年，江宋妍的正火，宋祖英已經從海軍招待所 24 小時應召，改為拿著中南海通行證，回家居住。這個邊遠農村的窮丫頭成了江的妍頭後，有了錢，也自我金貴起來，不再做任何家事，請了未滿 18 歲的湖南老鄉江海平當小保姆。

新華網的報導說，當江海平父親知道女兒在 1995 年 8 月 16 日趁宋祖英外出之際，盜竊人民幣 3 萬 5000 元，美金 3000 元、活期存摺（內存人民幣 10 萬元）後，立即帶著攜款逃匿到廣州的江海平返回北京投案自首。

儘管江海平年紀輕不滿 18 歲，屬未成年犯罪，並主動投案，而且一分錢沒少都退還給了宋。但由於宋祖英發話要重判，北京市海淀區法院不敢得罪，於是在 1995 年底按照宋姘的意思，重判江海平有期徒刑 12 年，還居然剝奪人家政治權利 2 年。這個判決是不公開判決，外界沒有人知道。法院內部的人都忿忿不平，說：「仗勢欺人，這個女人的心實在是太歹毒了！」

直到 2002 年 11 月「16 大」江澤民被迫交出總書記和國家主席位子，又過了半年多，2003 年 6 月 15 日已經坐牢 7 年半的江海平才被提前釋放。

新華網 2003 年 6 月 23 日話裡有話的報導，內地歌星宋祖英原保姆江海平，7 年前盜竊宋祖英人民幣數萬元，後雖投案自首，仍被判重刑入獄 12 年，剝奪政治權利 2 年。判決後江海平先在北京市服刑，1996 年 8 月被遣返回湖南省女子監獄繼續服刑，2003 年 6 月 15 日被提前釋放。

法院的人私下裡說，如果不是 2002 年 11 月「16 大」江澤民失去了黨政大權，江海平那 12 年刑期一天也不可能少！

發現江宋苟合證據 天津女歌手謝津遭滅口

因為和有婦之夫的江澤民鬼混，宋祖英有自由出入中南海的特殊通行證「紅卡」。1997 年一天，借調到北京的 27 歲天津女歌手謝津乘坐宋祖英的車一同去中央台錄音棚錄小樣，在車上謝津一邊說話一邊無意中掀開小工具箱，赫然發現一張「中南海通行證」（中南海紅卡），頓時驚得目瞪口呆。

謝津肚子裡擱不住事，不久此事就迅速傳開，傳遍總政歌舞團，以至於解放軍系統、廣電系統的一些文藝部門多次召開幹部、黨員、群眾會議，要求有關人員「不造謠、不傳謠、不信謠」，並將此作為一項政治紀律，要求必須嚴格遵守。謝津不久即被所在單位遣回原籍天津。謝津回天津後，宋祖英仍不依不饒向江澤民哭訴，在中國新年的凌晨，江派人潛入謝津家中，趁她熟睡之際，掐死後再從陽台推下樓，徹底滅了口。

人大副委員長成克杰之死

成克杰，壯族，1933 年 11 月出生於廣西上林縣，1986 年至 1989 年任廣西壯族自治區副主席。1989 年至 1990 年任中共廣西壯族自治區委員會副書記、自治區副主席。1990 年至 1998 年 1 月任中共廣西壯族自治區委員會副書記、代主席、主席。1998 年 3 月任全國人大副委員長。2000 年 7 月 31 日北京市第一中級法院宣判，以受賄罪判處成克杰死刑，剝奪政治權利終身，並處沒收個人全部財產。

關於人大副委員長成克杰之死原來只有一個版本，說是成克杰是少數民族，所以對少數民族出身的宋祖英熱情了點兒（不是舉動，而是語言），宋向江舉報有人對她熱情過度，江遂生殺心。

後來原北大教授、旅居澳大利亞的自由民主人士袁紅冰爆出另一個版本，說成克杰的 46 歲情婦李平與宋祖英比情夫，宋向江吹沙塵暴，結果要了李平情夫成克杰的命。不管有幾個版本，講的都是宋祖英搞死成克杰的祕聞。

袁紅冰在台灣講演時說，「成克杰是人大副委員長，相當於台灣副總統級官員。他居然因貪污腐敗被槍決了，當時我們都感到匪夷所思，怎麼會出現這樣的事情？！因為中共內部有原則規定，刑不上『三副』——（國家）副委員長、副主席、副總理。但為什麼會把成克杰槍斃了呢？說起來呀，是極其之荒唐。中共官場裡面都知道這件事。

這件事是怎麼引發的呢？就是成克杰有一個情婦叫李平，江澤民有一個情婦叫宋祖英，這兩個情婦有一次在一個酒桌上相會，這兩個人都能豪飲，喝多了以後就互相爭執。宋祖英借著酒勁說：『我的男人比你的男人的官不知道大多少倍，你那是小官，別看什麼成主席的，想撤了你就撤了你。』這李平反唇相譏道：『我的男人官雖小，但他是個男子漢。你的男人官大，但不長鬍子，不像個男人。』就這一句話給成克杰惹下了殺身大禍，幾年之後成克杰就被以貪腐的罪名給處決了。」

袁紅冰說：「事情就是這樣的荒唐。你想，這樣一個政權，它能夠長久的存在嗎？你們可能不相信這樣荒唐的事。你相信一個堂堂的國家元首可以坐在主席台上色瞇瞇的死盯著一個女服務員三分鐘不放嗎？那記者都拍出來了！這就是中共現在發生的事情，所以不要看它好像很強大，它內部虛弱的東西太多了！」

宋做江姘頭不容易

2012 年 4 月 23 日，新華網博客文章稱，宋祖英 1992 年結婚，

13 年之後，即直到她 40 歲了才生子，這一把年齡了，又已經懷孕 4 個多月了，就是普通人也知道百倍珍惜和愛護自己，她卻還瞞著團裡到部隊演出，一演就是 19 場。

《人民報》評論說，39 歲的宋祖英懷孕卻不敢讓人知道，這個舉動就超過了「敬業精神」的範疇。到底出了啥事？！宋祖英是 2005 年 9 月生子的，算起來宋祖英應該是 2004 年年底懷孕的。江澤民是 2004 年 9 月 16 日到 19 日的四中全會開會期間解除軍委主席職務的。

為了對外顯示自己還有權勢，江澤民下令讓宋祖英盡量多上台、多演出、多報導，也就是說，宋祖英的表演已經超出了娛樂的範疇，而是必須完成的政治任務了。

宋祖英發著高燒在維也納金色大廳 為江澤民撐檯面

2007 年 11 月，宋祖英做客楊瀾的欄目《天下女人》，除了對丈夫是其伯樂的說法進行了否定，並透露自己面對緋聞也會「經常哭」外，還罕見的披露了在維也納金色大廳的個唱是在幾乎虛脫的情況下完成的，宋祖英自己透露有一首返場的歌曲沒有唱，「實在唱不動了，不唱了。」

中共喉舌人民網 2012 年 11 月 18 日的報導稱，知情人卻紛紛感慨地說這全是「硬扛下來的」。去維也納演出之前，宋祖英就患了感冒；到了當地，病情非但沒好，反而加重了。歌還沒唱，嗓子就已經吊起來了，聲音全是飄飄的。千斤巨石一聲悶響砸在了宋祖英心頭：這種狀態，音樂會怎麼辦？萬一演砸了，這一大幫人怎麼有臉回國？

　　「那晚，狀態不佳的宋祖英才唱到第五首歌全身就開始冒冷汗，汗水很快打濕了演出服。中場休息時，面色蒼白的她仰面躺在地板上，一任師友們給她做著按摩。」這也就是宋祖英自己透露的有一首返場的歌曲沒有唱，「實在唱不動了，不唱了。」報導透露，演出當晚，導演芙英緊張得一直不敢看監視器，當聽到同事說還行時，「她一下子哭出了聲」。

　　《人民報》作者單京京的文章表示，2002 年 11 月召開「16 大」，江澤民耍陰謀留任軍委主席，但黨總書記和「國家主席」的職位不得不交出。儘管江澤民要求政治局九常委「小事九個人商量，大事我來拍板」，並且頻頻以江前胡後的姿態告訴世界「中共國的大權還在我手裡」，但畢竟心虛。一年後，2003 年 11 月，宋祖英在發著高燒時不得不在維也納的金色大廳登台替年長 40 歲的老姘夫江澤民撐檯面。

　　文章最後稱，「金色大廳的牛吹了整整 10 年，2013 年人們通過新華網終於知道宋祖英為什麼經常哭：晚上陪睡沒有名分，白天還要充當江權力『晴雨表』，當江婊子還要挨萬人罵。⋯⋯您想想，宋祖英容易嗎？！」

　　之後，有文章揭露，有百年之上歷史的「維也納金色大廳」，中國民歌手頻頻出現在那裡，不代表征服世界，金色大廳可以租，給錢就能去演。

第四節

明升團長暗藏危機

「宋國母」動用國庫奢侈置裝之一「百鳥朝鳳」服，斗蓬裡是由萬顆鑽石鑲嵌而成的裙裝。（新紀元資料室）

習近平嚴禁奢侈演出

新華網首頁 2013 年 9 月 13 日發表了《宋祖英任團長後首次帶團演出照曝光》。文章說，「2013 年 9 月 10 日，安徽蚌埠，宋祖英升任團長後首次帶隊海政文工團到海校獻唱，獲得熱烈掌聲。2013 年 8 月，宋祖英由海政文工團副團長升任正團長，此前曾傳她會減少演藝工作。」鳳凰網報導說，宋祖英受訪時表態：「當了團長，要感謝領導和同事們對我的信任，但我不會忘記我吃飯的根本……」

一位網友說：「當上團長以後，團裡成員的升職降職加薪、減薪乃至吃喝拉撒等都得自己操心。這就占用了很大一部分練歌和學習的時間，肯定對她的藝術事業有所影響。魚和熊掌不能兼得，很明顯宋祖英當團長是捨棄了熊掌選擇了魚。藝術家當官往往是既當不好官，又斷送了自己的藝術生涯。」

宋祖英被提拔為海政文工團的正團長，這是福還是禍呢？

2013 年 8 月 26 日新華網刊登《總政治部要求規範軍隊大型文藝演出，加強文藝隊伍教育管理》。文章說「經習近平主席批准，解放軍總政治部日前頒發《關於規範大型文藝演出、加強文藝隊伍教育管理的規定》（以下簡稱《規定》），對全軍和武警部隊提出明確要求」。

「日前，中宣部、財政部、文化部、審計署、國家新聞出版廣電總局聯合發出通知，強調制止豪華鋪張、提倡節儉辦晚會和節慶演出。」「《規定》對勤儉節約辦晚會提出明確要求：嚴格控制文藝晚會的投入，**不得過度包裝，……對組織文藝演出活動耗資巨大、奢華浪費的，要嚴肅查處。**」

「《規定》進一步嚴格軍隊文藝單位和個人參加地方公益性、營業性演出及其他活動的審批管理，嚴格控制文藝單位人員參加地方電視台選秀類節目，禁止參加有損軍隊和軍人形象的演出活動，**禁止參加私人舉辦的演出活動**和在歌廳、酒吧等場所演出，**禁止未經批准出國（境）演出**，禁止簽約加入地方文藝單位、文化公司和經紀公司，禁止開設公司和以營利為目的的工作室，不得進行誇大其詞、自我炒作等虛假宣傳，堅決杜絕臨場罷演、漫天要價，敷衍演出、欺騙觀眾的現象。」

「每年組織對表演人員進行業務考核、對創作人員的創作成果進行評定，考核和評定結果予以公布；規範日常工作和生活秩序，嚴格執行請銷假制度，加強軍容風紀檢查，專業技術三級以上文職幹部不得稱將軍或者文職將軍，自覺淨化工作圈、生活圈、交友圈。**對未經批准出國（境）演出、違規做商業廣告、擅離部隊或者無故逾假不歸的，嚴格執行處罰。」「年底進行公示和講評，未完成規定演出服務場次的不予立功受獎、晉職晉級。」**

人們發現，習近平的這些新規定，好像都是衝著宋祖英來的。不信，您往下看。

2013 年軍民迎新春文藝晚會 2 月 1 日晚在人民大會堂舉行。宋祖英身穿造型極為誇張的蘑菇雲巨型裙，跟下令不奢華的習近平對著幹。回顧以往宋祖英在服飾設計上的奢華，那堪稱中國之最，因為這背後都是偷拿國庫裡老百姓的錢，這也是 2014 年 7 月中紀委、軍紀委要查宋祖英的關鍵原因。

怪異的奢侈服裝

據新華網報導，江澤民掌實權的時候，連建築師都參與為宋祖英設計豪華服裝，宋祖英披露說，演出服重到讓她無法行走，只能站在原地，但即使是這樣，她說「連呼吸都困難」。

呼吸都不行，自然不能唱歌，宋祖英間接承認自己在假唱。觀眾聽到的聲音是在錄音棚裡磨出來的，錄製很多遍，然後重新組合，一句一句的組合，成為一首歌。

其實，宋祖英沒有熊掌和魚可以選擇，她既沒有資格當一團之長又沒水準當藝術家。讓她當海政文工團團長，那是現任軍委主席習近平羞辱江澤民的一個招術。

　　當團長得發言、下指示吧，宋祖英最弱項就是這個。為什麼這麼說？2009 年 5 月 18 日，在鳥巢舉行的「中國北京鳥巢夏季音樂會──《魅力‧中國》」第二次新聞發布會上，談對宋祖英的印像。陳道明說：「她除了有錢了、有名了，其他一點都沒變，笨還是那麼笨，說點不著調的話，幹點不著調的事。……」閻維文說的比較客氣，說他眼裡的宋祖英是個「典型的不會說話的人」，「聽她講話會緊張，因為不知道她下一句接到哪裡」。宋祖英的丈夫羅浩說：「在家裡我們都管她叫腦膜炎。」

　　團長帶隊下基層演出，走到哪裡都得即興發言，把宋祖英提拔到團長位置，她說點不著調的話，幹點不著調的事，說了上句不知下句說什麼，對江澤民是好事還是壞事？是長臉還是出醜？答案不言而喻。習近平把宋祖英架起來拿鐵板燒，讓江澤民咽不下也嘔不出。

　　為了表現自己有權力，江在宋祖英身上狠下功夫。過去，江澤民掌權的時候，海政不敢派宋祖英去艱苦的地方演出，例如西藏高原，說是怕她出個好歹，「對不起江主席」。最近把宋祖英提為正團長後，按照習近平的指示，一不能隨便到外面去商演，二必須帶隊下基層慰問官兵！

　　有幫她挺後腰的，叫板說：「此前曾傳她會減少演藝工作，瞧，宋祖英任團長後馬上就帶團演出，還獨唱！」是啊，過去也是獨唱，現在也是獨唱，獨唱和獨唱的實質內容可是天壤之別。過去是悉尼個唱、金色大廳個唱，這裡唱那裡唱，台灣個唱乘坐的還是情哥哥趙本山的專機呢。現在呢，是下基層清唱！

　　下面先看看為了表現自己有權力，江是怎樣在宋祖英身上狠下功夫的。

據《南方都市報》2002年2月17日報導：「一首MTV造價60萬，宋祖英首張碟花了近千萬」，「據該DVD的全國總發行深圳聆聽音像公司負責人介紹：這張碟中收錄的名曲MTV均屬上乘之作，每首MTV的創作造價高達60萬元之多；換言之，15首MTV的總創作費用高達近千萬元，如此龐大的MTV製作是相當少見的。」

2002年2月，江澤民手握黨政軍三大權時，宋祖英一首MTV的創作造價高達60多萬元！同年，日韓世界盃開幕式邀請各國名家演唱，江讓英子去了，結果人家不付錢，是唯一的零報酬！12月，悉尼歌劇院「好日子」個人獨唱音樂會，一張嘴走調兒了！

《人民報》還說，「2003年11月，維也納金色大廳個人音樂會，江姘頭宋祖英發著高燒上場，中場時躺在後台說：唱不動了。被帶隊的吆喝說：『死，妳也得死在台上！』『姘頭』的真實含義在這一時刻被註釋得無比透徹。」

2006年10月，美國甘迺迪國家表演藝術中心《好一朵美麗的茉莉花》獨唱音樂會，怕沒人買票，宋祖英拍板全部免費送票。花的是民脂民膏！2008年8月24日，與世界過氣的著名男高音歌唱家多明戈在北京奧運會閉幕式現場演唱了主題歌《愛的火焰》。2009年6月30日《2009魅力·中國》北京鳥巢夏季音樂會，多明戈被請來當作主菜，想藉其把在南韓世足賽開幕式零報酬演唱的宋祖英提提價碼，但新聞報導的題目卻總是宋祖英的名字在前，然後「攜」世界名家登上舞台。

據主辦方介紹，這次音樂會六套服裝最大的特點是「出乎意料」，每套都可用「驚豔」來形容。例如，宋祖英的開場服裝「東方之眼」。這件長裙高達 3 米，華麗的裙擺上鑲滿了精緻而神祕的東方配飾，宋祖英將穿著它與 120 隻「鳳凰」共同演開場戲《鳳還巢》。裙擺上的這些配飾共有 100 件，是從印度、泰國、日本以及中國西南採集而來，皆由當地民間工匠師用各種寶石、稀有金屬、古董玻璃、天然木料等奇珍異寶磨製而成。

發布會透露，此次音樂會尾聲部分宋祖英的演出服，是由 BASIC 集團 BE.prive 高級定製品牌為宋祖英量身定製。宋祖英這套服裝的設計、製作過程歷時半年！服裝的皮料是從歐洲義大利定製，服裝上的鑽石是從南非採購的，服裝最後的製作完成是在中東敘利亞。整套服裝的完成經歷了跨越時空的過程。為了讓宋祖英以最華麗、最完美的造型在音樂會上完美亮相，BASIC 集團特意製作了金色、紅色兩套華服供選擇。

中新網 2009 年 7 月 2 日報導說，6 月 30 日晚，「宋祖英一邊演唱一邊踏著歡快的節奏從舞台中央走出來，甩頭、扭胯、聳肩、揮臂，這一串流暢火辣的動作掀起了全場的第一個高潮，現場尖叫聲不斷。更迷倒了來自西班牙的 68 歲男高音歌唱家多明戈，使其激動得五次向宋祖英獻吻。」

2009 年 9 月 25 日，官媒報導說是「多明戈特邀嘉賓宋祖英《愛的火焰》上海音樂會」在上海大舞台舉行。宋祖英和多明戈聯手演繹了 2008 年北京奧運會閉幕式歌曲《愛的火焰》，還以中文對唱了《康定情歌》」，但題目卻用的是《宋祖英攜手多明戈高歌《康定情歌》最受歡迎》。唱完《康定情歌》，多明戈又是一陣獻吻。

可能是獻吻太熱烈，過了沒到半年，多明戈就麻煩了。2010 年 2 月，多明戈在日本期間感到身體不適，下腹疼痛，隨後飛往紐約，診斷是得了結腸癌，良性息肉變成了癌瘤。3 月 2 日挨了幾刀，只好拿在中國賺的錢去開餐館了。

2010 年 3 月多明戈開刀，4 月 30 日，宋祖英在上海世博會開幕式上就與成龍搭檔了，多明戈後來是死是活，生意如何，沒人上心。江澤民最不缺的就是幫忙塗脂抹粉的人。

2010 年 5 月 1 日，宋祖英在上海八萬人體育場舉辦音樂會，又是喧鬧了一氣。

2011 年 5 月 8 日母親節，宋祖英在台北小巨蛋開統戰演唱會，為了怕有人當場抗議，演唱會全部送票。即使這樣還是怕空場，所以掏國庫花大價錢請在港台知名的周華健、周杰倫撐檯子。有的觀眾說，是衝著看他倆的演唱而來的。

為了這一場演出，宋祖英穿的服裝做了六套，台灣媒體說，每套造價都在 300 萬台幣（9 萬美元）以上。僅開場「百鳥朝鳳」的一套服裝是 184 萬人民幣（30 多萬美元）。

一襲金色飛鳥斗篷，身後是特別定造的「金色鳳凰」。褪去斗篷，是由萬顆鑽石鑲嵌而成的裙裝。

特地趕到台灣去侍候宋祖英的香港服裝設計師奚仲文透露，經他手設計的四套華服的面料等均由香港陳華國服裝設計公司從泰國和歐洲買來，多個香港製作師整整手工做了兩個月，幾經修改，終於定稿。

有人評論說，「宋國母」這樣奢侈地動用國庫，恐怕比當年的慈禧太后差不了多少。

江澤民失勢　宋祖英出事

第八章

北京「大淫婦」

北京天安門廣場西側的中國國家大劇院，被專家認定存在高度安全隱患。這個耗資近30億的工程，是江澤民送大禮給其情人宋祖英。網友稱此為世上最大的二奶工程，乾脆叫國家大妓院算了！

（AFP）

第一節

國家大劇院的祕密

江澤民強行上馬的國家大劇院，被建築師斥責建築設計荒謬可笑，破壞傳統文化；民眾則指建設勞民傷財，浪費人民血汗錢。（AFP）

天安門的墳墓工程

坐落北京天安門廣場西側的中國國家大劇院，被指與周圍建築極不和諧。

造價近 30 億人民幣的國家大劇院於 2000 年上馬，期間來自國務院、人大及專家等多方的反對聲音不斷，但是在前中共黨魁江澤民的執意堅持下強行上馬，並最終「脫穎而出」。建築師斥責建築設計荒謬可笑，破壞傳統文化，民眾則指建設勞民傷財，浪費人民血汗錢。因其外形特徵、設計缺陷、安全隱患等，大劇院還被民眾稱作墳墓、膿包、毒蛋等，在網上熱議。

期間也有坊間流傳，江澤民之所以力排眾議，乃「衝冠一蛋為紅顏」，是送給其情人宋祖英的禮物，故也被網友戲稱為史上最大的二奶工程。

而這個工程的設計者，正是 2004 年 5 月突然倒塌的巴黎戴高樂機場的設計人安德魯。專業人士譏諷該設計「遠看像墳墓，近看是個蛋」，這個大蛋還因涉嫌「戶籍歧視」而官司纏身。

只招聘北京人被訴「歧視」

根據中國大陸媒體報導，2007 年 3 月 22 日，大劇院發布廣告，招聘 315 名員工，明確要求應聘者必須據有北京常住戶口，逾 1500 人應聘爭破頭。中央財經大學法學院研究生黃元健以「戶口歧視」提出公益訴訟，將國家大劇院告上西城區法院。

黃元健在其訴狀中稱：「國家大劇院投資預算 26.88 億元，全部由中央財政專項安排」，並且既冠以『國家』之名，當為舉國之大劇院、全民之大劇院……，更應該為全國各地的公民提供就業機會。」消息傳出，得到網民力挺。

易經學預言：不祥之兆

早在大劇院設計論證階段，大劇院評委會副主席、加拿大建築大師艾瑞克遜在談到這個方案時用了「shroud」（屍衣）這個詞，意指它太像墳墓。評委之一的香港建築師潘祖堯說，「大笨蛋」對中國民族傳統和地方特色大唱反調，對天安門地區只有破壞，沒有建設。

中國易經學會會長李燕對國家大劇院的觀察是：此地是風水中的「爻卦」位置，將來必有不斷的是是非非。他更預言：這個像墳頭的建築物一旦施工，有相關的人會莫名其妙死去。

也有相關資料顯示，劇院建在古代永定河的河道上，施工時就有大量的水噴出來，雖被強行封住，但後患難料。有人戲稱，「驚動了土地爺，所以安德魯設計的巴黎機場才會坍塌」。

建築結構危機重重

李燕還特別強調，國家大劇院不僅嚴重破壞北京人文環境和諧，四周的五萬噸儲水和水下三層樓深的劇場，更如計時炸彈，一旦出問題後果不堪設想。他說，科學家測算過，一公升水滲漏到電源密布的水下劇場，電解後分解出的氫可產生 200 公升汽油能量，大劇院將恍如「汽油桶」。

在國內有建築大師之稱的歸僑彭培根教授連同 114 名建築專家聯名上書提出反對，他用專業角度指出，建築的形式是隨著機能而產生的，而劇院整個都是倒過來。先造一個造型，然後再去配它的結構，因此他認為，「安德魯的設計方案嚴重不合理，存在安全隱患。」

彭培根教授等表示，由於這不是局部的技術性問題，而是設計方案本身不合理，修修補補不能解決問題，因此建議撤銷這個不合格的設計方案，「現在撤銷是損失最小的！」他們的聯名上書並沒有得到任何回應。

隨著 2004 年 5 月 23 日安德魯在法國設計的戴高樂機場候機廳突然發生坍塌後，安德魯設計的國家大劇院的安全性再一次被各方密切關注。彭培根作為最強烈反對安德魯設計方案的建築學專家之一，2005 年 4 月又一次公開主張炸掉該建築物，「現在我主張把它炸掉，那一塊地方最好建成綠地或公園」。

　　彭培根稱這個國家大劇院為「外太空掉下來的雜種」。因為這個大頂，觀眾廳等必須安排在地面下的 7 至 10 米處，彭培根說有情況時儘管也有逃生之路，但要比從地面直接逃生要慢好幾倍的時間。緊急情況分秒必爭，有時就差一分鐘就得要人的命。國家大劇院四周的水面也存在安全隱患，「萬一來個三、四級的地震，水下的玻璃通道震裂，地下的六、七千觀眾都要從水裡鑽出來才能逃生，萬一有失誤、沒有任何人能負得起責任。」

　　彭培根認為，大型的公共建築不能把一個新試驗品直接拿來就用，這關係到人民的生命財產安全，一定要從小到大，多次論證多次改進，的確非常安全了，才能拿來用。像 2008 北京奧運主體育館「鳥巢」以及國家大劇院都有這些問題，後患無窮。

有史以來最荒謬建築笑話

　　加拿大建築大師、教授、哈佛大學雙碩士麥‧克倫批評道：「它的地理位置合適嗎？它是不是完全屬於西方世界的物品？但它又一點都不科學。這應該是一個功能性非常強的建築物，但設計人把它當作一個藝術品來做，大錯特錯。上面加了蓋子，房子套房子，是在屋中打傘。結果需要高大空間的舞台上不去，要向地下挖 6 至 8 層樓，這是全世界建築界有史以來最荒謬的大笑話。」

　　麥‧克倫表示，因為大量的池水而有絕對的危機。他說：「一個愚蠢的構思、一意孤行地思考的方案。它在西方絕對不會被允許的，反而在中國鑽了空子，成為有機會能實現的方案。」他堅信這方案會給中國帶來羞辱。

政協委員、清華大學土木系前主任劉西拉也表示，美國「911」事件後，全世界在設計公共場所時都以反恐為主要考慮，國家大劇院水下逃生路線長達 250 米，與國際設計思路背道而馳。

世上最大的二奶工程

這個被專家認定存在高度安全隱患的大劇院工程之所以能上馬，乃是 1999 年中共前領導人江澤民力排眾議的決策。民間一直流傳，這個耗資近 30 億的工程，是江澤民送大禮給其情人宋祖英。

至於其中原委，中國學者呂加平在《向中央領導反映一些有關江澤民的事情和傳聞》中說：「現在社會上廣泛傳說，在人民大會堂西側花費 30 多億人民幣修建的像墳包一樣的國家大劇院，是江澤民為宋祖英演出修建的。」

呂加平在給中共中央的上書中，要求對這些傳聞加以澄清，不過中共方面從未就他上書提到的傳聞加以「澄清」，而是默認。

網友稱大劇院為世上最大的二奶工程。有網民跟貼表示，「J（江）主席給國母 SZY（宋祖英）建的，國家大劇院你乾脆叫國家大妓院算了！」有的說：「泡妞真捨得下本錢啊，一動就 30 億。」

送給法國的大禮

呂加平還說：「據報導，朱佩在擔任法國總理期間曾違反和破壞中法關係，私下向台灣當局出售攻擊型潛艇，賺取巨資，後來此事被台灣軍方的人洩露而發生殺人滅口事件，引起輿論大譁。據說法國政府為平息事態和緩和中法關係，在給台當局十數億美元資金回扣以掩口外，也給了中國方面數億美元的回扣以圖擺平免斥。」

他繼續披露：「中國方面對此事應向法國提出抗議，即使收受此巨款，也應用於海軍建設。可是當時擔任中國黨政軍一把手的江澤民既沒有抗議，而且在收了此巨款後也沒有用於海軍建設，而是把它為宋祖英演出蓋了國家大劇院。並且不顧國內權威建築設計專家和清華大學等著名院校和設計部門的強烈反對，排斥一切國內優秀設計方案，一定要採用並未通過評審的法國人的墳式設計，以討好法國人，並讓此錢還由法國人賺去。」

無獨有偶，事實上，身為突然倒塌的巴黎戴高樂機場的設計人安德魯，被揭發其在中國國家大劇院設計招標過程中舞弊。早在 2003 年 7 月法國法院就已經著手調查其涉嫌舞弊案件，並搜查了安德魯的辦公室。當地多家主流媒體法國《世界報》、《費加羅報》和《解放報》等都收到了一份材料，矛頭直指安德魯。

香港《南華早報》中國大劇院建委會發言人王爭鳴說，在中國大劇院的工程建設中不存在任何腐敗現象。中國大陸官員聲稱，中國大劇院的建設進度將會如期進行，不會受到法國戴高樂機場建築倒塌事件的衝擊和影響。在巴黎機場建築倒塌事故中，共有四人遇難，但這並不影響不久後幾千人在北京中國大劇院觀看演出的興致。

另外，中共政協委員、魯迅的兒子周海嬰也曾點名說，國家大劇院是「江澤民送給法國人的一個禮物」。他還表示，上行下效，令過去幾年內地大劇院、藝術中心不斷興建，是一些領導人浮躁心態、追求形象工程的典型表現。

揮霍人民的血汗錢

國家大劇院造價昂貴，而每年的維護管理費也相當驚人。據介紹劇場能容納 5000 多人，據說平均每個座位的費用高達 70 萬。而不管官方公布投資 27 億，或是坊間流傳投資 38 億、49 億、100 億不等的投資費用，但投入使用後每年維護管理費起碼要 7000 萬人民幣。

國家大劇院建成後，光電費每年就 5000 萬，還因為建築師的一個設計漏洞，一個劇場要演出，4 個劇場的空調都要全開，因此一天的空調費要 10 萬元。同時，為灌滿環繞大劇院周邊逾 3 萬 5000 平方米的人工湖的水池，水費也是一個天文數字，據最保守的估計，每年運營費不下 1 億，這將會成為吞食人民血汗的無底洞。

《中國青年報》早在 2004 年就報導，國家大劇院當時面臨比硬體更棘手的問題。有消息傳出，國家大劇院其實尚未建立起運營班底和體制，為此國家大劇院藝術委員會辦公室主任、國家大劇院演出經營部部長周志強，心急如焚地表示：解決不好，誰敢拍胸脯擔保，國家大劇院不會唱「空城計」？

中共政協委員喻權域表示，由於國家大劇院預計經營收入無法填補正常支出。雖然國家同意巨額補貼，但北京市對承接這個「資金黑洞」大劇院仍極不樂意，認為「個別領導人不聽民意一意孤行，後果他們要負責」。

2007 年 4 月 6 日在一個小型的建築會議中，來自國內的幾位建築設計大師在提到「國家大劇院」的時候感慨萬千，有人建議在 2008 年奧運會之前把它炸掉。

一個座位價值兩所希望小學

大劇院工程在當初預算為 26.88 億人民幣。這項建設投入比「希望工程」15 年的募資還多。如果將這筆費用投入農村教育可以相當於「希望工程」15 年的成就。

有資料顯示，大劇院工程內部三大劇院座位數已經確定為 5473 個，平均每個座位造價超過 50 萬。以每個希望小學平均造價 25 萬（參照浙江標準）計算，國家大劇院總投資可以建 5473×2 ＝ 1 萬 946 所希望小學。有人根據上海大劇院的運營經驗預計，國家大劇院建成後的運營費和維護費用也將十分驚人，僅每月的電費就需要 400 萬人民幣，可以建 16 所希望小學。

中國青少年發展基金會自 1989 年創立以來，15 年累計接受海內外捐款 22 多億元，資助 250 多萬名貧困學生上學讀書，援建希望小學 9508 所。在每 100 所農村小學中，就有兩所是希望小學。

原計畫 2004 年底完成建築安裝的全部工程，後來推遲到 2005 年底。國家大劇院工程業委會副負責人王爭鳴承認，工程資金缺口大約在 2 億元左右。他解釋說，原因有兩個：第一個是主要工程材料費和運輸費上漲。另外一個原因，國際匯率浮動的影響很大。原來大劇院的很多建築材料，包括管風琴、舞台機械、燈光音響等重點材料都是通過國際招標，從歐洲國家採購的，而國家的外匯指標則按美元分配。

圓了誰的夢？

2007 年初，國家文化部長孫家正在國務院新聞辦記者招待會上說，建成國家大劇院可以說是圓了中國民眾多年以來的一個夢。但是到底圓了誰的夢，網友卻有不同解讀。

網上有文章質疑，大劇院將來的門票該賣多少錢呢？媒體沒有介紹，我們不妨做一個推理。前幾年投資 5 億元建成的上海大劇院正式演出票價是 100 至 800 元；國家大劇院投資 38 億元，以投資金額判斷，平均門票低於 1000 元肯定賠錢。

文章說，我國劇院演出的一大特點是官員和關係戶免費，據說組建人員從建院那一天起就打算由國家補貼實行公益票價。也就是說，這個項目從出娘胎那一天起就注定了賠錢，而且是填不滿的無底洞。

文章表示，孫家正部長的圓夢說可以成立，誰也不能說 13 億中國人中沒有一個人做大劇院的夢，但可以肯定建大劇院絕對不是圓了「中國民眾的夢」。馬斯洛說，人的需求是按層次遞進的；中國古語說衣食足知榮辱。讓我們用排除法分析一下，當今中國社會中究竟誰想圓國家大劇院的夢：

圓了農民的夢嗎？

農民占社會「民眾」總數的 60 ％，2006 年農民年均收入 2600 元，他們當中固然有少數人先富了起來，但是絕大多數還沒看過有線電視，誰也不會將老婆孩子的嘴縫起來，當了褲子跑到國家大劇院過戲癮，說大劇院是圓了農民的夢才是癡人說夢。

圓了工人的夢嗎？

工人占社會「民眾」總數的 25％。除了少數壟斷行業能保持較穩定收入外，大多數工人沒有社會福利保障，這部分人的生活水準決定了他們只能待在家裡看電視，連看電影大片都是奢侈享受，到國家大劇院看演出，也許只是他們今生的夢。

對於壓根就沒想過到大劇院看演出的民眾來說，建成這個大劇院除了讓他們對比人生的反差和失落，更深刻地認識什麼是「朱門酒肉臭，路有凍死骨」的現代版，恐怕難有其他感受。

文章認為，建設大劇院的人恐怕從來沒想讓這 85％ 的人實現夢想。同樣大劇院也不會是為了圓在中國社會只占 10％ 左右中產階級的夢，更不會是為了圓那些對歌劇、舞劇鮮有興趣的金領群體的夢。

因此，把國家大劇院當成夢想追求的也許只有數量極為有限的「民眾」代表者和文藝界個別人。而這些人恐怕壓根就沒想過自己花錢買票進劇院，而且如果讓寫提案要求建大劇院的人大政協代表買票看戲，簡直是天方夜譚。

國家的恥辱

網文繼續表示，我們看看國家大劇院的 1000 元門票是個什麼概念？它是城市失業低保者半年的活命錢，是貧困大學生一個學期的生活費，是大半個中國農民將近一年的收入。

再看看建國家大劇院投資的 40 億元是個什麼概念？有的人大代表說，多建一所學校就是少建一座監獄。20 萬元可以建一所希望小學，40 億足以建兩萬所希望小學，一個學校如果招收 200

名學生，足以使 400 萬貧困學生受到教育。這些人中哪怕只有 1%
的人犯罪，全國就會新增 4 萬個罪犯。

　　無論從國情還是從民意出發，都沒有建設如此豪華大劇院的
任何依據。

　　人們可以用無數華麗的辭藻把國家大劇院本身及其象徵意義
描繪得美輪美奐，但是在我看來，它只是把我國所創造的世界最
懸殊城鄉差距做了具體詮釋。對於任何國家的政府來說，只要還
存在溫飽問題沒有解決的貧困人口，還有存在因貧窮無法上學的
人口，建這樣的大劇院就是恥辱。

　　網民甚至列舉了 10 個炸掉大劇院理由：極不協調的建築、
極不雅觀的、極不合理的、極不安全的、極不文明的、極不合情
的、極具破壞的、極不廉潔的、極其浪費的、極惹民憤的建築。

　　中國大劇院成為北京建築史上的一大敗筆，最初由提議建造
劇院直到設計方案出爐以至近期的 7、8 年間，反對聲不斷，有
網友認為，現在看來炸掉它的可能性不大，有跟帖的網友認為既
然如此，是否意味著某些東西要完蛋，該進入墳墓了。

網上盛傳 GCD 的墳墓

　　有網友說，既然是說類似墳墓，應該把毛主席紀念堂搬到裡
面的。有跟帖諷刺地說，乾脆再花些錢，在旁邊再蓋一座火葬場，
豈不完美，這才叫一條龍服務。

　　也有網友說，它就是一個墳墓，只不過現在的功能是個劇院，
將來就會用於埋葬的，至於埋葬什麼，只有天知道。

　　誰造了這麼一個大墓，比秦始皇的墳墓還要大，準備埋誰啊。

可以理解為是西方人為中國的政治制度設計的墳墓，它的象徵意義大於實際意義。為什麼當權者會中計？誰也不知道。但可以想像的是，將來如果有一天中國實現了真正的民主，那它將有可能成為「集權統治之墓」，一個埋葬罪惡舊世界的墳墓。

另有網友表示，GCD（共產黨）就是喜歡做這種不著調、不靠譜的鳥事，自掘墳墓，早在北京開了十四陵。

當代中國人的恥辱

2007 年 7 月網路上流傳一篇文章：《國家大劇院：當代中國人的恥辱》，代表了民眾的普遍心聲。作者「怒吼」寫道：

「目睹半個多世紀以來被經營得違反人類社會倫理和法規的中國，筆者早已是『哀莫大於心死』，早已深深埋藏自己的『理想』和『信念』，早已尋求『難得糊塗』，開始同情那些不諳世事的『憤青』的『淺薄』、『衝動』。但是，在陽光燦爛之下，強加給全中國人民的極度的荒謬、極度的醜惡、極度的恥辱，讓筆者忍無可忍，拍案而起，發出憤怒的吼聲。其實 8 年來，這吼聲不絕於耳，而且越來激昂。這遭致民憤，群起而攻之的目標，就是中國『國家大劇院』。

炮轟『國家大劇院』文章數不勝數，傳播得很廣。筆者還是要發出自己的怒吼。

太醜陋了！太荒謬了！這個奇醜無比的怪物只可能投胎到今日荒謬絕倫的中國。……

中外建築學界、文化界和其他有關專業人士對『國家大劇院』作了極詳盡而充分的論證，一致認為這個巨大的怪物有百害而無一利。從科學性、審美、實用性、安全性、環保、商業價值所有方面存在嚴重而明顯的錯誤，完全違背人之常情和社會倫理。

這個奇醜無比的、沒有骨頭的怪物，只有在是非顛倒，違反人類倫理道德的中國，才有機會投胎。

『國家大劇院』決策就是絕對錯誤的。中國有沒有必要建設『國家大劇院』？沒有『國家大劇院』，中國就不『現代化』嗎？當代中國人有一種窮極了暴富的不正常心態：別人有的我一定得有，還要比別人的好。多麼狹隘！即便有能力、有閒錢建『國家大劇院』，即便脫離不了『暗箱操作』、『利益交換』的枷鎖，是不是一定要選用完全拋棄了實用性和功能性、甚至安全都成問題的、華而不實的方案？在一片反對聲中強行拍板，顯示了決策者的凶殘、專橫，堪比指鹿為馬的趙高。

『國家大劇院』的設計是徹底失敗的。已經有無數文章論述了它在科學性、審美性、實用性、安全性、環保、商業價值等所有方面的嚴重失敗。筆者只想攻擊那些強詞奪理為它辯解的無知者。有人以埃菲爾鐵塔為參照物為『國家大劇院』的醜陋辯護。這簡直是驢唇不對馬嘴。艾菲爾鐵塔也是法國建築師設計的，然而從創意、合理性、審美等方面與『國家大劇院』有著天壤之別。艾菲爾塔結構設計精密，很好地解決了塔身重量、高度、穩定性的統一問題。塔身自第二層開始急劇收縮，既保證了穩定性，又使鋼鐵建築顯得輕盈剔透。近觀感覺其高聳雄偉，遠看有線條的俏麗挺拔。這個高310米、總重超過7000噸的鋼鐵建築屹立不倒，成為全世界最經典的建築之一。

反觀中國『國家大劇院』，外觀沒有任何正常建築應有的立體幾何線條，僅僅是半個大圓包，沒有任何向直線造型，就像是沒有骨頭支撐一樣癱在地上。這倒是很生動地表現了決策者猥瑣、低賤的人格。如果說埃菲爾塔的表現的是力度和向上，中國『國家大劇院』表現得是媚俗、屈膝和猥瑣。

學術界早已指出『國家大劇院』的其他處處敗筆：

破壞周圍環境和建築的和諧性。

造成嚴重的光、熱污染。

不顧及北京乾燥少雨，缺乏水資源的自然條件，強行設計 5 萬噸水的人工湖。

違背安全原則：總計 5000 多個座位的劇場設在地下 7 至 10 米，頭上頂著人工湖。遇到地震等危險時，安全疏散通道過長。

能源消耗巨大，無謂地浪費。

經營方式、成本和收入是難以解決的怪圈。

……

花費巨資購置世界最先進的設備，卻沒有世界級的表演團體和演出周期，華而不實。

中國『國家大劇院』已經引起公憤，成為公眾聲討的對象。有專家學者、網友憤怒地主張炸掉國家大劇院，改建成公園綠地，造福市民。這個主張很解氣，雖然目前不太可能。但是，『國家大劇院』建成後，肯定是個運轉不起來的廢物。

1625 年，瑞典人曾經建造了一艘當時最先進的軍艦瓦薩號，此船歷時 3 年建造成功，於 1628 年 8 月 10 日舉行隆重的下水首航儀式。然而，當瓦薩號揚起風帆剛駛離碼頭，突然海面上一股強風襲來，船體一陣劇烈的晃動後，海水突然從左舷倉湧進，不久，瓦薩號便慢慢沉入 36 米深的海底。後來的研究發現，沉船的原因是龍骨的承重設計忽視了海風對帆的作用力。

　　國家大劇院是個有實用目的的公共建築，而非純藝術觀賞品。當它建成之後，一定會因種種錯誤的怪圈而運轉不靈。那時，一些曾經抱有『寬容』心態的人也會幡然醒悟。

　　堪與『國家大劇院』一比高下的還有三峽大壩、磁懸浮列車。中國決策者一再侵吞公民的財富，耗費巨資做這些華而不實、好大喜功的面子工程，這是專制社會的特徵，也表現出中國決策者的病態心理。

　　筆者認為，炸掉『國家大劇院』，建成公共綠地和公園，是個好主意。只是筆者提議，炸掉之後，在原地建設『國家大劇院』紀念公園，哀悼這古今中外，空前絕後的荒蛋（誕）。主題公園裡建一個迷你『國家大劇院』，樹立它的法國設計師和中國決策者的塑像（就像岳飛廟裡的秦檜夫婦跪像），讓他們永遠向中國人民賠罪。此外，以圖文、多媒體形式詳細介紹這個曠世怪物的誕生、覆滅過程，以醒後世，引以為戒。」

第二節

大劇院應驗「大淫婦」

　　江澤民不但與宋祖英苟合，還慷國家之慨，花 30 億人民幣修建國家劇院，以滿足宋祖英舉辦個人音樂會的慾望，同時也藉音樂會散播毒素，彰顯江澤民的權力。2008 年 7 月中旬，北京國家大劇院上演了動作音樂劇《大唐貴妃》，被指拿唐明皇與楊貴妃的荒淫故事來賣弄色情，其中「春宮圖」、「豔舞」等色情場面直逼三級片極限。中共在奧運期間在國家級劇院公然上演床上戲，正應驗了《聖經·啟示錄》中對中共這個「大淫婦」以及國家大劇院陷阱的描述。

國家級色情院？

　　據大陸媒體報導，歷史舞台劇《大唐貴妃》全長 100 多分鐘，第一部分講述中國史上唯一女皇帝武則天的故事，第二部分才是唐明皇與楊貴妃的故事，而這部分第一幕就是「貴妃出浴」，看過的網民都指內容意識大膽，再加上演員身穿超性感服飾演出，不少人感嘆，難道藝術與色情就沒有差別嗎？！

隨後舞台上上演的是唐明皇與楊貴妃在後宮嬉春、淫樂的一幕幕。台上不但放了多塊繪有古代「春宮圖」圖案的屏風，周圍的宮女們身上只穿肚兜和 T-Back 內褲以及透明的花邊褲，無比「清涼」。她們在或明或暗的燈光效果配合下大跳夜總會似的「豔舞」。

最令人咋舌的是，扮演唐明皇與楊貴妃的演員，竟在台上模仿春宮圖上男女交歡動作，場面直逼三級片極限。有網民看了上演的照片後說：「厲害，體操般水準，比《色·戒》還狠！」該劇的羅姓導演解釋說，這樣做是為了「使之更加符合史實。」

還有網友評論說：堂堂國家級的世紀劇院，竟要靠上演春宮戲賺錢，乾脆改名為「國家夜總會」好了，也有的說，這正應了劇院主人江澤民給宋祖英的心願！

中共大淫婦

許多建築學家稱，這個外形像「水中巨蛋」的西式建築，跟周圍北京城古老的東方特色完全不匹配、不和諧，真不明白為什麼中共中央會選中這樣一個怪物。民間普遍傳說這個大劇院是前中共黨魁江澤民送給情人宋祖英的禮物，然而有世外高人稱，這也是歷史早就安排好的。

中國國家大劇院在北京奧運期間上演這個色情劇，不禁讓人想起「正見網」上對古老《聖經·啟示錄》的解讀。據說中共就是《啟示錄》所指的「大淫婦」，她會利用各種色相和利益來誘惑各國元首、政要和投資商人，讓他們與她行淫。《啟示錄》中神一再警告世人：「出來吧！我的子民，要從那城出來，免得在她的罪上有份，受她所受的災難。」

當時英國媒體曝光了英國首相布朗訪華期間，其高級顧問就因與中共特工美女跳舞後一起回賓館，第二天顧問的手機被竊，並由此可能引發更多的安全事故。有人解釋說，預言中的「大淫婦」、「行淫」，是古老語言的直譯，古人只是借用這些詞來描述那些對當代法西斯中共妥協的西方政要和商人的「道德淪喪」與「精神沉淪」。

浪費國家的錢來為宋祖英掙錢，在江澤民執政時期是普遍現象，有人把這種現象稱為「公費追星」。

如《中國青年報》2004 年 9 月 1 日報導說，當年 8 月 7 日，四川萬源市付出巨額報酬請來著名歌星宋祖英等人，其中，僅宋祖英一人獨唱四首歌的前報酬就達 42 萬元人民幣，相當於當地農民平均年收入的 200 倍。

另外，廣西一個自治縣2004 年 2 月舉辦了一個名為「桃花節」的活動，請來了宋祖英助慶，花費數十萬元。3 月 18 日中共官方新華社發表文章，不點名指當地政府以巨款追星的行為屬「劫貧濟富」。

第三節

《聖經·啟示錄》警示

2002 年 6 月，貴州省平塘縣掌布鄉風景區發現了距今 2.7 億歲的「藏字石」，巨石斷面驚現六個大字：「中國共產黨亡」，昭示著「天滅中共」的天意。圖為藏字石風景區門票。

2006 年 12 月 26 日聖誕節的第二天，「正見網」作者弘春在其聖誕感言中，談到被譽為西方最神祕的書籍：《聖經·啟示錄》所能給當代人的警示。下面是文章節選。

聳立在澳大利亞維多利亞州南部海岸形狀有似耶穌十二門徒的「十二門徒岩」，在守候了 2000 多萬年後，於 2004 年轟然坍塌，引起了人們的震動。時隔不久，在耶穌的聖誕節（12 月 25 日）剛過的 12 月 26 日，南亞海嘯發生，瞬間奪去幾十萬人的生命。人們在震驚之餘逐漸悟到：耶穌在借用這兩件驚天動地的事件警示世人——《聖經·啟示錄》的預言要兌現了！同時提醒人們，人類的大淘汰將與中共有關（因為南亞海嘯發生的 12 月 26 日正好是中共頭子毛澤東的生日）。

在古今中外的預言中沒有哪個能像《聖經·啟示錄》更廣為人知且驚心動魄。因為它用種種鮮明的異象勾畫出了人類注定將面對的現實：恐怖的天災、瘟疫和殘酷的正邪之戰，神最後的審判。這一切，對邪惡的懲罰是駭人的，對整個世界的打擊是致命的；同時也描繪出人類最終的希望，正義將徹底打敗魔鬼撒旦，更新的宇宙將成為善良、擁有信仰並忠實於神的人永恆的天堂。儘管世人對《聖經·啟示錄》所蘊涵的實質有過不同見解，但歷史和現實已使許多哲人在認識上逐漸趨同：歷史正處的正邪大戰和天滅中共的重要時期。

《聖經·啟示錄》中與當今有關的內容主要是以下三部分。文中用引號列出的內容均為《聖經·啟示錄》中的原文。

一·邪惡勢力的代表——中共

《聖經·啟示錄》用「赤龍」（名叫魔鬼、又叫撒旦）喻指中共，用「獸」喻指中共的頭目。用「從海中上來的獸」喻指從上海爬到北京的江XX。「那龍將自己的能力、座位和大權柄都給了它。……又賜給它說誇大褻瀆話的口，又有權柄賜給它，可以任意而行四十二個月。獸就開口向神說褻瀆的話，褻瀆神的名和祂的帳幕，以及那些住在天上的。又任憑它與聖徒爭戰。」這裡所描述的正邪大戰就是以法輪功為代表的正義力量與以中共為代表的邪惡勢力在精神層面上的戰爭。從 1999 年 7 月開始到 2003 年初江 XX 下台，這三年半期間中共對法輪功的詆毀、鎮壓，正好印證了「任意而行四十二個月」。

「赤龍」和「獸」為了對它的信徒嚴格控制，「它又叫眾人，無論大小貧富、自主的、為奴的，都在右手或在額上受一個印記。」喻指加入中共各類組織（黨、團、隊）的人都被「赤龍」

和「獸」打了獸的印記。

　　《聖經‧啟示錄》用「大巴比倫城」和「大淫婦」來比喻中共的權力中心北京。「因為各國都喝她淫亂烈怒的酒醉了；地上的君王與她行淫，世上的商人因她奢華揮霍就發了財。」喻指北京政權以出賣國土、出賣民族利益和金錢賄賂等手段，使許多國家在人權、信仰等問題上妥協，此中的骯髒交易，北京政權猶如最淫蕩的娼妓。她以廣闊的市場、廉價的勞力為誘餌，以犧牲環境和資源為代價，使中國成為世界上冒險家投資的「樂園」，國外財團、鉅賈大發橫財。

　　《聖經‧啟示錄》在描述北京政權（大淫婦）對人民的血腥統治、對宗教信仰的迫害和虐殺時寫道：「我觀那女人喝醉了神的子民的血，那些殉道人的血。」這已被中共竊政半個世紀來屠殺、致死八千萬中國人民以及鎮壓宗教信仰尤其對法輪功的殘酷迫害（七年來有近百萬人被非法拘禁、有幾千人被折磨致死、有數以萬計的人被活摘器官而後焚屍）的滔天罪行所印證。

2‧神最後的審判——天滅中共、人類大淘汰

　　《聖經‧啟示錄》在神最後的審判中，以很大的篇幅描述了天滅中共的過程。以四位天使的號角和七位天使把神烈怒的七碗倒在地上所出現的令人顫慄的景象來形容神對中共的嚴懲和人類面臨災難的怵目驚心。「傾倒了！大巴比倫傾倒了！成了鬼魔的住處、各樣污靈的監獄，一切污穢可憎之雀鳥的牢籠。」比喻北京政權的徹底崩潰和一切為中共的殉葬者——行惡者、褻瀆神佛者、助紂為虐者被淘汰的悲慘下場。事實上，《大紀元》發表的

《九評共產黨》就是上蒼對中共行大審判的起訴書，而貴州省平塘縣那塊 2 億 7000 萬年前生成、500 年前滾裂、2002 年被發現的「藏字石」上的「中國共產黨亡」六個大字就是神給中共的判決，也是對天滅中共這一預言的印證。

《聖經‧啟示錄》中特別描述了對打上獸的印記者的懲罰。「如果有人拜獸和獸像，又在自己的額上或手上受了記號，他就必須喝神烈怒的酒，……在火與硫磺中受苦，他們受痛苦的煙往上冒，直到永遠永遠。那些拜獸和獸像的，以及接受它名字的記號的人，日夜不得安寧。」這就警告那些加入過中國共產黨、共青團、少先隊等組織的人們，當天滅中共時，如不與邪黨決裂則無法逃脫為其殉葬的厄運。

3．神的慈悲忠告

《聖經‧啟示錄》最後用了極大篇幅講「巴比倫大城」的徹底覆滅，預示著北京——中共政權將徹底崩潰，警告世人「出來吧！我的子民，要從那城中出來，免得在她的罪上有份，受她所受的災難。」勸諭一切與大淫婦（中共政權）有染的人們（包括那些向中共妥協的國外元首、政要、投資商人）趕緊遠離中共，特別是那些被打上獸記的人趕緊擺脫中共、抹去獸記。所以 2005 年 1 月 12 日，《大紀元》發表了《鄭重聲明》，勸告人們決裂中共，在退黨網站上發表聲明（也可用筆名、小名、化名）「三退」（退黨、退團、退隊），以抹去印記。（截至 2014 年 9 月 25 日，在網上聲明「三退」的人數已 1 億 7845 萬 4515 人。）

以上概要介紹了《聖經‧啟示錄》的主要內容。建議讀者讀一讀《九評共產黨》、《江澤民其人》、《大紀元鄭重聲明》，有條件的再讀一下轟動全球的《毛澤東：鮮為人知的故事》，就會對《聖經‧啟示錄》理解得更明白、更深刻。

親愛的同胞：大家每年都祈求聖誕老人給自己帶來幸福的禮品，那麼最珍貴的聖誕禮物是什麼呢？我以為這就是《聖經‧啟示錄》、《九評共產黨》和《大紀元鄭重聲明》！

可能有些宗教界的同胞對《九評》和「三退」有些異議。以為這些都是法輪功的東西，一是怕被「政治」所陷，二是忌諱「不二法門」。如果是一名真正的宗教信徒，不管你信奉哪位神，都應與謗神、欺神、害神的中共格格不入、不相為伍。倘若一方面信神，一方面又維護中共的政治和無神論，豈不是對神的大不尊？當你真的讀懂了《聖經‧啟示錄》，那麼讀《九評》、與中共決裂，抹獸記、聲明「三退」不正表示了對神的虔誠嗎？是的，當今大陸勸人們「三退」最為踴躍且誠心的莫過於法輪功學員，請捫心自問：他們為了什麼？不正是按神的旨意在揭露邪惡、在救人，在弘傳神的福音、體現神的慈悲嗎？他們並未強求人們接受什麼新的教義，何言「不二法門」？

有的朋友以為：「只要我心中有神，大淘汰就與我無關，不必講求『三退』的形式。」請你再讀一讀《聖經》中的「出埃及記」，神既要救猶太人，難道神就不知道誰是猶太人？為什麼還要求猶太人在門楣上塗上羊血？不正是在檢驗到底是誰真的信神嗎？所以，那些真的按神的要求去做的人——真正聰明的猶太人才得救了。所以聲明「三退」就是真正信神、與撒旦決裂、得以救度的聰明人！

在天滅中共的重要時刻，人人都面臨著生與死的重大抉擇，在對待邪黨的態度上來不得半點曖昧。只有與中共決裂、義無反顧的聲明三退，這樣才能使你在聖誕平安夜的祝福得到神的許諾和呵護。

江澤民失勢　宋祖英出事

第九章

四個惡女的散毒

按照坊間的說法，江澤民是「家裡養著貓頭鷹，出門帶著李瑞英，聽歌要聽宋祖英，腐敗要靠黃麗滿，禍亂教育陳至立」，江從不同方面挑選的這幾個女人，都是從不同方面來為他維護鞏固權力而效力。

與江澤民苟合的四個惡女，由左至右：李瑞英、宋祖英、黃麗滿、陳至立。（新紀元資料室）

第一節

宋祖英用歌聲傳遞毒素

連續 24 年霸占春晚的宋祖英，用歌聲
來毒害人們的心靈。（AFP）

「鄭聲淫」靡音危害

　　前面我們談到江澤民有四個關係曖昧的女人，以她們與江苟合的年代來排序，分別是黃麗滿、陳至立、李瑞英、宋祖英。為何江選中這幾人而不是別的女人呢？簡單的說，曾為深圳市委副書記的黃麗滿是在官場上維護江的「一言九鼎」；被江提拔為教育部部長的陳至立是用江的邪惡思想毒害下一代；掌管央視《新聞聯播》的李瑞英，則是每天晚上 7 點半通過她的嘴傳播江的毒素；而連續 24 年霸占春晚的宋祖英，更是用歌聲來毒害人們的心靈。

在人類歷史上，孔子是最早重視文藝及其社會作用的，他認為，文藝能具有改變社會的功效。孔子為後世建立了一整套以「仁義禮智信」為核心的中華傳統思想體系，他強調用音樂來教化民眾，其「樂教」思想在孔子學說中占有很重要的地位。

孔子把音樂分為兩大類：對人有益的「雅樂」，以及對人有害的「鄭聲」，孔子認為「鄭聲淫」，鄭國的音樂過度地刺激人慾望，是對人體有害的淫聲，對應君王來說，就是亡國的靡靡之音。

在中國古代典故中，記錄了很多因為喜歡靡靡之音而亡國的君主，比如衛國靈公就是一例。

傳說殷末樂師延為紂王作曲，紂王聽而倦。武王伐紂時，樂師延搶琴東走，投濮水而死。自此水中常有音樂聲靡靡傳出。

西元前 534 年，衛國靈公應邀去參加晉國虒祁宮慶典。朝辭帝丘，暮宿濮上，夜半入眠，朦朧之中忽有琴鼓絲竹之音。他披衣俯窗，側耳細聽，時隱時現，微妙悅耳，問及左右，都說聽不見。便召來樂師涓。聽後，涓告訴靈公：「臣能識其略矣，須更一宿，臣能寫之」。夜半，玄音復發。涓援琴而習之，盡得其妙，靈公聽後，龍顏大開，問其究竟。

涓道：「先時，紂王命師延作靡靡之音，師延不肯，帝辛欲殺之，無奈而譜曲。紂王喜聲色，朝歌暮舞，通宵達旦，隧失天下，師延乘舟濮水而下，至此投水而死，故有神曲出水，震驚世人也。」涓本想以此說服靈公禁聲色，絕靡音，勿使政散民流，誣上行私。靈公卻視毒草為香花，砒霜為冰糖，不介其意，越聽越迷。

至晉國後，靈公見虒祁宮如此富麗堂皇，諸侯濟濟無不稱道。

待酒酣將醉時，便喚涓曰：「過濮水所獲妙曲，速援琴以助雅興。」涓不肯，後迫於靈公之威，不得不彈。未等彈完，師曠厲聲制止道：「此為亡國之音，不可聽。夜有鬼神之聲，世間必有冤情。」靈公亦不聽勸阻，隨使歌妓伴樂起舞。

朝晉歸來，靈公貪圖享樂的私慾與日俱增，見自己的重華宮簡直不能和晉國妃妾宮女所住的廂房相比，便擴修重華宮，新建衛王殿。真是皇宮金殿將欲傾，簷下燕雀不知危。後來衛國靈公真的成了亡國之君。

宋祖英用歌聲幫中共灌輸黨文化毒素，傳播出去的都是亡國之音。為了鞏固江澤民權力，吟唱貪官的《好日子》，但對於受盤剝受欺壓的百姓來說，是後患無窮的壞日子。宋祖英多次參加的由中央電視台舉辦的《同一首歌》這個節目，在表面優美的歌聲背後，卻是無盡的苦難和無邊的邪惡。

宋會不會死得很慘？

2010 年 2 月 3 日，人民網強國博客上發表了李鷗的文章《宋祖英能成為史上第五美人麼？》，四天後的 2 月 8 日，被中國共產黨的機關報網站、人民網轉載，並刊登在首頁。

文章中有一段話，是迄今評價宋祖英最牛的話：宋祖英現在還活著，不知道將來會不會死得很慘。但願她不要為了成為中國歷史上第五美人而死得很慘。

文章開門見山的說：很長一段時間以來，一些稱頌宋祖英之美的人總認為宋祖英堪稱與西施、王昭君、貂嬋、楊玉環並列，而成為中國歷史上第五大美人。我不贊成這種類比。

作者認為當代美人和歷史美人不同，史上西施、王昭君、貂蟬、楊玉環四大美人，都具備了兩條共同的基本條件：第一，有傾國傾城之魅力。第二，最終都死得很悲慘，無一例外都不得善終，誰也沒能有個堪與她們豔容相媲美的風光葬禮。

一般人理解「傾國傾城」這個詞，是指此女美貌絕倫，按照現代人的說法是「全國第一美女」。但作者界定「傾國傾城之魅力」的標準有獨道之處，他認為傾國傾城「並非單指美豔迷人，而是同時要有令帝王將相確實因與該女子的感情際遇最終導致政局的轉變，也就是說該女子對當時代的政治局勢轉折變遷確實起過關鍵的影響作用，無論這種作用是正面的或負面的，也無論這種作用是令鍾情於她的帝王將相是成或是敗。」

作者舉例說：西施對吳越天下翻覆起了關鍵作用；王昭君對可能決定大漢邊域戰和的「和親政策」的施行起到過關鍵作用；貂蟬對當時漢室朝廷各派勢力消長起到了關鍵的顛覆作用；楊玉環對大唐朝政內爭起落沉浮的影響更不必說了。

為此，《人民報》的作者李威在《人民網為何談論宋祖英會不會死得很慘》一文中評論說，按照坊間的說法，江澤民是「家裡養著貓頭鷹，出門帶著李瑞英，聽歌要聽宋祖英，腐敗要靠黃麗滿，禍亂教育陳至立」，若按照這個標準，那「傾國傾城」確實和宋祖英不沾邊兒。更讓人感到宋祖英活著時就很慘的是，外國記者拍攝的那些江看見人大會堂女服務員的散德性照片，和江出國為外國元首彈鋼琴時，還回過身去垂涎三尺的看其他女貴賓。

新華網文章說：宋祖英尚不符合其他四位古代美人的上述兩條基本條件。第一，宋祖英儘管豔絕天下，但尚未有傾國傾城故事發生；第二，宋祖英現在還活著，不知道將來會不會死得很慘。

但願她不要為了成為中國歷史上第五美人而死得很慘。

這篇文章寫的是宋祖英，但談論的卻是「鍾情於她的帝王將相」。不談帝王將相，這些女子怎能被歷史所記載呢？世界上數不清的絕色女子都默默生默默死，原因是她們沒有和權力掛上鉤。

想當年，宋祖英在演出時間，一位中級官員請她代問「江主席好」就被撤職。但現在談活著的宋祖英將來會不會死得很慘，卻刊登在中共黨的機關報首頁上，這意味著到了公開談論江澤民滅亡下場的時候了。

第二節

《同一首歌》虐殺伴奏曲

最早被中共用來掩蓋「六四」屠殺，營造歌舞昇平假象的《同一首歌》，又淪為「610」迫害法輪功的罪惡工具。央視《同一首歌》節目利用歌曲進行洗腦和灌輸黨文化。（新紀元資料室）

風花雪月的辭藻，稚嫩的童聲伴唱，著名歌星們的情感演繹，一首聽起來、看上去都非常浪漫的歌。《同一首歌》是 1990 年由陳哲、迎節作詞，孟衛東作曲創作的。2000 年，中共中央喉舌中央電視台（CCTV）開辦同名音樂節目，直至 2013 年被喊停，其主題歌就是這個《同一首歌》。

《同一首歌》最早被中共用來掩蓋「六四」屠殺，營造歌舞昇平假象。當時正是「六四」大屠殺後的第一年，中共中宣部要求地方力推《同一首歌》節目的演出。當江澤民集團掀起鎮壓法輪功運動後，《同一首歌》被重點用來對法輪功學員洗腦、轉化。中共強迫被關押的法輪功學員反覆學唱，與中共「一個世界、一個夢想」。如果不張嘴就要被打，也有讓一群犯人圍著法輪功學員反覆唱。

曾經受迫害的法輪功學員介紹當在酷刑和威脅下被迫所謂

「轉化」後，第一件事就是與參與轉化的惡警齊唱《同一首歌》。《同一首歌》在他們的記憶中是和一整套的恐怖聯繫在一起的，不少人就在離開勞教所之後很久，一聽到這支歌仍感到不寒而慄。

《同一首歌》與洗腦工具

2006 年 1 月 14 日正見網發表了作者紫薇的文章，講解分析《同一首歌》是如何被中共利用來精神上摧殘法輪功群眾的。

文章說，中共對法輪功的迫害不只是凶殘的，更是偽善的。每個進過監獄、勞教所、洗腦班的法輪功學員都對這首歌刻骨銘心，在那裡，它就是「轉化」（洗腦）的代名詞，是一位法輪功學員經受了痛苦的身心迫害後違心接受洗腦的標誌。

每當聽到哪個房間裡傳出這首歌，大家就會知道肯定是有一位法輪功學員，不堪酷刑的重創、無休止的謾罵和體罰等肉體和精神的迫害，寫了放棄修煉的「保證書」。這時很多人都會因為自己被迫做了違背良心的事而悲傷哭泣。可警察和那些協助警察迫害法輪功學員的打手們卻一起得意洋洋的高唱《同一首歌》。

唱這首歌是為了對法輪功學員進一步的精神控制，其目的如下：

一、精神麻醉劑，讓因迫害而妥協的法輪功學員忘記曾親身經歷的血淋淋的痛苦。

任何一個法輪功學員在這幾年的迫害中，都不知經受了多少痛苦。在非法關押期間，即使他違心表示向中共妥協，被釋放後仍然會揭露中共的暴行。罪惡被曝光，是中共最恐懼的，於是這首聽上去很優美的歌就被用來當作麻醉劑，使因迫害而妥協的人在哼唱中忘卻他所經歷的迫害和折磨。

二、對法輪功學員進行洗腦，使法輪功學員從行為上的妥協變成精神上的屈服。

從肉體上消滅一群人不是中共的目的，它的目的是要從精神上控制、驅使受迫害的人們，使他們受了迫害還要讚美它。這首歌主要目的就是要從精神上控制受迫害的人，用歌中的潛台詞使人在封閉的環境中思維不清。所以被迫害者剛一表示妥協就要唱，有活動還要集體唱，不停的唱，來加強這種作用。

在迫害發生後，無數法輪功學員妻離子散、流離失所，有些人甚至被凍餓而死。這血跡斑斑的流浪經歷卻被製造悲劇的強權者描繪成「鮮花曾告訴我你怎樣走過」；在迫害中，中共始終對善良、平和的法輪功學員進行了妖魔化的宣傳，「一言堂」下使中國很多百姓對法輪功學員產生誤解，詛咒法輪功學員甚至參與對他們的迫害，而此時製造這種誤解的造謠者卻「安慰」飽受歧視的法輪功學員：「大地知道你心中的每一個角落」；從迫害法輪功以來，法輪功學員被開除、強制離婚、罰款、非法關押、酷刑、體罰、甚至多人被迫害致死，過著惡夢一樣的生活，這些卻被惡夢的製造者說成是：「甜蜜的夢啊誰都不會錯過」；身心上經受了無數的苦難的法輪功學員，一旦表示妥協，馬上那些打你、罰你、罵你的人都開始對你唱、對你笑了，好像法輪功學員以前經受的一切痛苦都是為了「迎來今天這歡聚時刻」……

《同一首歌》中充滿了這樣的潛台詞，使一些人對以前的痛苦變得心甘情願，和中共唱起了「同一首歌」，有些受害者甚至病態地認為：「鎮壓是對的，酷刑是應該的，不在迫害中吃苦，怎麼能體驗到現在和警察們一起唱歌的這種生活的輕鬆？」任何一個正常的人都能看出這是在嚴酷的迫害中產生的精神畸變。這也正是中共的洗腦的目的。

三、掩蓋迫害，粉飾太平，對法輪功學員以至全國人民徹底洗腦。

1999 年 7 月 22 日，中共宣布鎮壓法輪功。2000 年，中央電視台開始製作以《同一首歌》命名的電視歌會節目，每周五黃金時間現場直播，《同一首歌》被固定用做結束曲。中共一邊血淋淋地鎮壓著自己的同胞，一邊卻在製造歌舞昇平的太平景象，使人民聽不到遭迫害的人們的痛苦呻吟與呼籲。如果真的是為了豐富中國百姓的生活本無可厚非，但鎮壓法輪功幾年來，由於整個國家機器圍繞鎮壓運轉，消耗了大量社會財富，社會矛盾愈演愈烈，致使工人失業、農民失地、孩子失學……，可是這每周一次請明星亮相的節目卻一直在全中國粉飾著「太平盛事」的幻象。

電視裡歌星們輪番出場，觀眾們更是歡呼雀躍，數不清的螢光棒隨著歌聲搖曳。這一切無不和法輪功學員們此時此刻遭受的慘無人道的虐待形成了鮮明的對比。在非法關押法輪功學員的監獄、勞教所、洗腦班，除了《新聞聯播》之外，《同一首歌》是唯一一個必須看的節目，其他節目如果沒有誹謗法輪功的內容都很難看到。鎮壓者想要用這種方式來動搖因信仰「真善忍」而受難的法輪功學員們的意志，逼迫他們妥協，並且用電視播放的結束曲《同一首歌》每周固定的對法輪功學員進行洗腦，妄圖對他們進行精神控制。那些參加《同一首歌》歌會的觀眾們並不知道，就在他們欣賞明星的表演時，自己也在作為演員被人觀看著。

文章最後說，「精緻的『畫皮』只是為了在白天掩飾嗜血鬼的凶殘，精生白骨一樣可以幻化成溫婉的村姑。當美麗被邪惡利用時，邪惡絕不會因為利用了美麗而不再邪惡，只會使罪惡的目的更容易得手。同胞們啊，千萬不要在不知情的情況下被這偽裝迷惑，從而被邪惡利用，請用你們明辨是非的心洞徹這騙局吧！」

《同一首歌》停播的背後

2013 年 8 月 15 日，中共喉舌央視被迫正式停播「首選金牌節目」《同一首歌》。明慧網就此採訪了一些曾經經歷了勞教所摧殘最後逃亡在海外的幾位法輪功學員。他們一致談到，《同一首歌》就是中共的精神虐殺伴奏曲。

2000 年初，《同一首歌》最先在北京團河勞教所被採用。原嘉士伯釀酒業北京分公司後勤經理陳剛，曾在那裡遭受到滅絕人性的迫害：為逼「轉化」，警察指使十多名犯人將他毒打得渾身是傷後，把他腿雙盤綁上、再與脖子緊捆一起成球形後，壓上低矮的床，幾個犯人坐上去長時間狠命壓。在筋骨欲裂、生不如死的煎熬中，他耳邊響起了《同一首歌》……

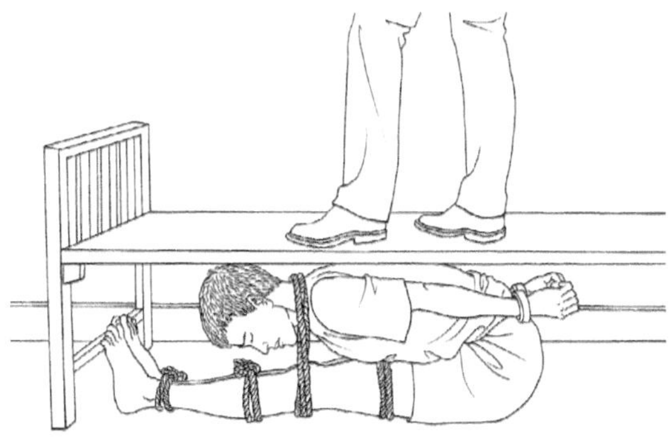

中共酷刑示意圖：壓床板。

「在死亡的邊緣上，我時刻面臨著兩種選擇：死亡或是屈服。人在面臨死亡時，往往都很恐懼、痛苦；但是當你選擇屈辱地活著的時候，在那種背叛自己的人格和信仰的心靈煎熬中，那感覺真是生不如死。」在他被營救來美國之後，那痛苦猶在持續。

從名校碩士畢業後就職於中央直屬機關的鐘月，因給江澤民寫信反映法輪功的真實情況而被非法勞教一年，她也經歷了夢魘般的慘痛：先被關在調遣處，一個令人不敢相信世上還有如此邪惡的地方。「這裡的警察個個面目猙獰，像地獄裡的小鬼，進去的第一件事，就是被逼脫光衣服檢查，稍有抗議就會招來劈頭蓋臉的電擊和毒打。人每時每刻都在承受著肉體與精神的折磨，時間長了，我發現自己神智變得有些麻木不清了。」

後來她被轉入新安勞教所，被十幾個已被轉化的人包圍著，不分白天黑夜地「談心」，灌輸歪理邪說，在連續不准睡覺的神志不清中，鐘月簽了放棄修煉保證書。「唱完《同一首歌》，我躲起來撕心裂肺地痛哭了好幾個小時，這輩子再不能修煉了，彷彿世上一切都被毀滅了，剩下的是無盡的絕望……」

曾在北京女子勞教所遭受迫害的前中共國務院發展研究中心幹部曾錚說：有人將毒藥包在蜜糖裡給你吃，之後你腦子完全被換掉了，它把你堅持的「真、善、忍」的信仰轉到跟中共同樣的邪惡立場上，你還跟下毒的人一起唱《同一首歌》。這世上還有比這更可怕的事情嗎？

河北省「法制教育中心」的教育處長孔繁運曾公開說：「什麼時候我看到你們打人、罵人才算真正轉化徹底了。」中共的「轉化」標準是：被轉化者必須展示出賣背叛、說謊、凶殘、不仁不義，以證明自己背叛了「真、善、忍」。法輪功學員認為「轉化」

根本就是把人轉變成鬼，這種靈魂死亡的痛苦遠超過肉體死亡。

孰還與魔同歌？

十多年來，中共利用掌控的文化資源，砸下巨資，按政治任務來推《同一首歌》，在全國近 60 個城市進行巡演，在更大範圍對中國人洗腦。

2014 年 6 月中旬，大陸媒體報導說，中南海現任習近平陣營節儉令出台二年後，至少有上萬家演出公司關閉。報導披露央視的《同一首歌》演唱劇組，一次演出最高花費達 800 萬人民幣，全部由政府和國企支付。

在大陸審計署進駐央視重點調查，並不斷有央視重量級人物被帶走的敏感時期，《同一首歌》演出的問題再被拋出。中國問題專家石實表示，現在當局正在清算這些問題，央視看來需要「做好地震準備」。勞教所被解散，那麼當年被勞教所所用的，花了無數金錢的東西怎麼辦？以前為了推廣《同一首歌》的錢誰來負責？

2006 年中共央視專門組織人員赴北美演出，以文化的名義，用明星陣容包裝粉飾太平。同時傳出消息，中共「610」下令在北美舉辦「同一首歌」演出，中共文化部直接撥款 1000 萬人民幣來主辦該晚會。該演出遭到了海外華人的抵制，反對中共向海外延伸迫害。多個人權組織向紐約南區法院聯合遞交訴狀，控告央視刻意製作、傳播和散布宣傳材料。同年 1 月 23 日，央視《同一首歌》總導演孟欣和製片主任、導演劉志強在紐約接到了法輪功學員控告《央視》的控告狀和美國聯邦紐約南區法院法庭的傳票。

　　2012 年 11 月 22 日，《南方都市報》的美術編輯、職業漫畫撰稿人鄺飆創作了《同一首歌》的漫畫，在網路上盛傳。一個圓底大鍋的鍋蓋的上面站著兩排正在唱歌的蛤蟆，前面還有一隻蛤蟆在指揮，蛤蟆的上方還飛著一隻蒼蠅。中共前黨魁江澤民一直被說成是蛤蟆精轉世，外界認為此漫畫寓意深刻。

　　《同一首歌》演出直到 2013 年 8 月 15 日被公開喊停，但實際上內部早被叫停。

第三節

李瑞英被踢出央視內幕

2014 年 6 月，「央視大管家」郭振璽（右）被調查，主播李瑞英被「離職」，種種跡象表明，中南海以「你懂的」方式釋放圍剿江澤民的信號。（大紀元合成圖）

　　2014 年 5 月底，經常看中共頭號機關報《人民日報》和其官方網站「人民網」的讀者會發現，大陸官媒罕見地密集報導李瑞英退出中央電視台《新聞聯播》節目的消息。只有知道李瑞英真實身分的人，才會讀懂官方釋放的暗示和傳遞的信息。

人民網密集報導

　　2014 年 5 月 28 日早上 8 點 11 分，人們一上班就看到「人民網」發表了題為《李瑞英張宏民告別新聞聯播？新人加入網友揮淚》的報導。報導稱有網民發布微博消息，已在央視工作近 30 年的張宏民和李瑞英「突然要退出《新聞聯播》」。

　　隨後，「搜狐娛樂」以短訊聯絡上李瑞英本人，凌晨 4 點李瑞英回復短信證實說，她將與張宏民「退居幕後」，當被問及是否意味著《新聞聯播》會有新人加入等問題時，李瑞英稱，將會在央視從事培訓工作，至於其他的事情，「不是我們考慮的範疇。」

一小時後的 9 點 23 分，人們看見「人民網」又發表了第二篇文章《李瑞英張宏民將告別新聞聯播 退居幕後》。內容與上述報導完全一致，但標題變了。這可能是作者從其他管道獲得相同的消息，於是將問號變成了肯定結論，而且刪除了「網友揮淚」的說法，因為「人民網」算是最早播報這個新聞的媒體，此前人們都不知此事，怎麼可能揮淚呢？也刪除了要增加新人的說法。

第二天一早的 5 月 29 日 7 點 12 分，「人民網」又轉載了《揚子晚報》的報導：《李瑞英張宏民告別新聞聯播做幕後管理》。報導引述《華西都市報》記者杜恩湖的微博爆料：「歌星李進向我爆料說，他和張宏民是好朋友，今日凌晨在北京喝酒，當張宏民傷感說出，他和李瑞英一起要離開央視告別《新聞聯播》。李進一下子急了，說，你們千萬別離開央視。張宏民嘆息，一言難盡啊！」

這裡提到李瑞英不但不主持《新聞聯播》了，還會離開央視，而且暗示他們不是自己主動自願辭職的。大陸民眾都知道，在央視播報新聞，特別是《新聞聯播》，工資高得驚人。

2009 年 12 月 2 日，「中國廣播網」曾發表《十四位名嘴工資遭曝光 李瑞英排名第一》的文章，稱李瑞英「月薪 28 萬，正高級別工資，1 萬化妝費，18 萬津貼」，也就是說，她一年的收入至少在 355 萬人民幣。排在第二的是水均益「月薪 26 萬，正高級別工資，1 萬化妝費，18 萬津貼。」在中國人均年收入十多萬的情況下，他們的收入是非常高的。誰願意離開這個肥水寶地呢？

20 多分鐘後，「人民網」又轉載了《京華時報》的報導，稱李瑞英、張宏民離職後，目前《新聞聯播》主播由十人減至八人，未來是否有新主播加入成為一大懸念。文章還說，「據悉，張宏民離職可能是因年齡以及多年高強度的工作，離職由其本人申請。」

心細的讀者會發現，這裡只提到張宏民是主動辭職，並沒有說李瑞英是主動辭職的。緊接著在 8 點，「人民網」又轉載《京華時報》的報導，標題是《張宏民李瑞英退出新聞聯播或係主動請辭》，再度引發讀者質疑李瑞英是否是被踢出去了，由於女搭檔沒了，張宏民只好主動辭職了。

有趣的是，《京華時報》在《新聞聯播主播減至 8 人 張宏民被稱主動請辭》一文中，針對張宏民和李瑞英的年齡，寫了一段意味深長的話：「2009 年邢質斌退休時也曾引發關注，按照央視退休政策，一般專家型的主持人，到了 60 歲辦退休手續，1947 年出生的邢質斌離職時為 61 歲，而李瑞英與張宏民現今 53 歲。」

李瑞英作為央視播音部負責人，一個主播離開了，誰來接替這個工作，那是她必須要負責的事。而李瑞英的回答是：「不是我們考慮的範疇。」言外之意，她被排除在決策層之外了，唯一的解釋就是李瑞英這個負責人出事了，無力再管事了。

江澤民姘頭被逼退

普通人只知道李瑞英是個「國臉」級的播音員，也知道她和因愛滋病而死去、也是央視《新聞聯播》播音員之一的羅京是同學，但不知道她和中共前黨魁江澤民的私情。當然，北京官場圈內的人都知道江澤民與李瑞英的醜聞。

民間流傳的一個說法是，老江有三英：李瑞英、宋祖英和貓頭鷹（老婆王冶坪）。江澤民在摟著宋祖英的同時，並沒有忘記老相好，他不時給央視台長暗示要關照好李瑞英，因為在江的眼裡，牢牢掌握《新聞聯播》這個喉舌要地，對他維持權威和日後薄熙來、周永康的政變都非常關鍵。

於是人們看到，2009 年 5 月，周永康那條線上的焦利擔任央視新台長後，將李瑞英從《新聞聯播》播音組組長提拔到央視新聞中心播音部當副主任，主管央視全台新聞播報類主持人，享受副處級幹部待遇。當時正主任的位置是空著的。在央視近百位主播中，李瑞英成了行政級別最高的。焦利是李東生提拔的，而李東生是周永康的心腹。

由於製造所謂「天安門自焚案」誣陷法輪功「有功」，周永康還把李東生調到公安部擔任副部長，兼任「610 辦公室」主任，專門鎮壓法輪功。而從李瑞英口中出來的誣陷法輪功的話語，更是數不勝數，1999 年 7 月那種鋪天蓋地的誣陷，很多人都形容那是「文革再現」。

《新聞聯播》出政治問題了

不過自從 2012 年薄熙來事件、習近平上台後，為江澤民派系站台的文藝界人士，包括趙本山、宋祖英等不時遭到黨媒曝醜聞，成為江澤民失勢的風向標。中共喉舌也頻頻刊登高級黑文章《揭祕李瑞英生命中最重要的兩個男人》及《李瑞英成功靠的是誰》等，暗諷李、江醜聞。

　　李瑞英到底因為什麼被踢走的呢？據北京消息靈通人士向《新紀元》透露，李是犯了錯誤，「出了事故」被踢走的，據說「和政治有關」。

　　回顧最近習近平陣營對江澤民派系的出擊，不難看出端倪。就在李瑞英離職前三天，2014 年 5 月 24 日，央視《新聞聯播》報導了習近平考察上海聯影醫療科技公司的消息，視頻中兩次出現江澤民之子江綿恆在現場向習近平做介紹的鏡頭，兩次都是一閃而過。但在新華網等大陸官方媒體的文字報導中，從未提到江綿恆的名字。

　　毫無疑問，《新聞聯播》故意讓江綿恆「露臉」，違背了最高層的意願，被當局視為重大新聞事故來懲罰也就在所難免了。也就是說，讓江綿恆露臉的，不是習陣營安排的，而是江派勢力擅自做出的決定。

　　把李瑞英趁機踢出《新聞聯播》，也算習這邊的一個回擊。之前 5 月 14 日，江綿恆曾陪同江派前政治局常委曾慶紅參觀上海韓天衡美術館，消息也幾乎被所有大陸正式官媒過濾，只有一些門戶網站報導。自從曾慶紅被軟禁後，江綿恆就成了江派的核心人物了。若能讓江綿恆出鏡上報，就會給江派嘍囉鼓勁。這就是問題的嚴重性所在。

　　不只江綿恆「露臉」遭封殺，江澤民自從 2014 年 4 月開始玩起「露面戰」，流竄深圳、揚州、上海，但是一路冷清，均被官媒封殺。特別是 5 月份的「普江會」，江澤民主動要求會見俄羅斯總統普京，在最後一刻習近平才同意，但是這次江徹底失去在媒體話語權，並且其賣國醜聞同時被拋出。

被中紀委和審計署盯上 央視頻震盪

李瑞英的出局，和央視遭受的審查直接相關。2013 年 12 月，曾擔任央視副台長的原公安部副部長、「610 辦公室」主任李東生落馬之後，2014 年 3 月，央視成為中共審計署的「審計重點」。

有消息稱，審計署進駐央視之後，令其方寸全亂，其中李東生的心腹惶惶不可終日，感覺無力回天、在劫難逃。假如沒有江綿恆這個新聞事故，李瑞英的日子也不好過，很可能也會因為「其他原因」而下課。

6 月 1 日，「財新網」報導，有「央視大管家」之稱的郭振璽被吉林檢方帶走。郭振璽九年來一直同時擔任央視財經頻道總監和廣告經濟信息中心主任，他利用上述欄目大肆斂財，據悉他積累的財產至少有 20 億人民幣，也有消息稱郭或涉李東生案。另外，同時被抓的還有製片人田立武。央視至少有百名工作人員被中紀委和審計署約談，部分成員已被雙規、批捕。

在央視主播中，除了李瑞英是江澤民的情婦，很多漂亮主播也淪為周永康、曾慶紅的床上獵物。特別是李東生任央視副台長期間，將央視變成了中南海高官的「後宮」，他不但自己玩弄央視女記者、女主播，還不斷開發央視的美女資源，向中共高層官員輸送。

周永康現任妻子賈曉燁、原最高檢察長曹建明妻子王小丫，以及周永康的情人葉某、沈某等，都是李東生向中共高官性賄賂的一部分。央視被民眾譏諷為天下第一號大妓院。

第四節

陳至立替江毒害下一代

陳至立（右一）在中國教育系統建立所謂的「長遠經濟眼光」，使學校成了骯髒生意的交易場。（Getty Images）

教育產業化害人

2013 年 10 月 31 日，前中共總理溫家寶高調出版《溫家寶談教育》一書，暗喻江澤民姘頭陳至立主管教育系統時，把中國教育搞得一塌糊塗。

在全世界絕大多數國家，都是靠政府出錢實施義務教育，但陳至立當教育部長後，按照江澤民「悶聲大發財」的指示，大搞教育產業化，也就是把本應政府承擔的責任，推給每個家庭，很多家長為了孩子讀一個好的中學或讀大學，不得不傾家蕩產。

陳至立還把江澤民違背法律、對法輪功的誣陷攻擊內容以及篡改歷史的內容編入教材毒害學生，中國的教育出現了怵目驚心的亂象和危機。

1998 年，江澤民任命從未從事過教育工作的姘婦陳至立為教育部長，搞亂了中國的教育系統。陳至立隨後遭到彈劾，但是2003年3月這個被擬定罷免的教育部長，由於在鎮壓法輪功和其他方面上緊跟江澤民，竟然被破例提升為主管教育的國務委員。

陳至立上台之後，在中國教育系統建立所謂的「長遠經濟眼光」，使學校成了骯髒生意的交易場。不擇手段摧毀中國本來已經十分薄弱的教育體系，採用一切手段毒害青少年。教育改革混亂，教學質量倒退，教風學風渙散墮落。全國濫發大學文憑、學位現象普遍。城市有20％以上的適齡青少年不能享有法定九年義務教育。大、中學院校風氣差，嫖、賭、抄三風充斥校園。

中國的教育出現了怵目驚心的亂象和危機。學術造假、論文剽竊、買賣文憑、貪污受賄、考試舞弊、師質下降，師德墮落、權錢交易等腐敗形式五花八門、層出不窮。

篡改歷史 強迫學生簽名

2001年2月1日，中共教育部黨組共青團中央發出通知要求全國各級各類學校組織開展攻擊法輪功的簽名活動，通知下達之後，全國教育系統首先推行「百萬人簽名」運動，以「反邪教」為名，以利誘、欺騙、強迫、威脅等手段讓學生們簽名，反對法輪功，孩子們在無知中受害並被鎮壓者充當迫害法輪功的工具。

當時，許多學生在壓力下違心地簽名，並且有學校採取威脅、利誘迫使學生簽名，不簽名的學生將被開除學籍。

2001年12月，陳至立治下的教育部還篡改歷史，在新版《全日制普通高級中學歷史教學大綱》（試驗修訂版）不再稱岳飛和文天祥為民族英雄，把賣國賊李鴻章美化成憂國憂民的愛國者，顛倒是非黑白的標準，為「漂白」江澤民的賣國行徑做輿論準備，結果招致社會各界的激烈反對。

不僅如此，陳至立還將攻擊法輪功的材料編入中小學教材，以學生的考分和升學前途相威脅，並將攻擊法輪功的材料編入各級考題中（包括高考及研究生入學考題中），逼迫學生就範。

2002 年 7 月，黑龍江省綏棱縣 17 歲的王琳參加了黑龍江省初中升高中的統一考試，在政治卷中，有一道誣衊法輪功的試題，王琳寫上「法輪大法好」、「法輪大法是正法」結果遭到當局的迫害，被迫流離失所。

第一個被傳訊到海外法庭的中共官員

2004 年 8 月 3 日，陳至立以中共國務委員的身分訪問坦桑尼亞期間被法輪功學員起訴，罪名是利用教育系統對法輪功學員實施酷刑及虐殺，同時利用教育系統對學生及教師進行反法輪功的政治洗腦。

這樁訴訟案最令人注目的是，陳至立在離開坦桑尼亞之前被法庭傳喚接受了庭訊。陳至立是第一個因迫害法輪功被傳喚進入法庭的中共官員。

陳從 1999 年至 2003 任中共教育部長期間，在中國教育系統包括所有大、中、小學甚至幼稚園進行「文革」式的人人表態過關；強迫師生接受針對法輪功的政治思想教育。修煉法輪功的教師和學生常常被送入洗腦中心進行精神和心靈摧殘。至少 61 名師生被迫害致死。僅清華一所大學就有 300 多名教授、學生因修煉法輪功被非法關押，開除公職、學業，或被直接送入勞教所。

第五節

黃麗滿：中共「最有權女人」

　　官方簡歷稱，黃麗滿（1945 年 2 月～），遼寧蓋縣人，早年畢業於哈爾濱軍事工程學院自動控制系自動控制專業，後供職於四機部。1992 年，擔任深圳市委副祕書長、委祕書長。1998 年，擔任廣東省委副書記。2001 年，兼任深圳市委書記。2005 年，任廣東省人大常委會主任。2008 年，擔任中共人大常委會委員、中共人大華僑委員會副主任委員。

　　不過，黃麗滿坐上這些官位並不是有什麼管理才能，而只是因為她與江的情婦關係。

　　深圳人對黃麗滿的不滿主要因為黃是深圳建市以來最平庸最無能的市委書記，而且立場很左，在輿論控制上把傳媒管得很死，而她能夠當上深圳市委書記完全靠她與中共當時的太上皇江澤民的特殊關係。深圳人說，黃麗滿唯一的才能是「討江澤民歡心」。

　　黃麗滿與江澤民關係匪淺是在 1995 年 12 月上旬江澤民陪

古巴獨裁者卡斯特羅訪深圳時而廣為人知的。當時年已 40 歲徐娘半老的黃麗滿打扮得花枝招展，一直伴隨在江澤民身邊有說有笑，令很多人大吃一驚。

黃麗滿於 1993 年從北京電子工業部（當時任辦公廳副主任兼黨組辦公室主任）空降到深圳任市委副祕書長，因黃麗滿能力差，很多人對她官運如此亨通感到不解，當時很多人估計她可能是有政治後台。但也僅屬猜測而已。到江澤民來訪，大家才恍然大悟，而且隨後更獲悉，黃麗滿升職是江澤民直接插手的結果。江澤民曾與廣東方面領導人談話時表示很欣賞黃麗滿，說黃麗滿是一個人才。因此深圳官場遂有「江總書記一句話，黃麗滿連升三級」之說。

黃麗滿與江澤民結緣是 80 年代初的事，那時江澤民是黃麗滿的頂頭上司。當是黃麗滿僅三十多歲，又活潑大方，據說江與黃每天相處時間多過與老婆王冶坪一起。

有關江與黃麗滿的關係，大陸朝野傳得沸沸揚揚，而廣東和深圳官場則普遍相信黃確是江的「紅顏知己」。一位廣東高官私下對詢問的朋友說，「黃麗滿徐娘半老，風韻猶存，與江澤民講話還要撒嬌，連李長春（當時廣東省委書記）都看出來了。」

李長春尊重她 厲有為言聽計從

據《開放》2003 年報導，因黃麗滿這層通天關係，廣東官場都怕得罪她。黃麗滿 1998 年調廣州任省委副書記後，李長春在她面前特別表示尊重，省委開會，特別要諮詢其意見。而深圳市委書記厲有為更視黃麗滿為太上皇后，對其言聽計從，厲身邊的人很不滿，私下談話不直呼其名，而以「那個慈禧太后」代替。

深圳官場說，厲有為作風強硬，高姿態與經濟學家胡鞍鋼就深圳特區的存廢問題大打筆墨官司，首開中共地方官在媒體上論戰的先例，其有恃無恐就是因為走了黃麗滿這條路子而通了天。甚至深圳官場傳聞厲有為在經濟問題上差點出事，後來化險為夷也是黃麗滿幫的忙。因此在深圳也有人稱黃麗滿是「中國最有權力的女人」。

炮製五十年獻禮電視劇 意識極左

深圳本來是中共所謂改革開放的最前哨，而黃麗滿任深圳常委時，主管文化意識形態工作，以左著名。深圳文化界總結她的成績主要是兩方面：一是把媒體管得很緊，市委機關報《深圳特區報》等辦得面目可憎，官氣十足，可以說不忍卒讀。《深圳特區報》只報喜不報憂，深圳發生任何事故都上不了報紙。

另一「成績」就是大搞極左意識形態，如中共五十周年的「獻禮工程」電視劇《鋼鐵是怎樣煉成的》，就是由黃麗滿主持搞出來的。

雖然當時有少數學者和作家批評在當今講民主和人權的時代，將講階級鬥爭和階級革命的斯大林主義作品再捧上神壇是否恰當，但大陸官方對此片甚為捧場，給予很高評價，而黃麗滿也頗為沾沾自喜。但隨後此片還為中國引來一場外交風波。

因為《鋼鐵是怎樣煉成的》電視劇的故事背景在前蘇聯的烏克蘭，講述蘇聯紅軍如何與「凶惡的匪幫」彼得留拉作戰。但現在烏克蘭獨立，當年為烏克蘭獨立與紅軍作戰的彼得留拉成為烏克蘭的民族英雄，《鋼鐵是怎樣煉成的》將其醜化，烏克蘭政府因此向中共提出抗議。這大概是中國左派及黃麗滿們始料不及的。

深圳官場人說，總之黃麗滿做事，眼中沒有深圳人民，「只求北京滿意、江澤民放心」，不怕這件事給百姓帶來多少麻煩與災難。

排擠市長于幼軍 安插親信

黃麗滿能力低，心胸卻極其狹隘，在深圳人盡皆知，她與市長于幼軍不和，憑著自己有後台，處處給于幼軍小鞋穿，最後迫得于幼軍打報告要求調走。接任于幼軍的代市長李鴻忠是江澤民系統人馬，亦是黃麗滿的親信，當年黃麗滿任電子工業部辦公廳副主任時的祕書，對黃唯命是從，因此官運亨通。

由於黃在深圳主管文化宣傳，深圳一大批在她手下工作的文化官員皆雞犬升天，升任權力很大的行政官員，這種現象全國少有。

後來黃麗滿離開深圳上調北京擔任人大常委委員，職務明升暗降，被外界稱為，是胡錦濤利用江澤民的色心，搞的「去江化」，因為人大委員相比於深圳市委書記是個虛職。

黃麗滿的命運與江澤民緊緊聯繫在一起。黃因江而仕途飛黃騰達，也因江受到共產黨員與民意的唾棄，「16大」選中央委員，黃麗滿得票極低，不僅擠不進中委之列，在中央候補委員中也排名倒數第三。當時《開放》雜誌就評論說，可以想像，一旦江在權力鬥爭中失勢，黃麗滿的好運也就走到頭了。

第十章

為中共站台遭厄運

近年來突然暴病死亡或連遭厄運的名人，包括中央電視台第一播音員羅京和主要製片人陳虻接連病死，小品演員高秀敏車禍橫死，相聲演員侯耀文猝死，奧運舞蹈明星劉巖摔傷癱瘓，奧運飛人李寧事業直墜，劉翔、姚明舊傷不癒……給中共站台的名人，屢遭厄運。

中國大陸的一些名人因幫中共高調做宣傳（或做急先鋒）先後遭到各種厄運。（網路圖片合成）

第一節

「政治過硬」壯年早死

羅京（右）對中共「政治堅定」付出了巨大代價。2008 年 8 月 6 日，罹癌的羅京還去傳遞北京奧運會火炬。圖為羅京參加奧運倒計時足球比賽。（新紀元資料室）

　　相對於出賣國家領土、當間諜當漢奸的江澤民來說，宋祖英之流還不能在中共政局走向上發揮大作用，不過，人們往往忽視了一點，中共政權歷來是靠槍桿子和筆桿子這文武「二桿子」支撐的，宋祖英等文藝人士，表面上看與政權無關，但他們為中共歌功頌德的時候，當作為「主旋律歌手」為中共大唱讚歌的時候，她已經起到了「筆桿子」和「黨的喉舌」作用，其政治影響力不容小覷。

　　近年來，名人為中共站台遭惡報的事例頻傳，文藝界名人為中共唱讚歌、散布虛假的「盛世、好日子」，幫助中共塗脂抹粉、愚弄百姓，結果遭到了上天的懲罰。比如央視《新聞聯播》的播音員羅京就是其中之一。

「政治堅定」的羅京為什麼早死

原中共中央電視台主持人、新聞編輯部副科長羅京是央視的紅人，被戲稱為中共的「國臉」。2009 年 6 月 5 日，羅京死於淋巴癌擴散，年僅 48 歲。一個正值壯年的生命突然消逝，令人意外，更令人反思。

羅京生於 1961 年，父母是四川人，1983 年從北京廣播學院播音系畢業。同年到中央電視台工作，擔任《新聞聯播》播音員。羅京死前任新聞編輯部副科長，既是中央電視台出鏡委員會成員，也是央視資格最老的播音員之一。羅京死後，中共政治局常委李長春向央視發出唁電，稱羅京「政治堅定，德藝雙馨」。

然而，在中共體制之下，當局「政治堅定」、「政治過硬」的說法並非好事。羅京的「政治堅定」表現在重大問題上與當局保持高度一致，即使違背自己的道德良心。

1989 年 6 月 4 日前，天安門廣場學生民主運動轟轟烈烈進行時，央視《新聞聯播》的主持人們從播報內容到口氣、表情都是支持學生運動。中共開槍鎮壓學生、市民後，所有的主播，包括羅京、杜憲等都穿黑色喪服出鏡。

但經過中共整肅後，羅京馬上變了臉，「旗幟鮮明」地支持中共「平定反革命暴亂」，6 月 5 日開始，他明確表態支持中共「六四」屠殺，播報了一系列「六四」事件的假新聞，聲稱天安門場上沒死一個人，「六四」運動是暴亂。不久，同情學生的薛飛、杜憲等主播被迫離職，而羅京和李瑞英等則留在央視繼續為中共充當喉舌。

在 1989 年「六四」以後，羅京逐漸在中央電視台成為紅人和大腕兒，還被稱為「國臉」。由於其「政治立場堅定」，成為江澤民時代最受寵的紅人。他的資歷緊隨邢質斌之後，常年播報黨八股式的套路「新聞」，成為中共宣傳機器的主要傳聲筒。

1999 年 7 月 20 日中共開始對法輪功的全面迫害後，羅京播報了大量央視炮製誣衊法輪功的假新聞，為這場空前的浩劫推波助瀾，是中共利用央視誣陷、迫害法輪功的最主要喉舌之一。

2004 年以後，羅京先當上了播音組副組長，後被提拔為中央電視台新聞編輯部副科長，同時他被評為中央電視台所謂「十佳」播音員、主持人，並享受央視特殊津貼。2008 年底還有傳聞盛傳羅京的收入每年高達 28 萬元。

對共黨「政治堅定」的代價

羅京因為對中國共產黨的「政治堅定」付出了巨大代價。

2008 年奧運會前夕，羅京在央視內部體檢時被查出身患淋巴癌，並於 8 月份因「彌漫大 B 細胞淋巴瘤」住進北京腫瘤醫院，祕密接受一次化療。

羅京曾是明星足球隊的主力隊員，身體一向很好，並且愛好運動，是一位「體育健將」。羅京為當 2008 年奧運火炬的接力手和參加奧運會報導，不惜推遲入院。等到奧運會後，羅在 8 月 31 日第一次化療後，又重回《新聞聯播》主播台，這是羅京最後一次出現在主播台上。

有北京網友在博客上描述，2008 年 8 月底，有人在北京腫瘤醫院化療病房見到羅京。羅住在 8 樓的高級單間病房，每天 600 元房費，屋子裡冰箱、彩電、沙發齊備。8 樓共有八個單間，所住的都是癌症病人。羅京穿著大背心，下穿沒膝褲衩，出去檢查化驗時總低著頭，不面對人，面對牆，像怕被別人看到，但他的那張「國臉」還是很容易被人認出。他的太太經常陪著他。8樓小護士們有時還嘰嘰喳喳討論羅京的病情，過往的家屬和住其他單間的病人都能聽到他的名字。

由於淋巴癌開始擴展，羅京不得不於2009年2月7日轉入307醫院，並用他哥哥提供的骨髓做了移植手術。也許是上天悲憫於人，醫生稱這次手術很成功。據羅京的主治醫師、307醫院腫瘤科的陳虎說：「手術是很成功的，到3月中旬，所有的淋巴腫瘤都消失了。那會兒他幾乎就是個健康人了。」

康復後病情一夜間惡化

看到自己一步步恢復健康，羅京心裡也非常高興，據報導，他興致勃勃地給央視新聞中心領導打電話：「我太想念大家了，過不了多長時間我就可以回台裡上班了！」

然而4月下旬，羅京的病情復發並且迅速惡化。醫生陳虎感嘆道：「幾乎是在一夜之間，全身的淋巴又開始第二次病變，大小腫瘤就像冒泡泡一樣，從身體的各個地方長出來，而且發展得非常快。」

當時，羅京口腔潰瘍極其嚴重，靠麻醉藥漱口吃藥，連吃飯、喝水、說話都疼得很厲害。據護士透露：「羅京喝一口水，疼得把眉頭都糾結在一起，我們就給配了麻藥，漱完口之後再吃藥、吃飯。每頓藥他都沒有落下。」

5月29日，羅京和他的家人、同事及醫護人員，在病房裡度過了他最後的生日，據說當時羅說了很多話。6月1日後，他的病情突然惡化，隨後急轉直下。6月5日早上，羅京死於淋巴癌擴散，年48歲。羅京死後，官方為他在八寶山舉行了高規格的追悼會。然而這一切，都無法喚回他短暫的人生了。

有評論說，在「政治堅定」面前，羅京選擇了不要命也要當中共面子工程奧運的火炬手；在病情稍微轉好後，他不是反思前因，覺悟人生，而是立即「政治堅定」地表態回中共喉舌央視「上班」，繼續要為中共的虛假宣傳賣力，也許正是他的這通電話，把自己的生命置於了絕境。

「天安門自焚偽案」製片人陳虻死於癌症

在羅京之前，央視新聞評論部副主任、同樣正值壯年陳虻亦死於癌症。據大陸媒體報導，2008年12月23日，平安夜的前一天，中央電視台新聞評論部副主任陳虻，在發現胃癌九個月後痛苦地死在北京腫瘤醫院。

陳虻是中央電視台「天安門自焚偽案」的製片人。2001年1月23日，中共黨魁江澤民在迫害法輪功的陰謀幾乎破產的情況下，在中國人過年之際製造了「天安門自焚案」，用毀滅活生生的人命為代價，欺騙民眾，煽動仇恨，為升級迫害法輪功學員鋪平道路。陳虻是這個構陷法輪功的所謂《焦點訪談》的兩名製片人之一。

據悉，陳虻最後被癌症折磨得死去活來，痛不欲生，自己要求醫生不要再搶救了。

中共編造的「天安門自焚」偽案

新唐人電視台揭露中共 2001 年天安門自焚案的影片《偽火》，獲美國第 51 屆哥倫布國際電影電視節榮譽獎（2002 年 1 月製作）。（大紀元資料室）

2001 年 1 月 23 日下午，北京天安門廣場「突發」五人自焚事件。事發僅兩小時，新華社以超乎尋常的速度向全世界發出英語新聞，聲稱「自焚者是五名法輪功學員」。但是美國之音記者打電話向北京公安局和公安部查證，答覆竟然是不知道有這回事。中共喉舌的宣傳口徑搶到了公安調查的前面。如此快速發布消息，暴露了這並非突發事件，而是一場準備充分的陰謀。

陳虻當時配合李東生、羅幹、周永康，謀劃出了這個所謂「法輪功天安門自焚案」，目的就是煽動民眾仇視法輪功。不過值得慶幸的是，越來越多的大陸民眾看清了中共炮製這個自焚案的邪惡與愚蠢。

人們從這個編造的自焚騙局中至少發現了下面 15 個疑點，讓中共的謊言不攻自破。

疑點 1：央視畫面上警察先到位，然後自焚者才開始點火

疑點 2：天安門廣場巡邏的警察，怎麼會背個滅火器？後來央視辯稱是車載滅火器，但有行家指出，車載滅火器最多四公斤，畫面上那種八公斤的滅火器絕不是隨車滅火器。

疑點 3：突發事件，火燒起來幾分鐘就滅了，央視電視台記者簡直太幸運了，他們怎麼可能撲捉到這個鏡頭，而且還是長鏡頭、短焦距全方位的都有？

疑點 4：那個所謂被燒死的劉春玲，央視畫面顯示她是被後面一個武警用類似警棍的硬物擊中頭部倒在地上死的。外國記者去她河南家中調查，發現她是個坐檯女，周圍人從未聽說她煉法輪功。

疑點 5：劉春玲的 12 歲女兒劉思穎大面積燒傷後說話底氣十足，氣管割開了，還能唱歌，外國醫生稱除非是醫學奇蹟。就在劉思穎徹底恢復後，卻突然死了，外界強烈質疑那是因為有人怕她洩露實情而被滅口。

疑點 6：自焚未遂者自稱是法輪功學員，但講的話完全違背法輪功法論。法輪功嚴禁殺生，包括殺死自己。他們所說的所謂冒白煙、黑煙的說法，與德和業毫無關係。

疑點 7：劉葆榮自焚前「喝了半瓶汽油」才往身上倒：喝到肚裡的汽油無法燃燒，而且還會令人嘔吐中毒，她喝汽油幹什麼？

疑點 8：劉葆榮先看到別人燃燒，還是看別人沒動？說法前後矛盾。

疑點 9：1996 年已開始煉功的女兒陳果，1997 年又在母親的影響下開始煉功？2014 年陳光標帶到紐約的所謂自焚毀容母女，

自焚前已經多年不煉法輪功了，她們信的是河南那個劉雲芳。

　　疑點 10：3 個真假王進東：官方先後報導給出的王進東照片，從臉型、耳朵和聲音鑒別，是 3 個不同的人在扮演。自焚「王進東」的坐姿不是法輪功的打坐，而是武警士兵的散坐。

　　疑點 11：警察手提的滅火毯，材質是晴綸，而且助燃，真正的滅火石棉毯很重，得兩個人才舉得起來。

　　疑點 12：發稿速度異常、內容前後不一，英文稿最先出，連公安局都不知道。先說有 5 人自焚，後來又變成 7 人。

　　疑點 13：自焚者燃燒的不是汽油，因為不管有多少汽油，它們都會在一瞬間爆燃，並發出「砰」的一聲響，整個過程只有短短的幾秒。而央視拍到的延燒畫面長達幾分鐘。

　　疑點 14：滅火時，有個武警目不斜視地從旁邊走過，這違背人性。這邊在著火，人們都會看的，除非事先告訴他不許看。

　　疑點 15：不符合「中國國情」的執法行為：具有「中共特色」的警察應該會先一腳將「王進東」踹倒，然後用腳踩住他的頭；如果「王進東」企圖喊口號，那還得馬上堵住他的嘴。而畫面中的王進東在從容喊口號。

第二節

名人為奧運站台厄運連連

「奧運第一列」列車長李莉被撞死

2008 年是中共奧運年，為此中共耗費了 3000 多億人民幣，是花錢最多的一次全球奧運。但中共辦奧運並不是為了百姓的福祉，去改善民眾的生活，而是想利用奧運來維護自己的面子、形象與權力。不說毫無必要的天文數字的國庫開支，就說奧運前中國發生的嚴重震災和重大水災，千千萬萬災民的生命與財產在中共眼裡卻不如一場運動會來得重要，他們的苦難與艱辛在媒體上消失了，沒有多少人去關注他們的死活。外界有評論認為，北京奧運成了中國千萬災民的「人禍」。

與此同時，中共在奧運前大量抓捕訪民、民主人士、宗教信徒和法輪功修煉者。僅在 2008 年頭 6 個月，中共非法抓捕法輪功學員的案例就有 8000 多起，法輪功學員被迫害致殘、致死的惡性事件持續不斷。國際特赦組織在奧運前的最後一份人權報告指出，中共政權違背了其改善中國人權狀況的承諾，背棄了奧運的核心價值，令奧運蒙羞。為中共作高調宣傳的人被批評在利益面前忘記了道義與良知，他們後來的結局令人惋嘆。

T195「海之情」紅旗列車被選為「奧運第一列」，列車長李莉當上了萬裡挑一的火炬手，被安排把火炬拿到列車上，挨個車廂宣傳。一月之後「奧運第一列」慘遭顛覆之災，李莉也被撞死。

大陸媒體報導，2008 年 4 月 28 日 4 時 41 分，北京開往青島的 T195 次旅客列車運行至山東省境內膠濟鐵路周村至王村間的彎道處 T195 第 9 車廂至第 17 車廂脫軌、顛覆，脫軌車廂侵入上行線軌道，被上行線由煙台開往徐州的 5034 次旅客列車碰撞，造成「4·28」重大事故。

根據鐵道部統計，這起意外造成至少 70 人死亡，416 人受傷，其中包括四名法國人。罹難者均為 T195 乘客，5034 次乘客沒有死亡。官方新華社以人為責任事故一語帶過，並迅速的撤換濟南鐵路局局長平息民憤。新華網在報導上隻字不提肇事列車 T195 的奧運特殊背景。

T195 是青島三趟特快進京列車的「三朵金花」之一，其前身為 1950 年 4 月開行的 39 次列車，在當時，是山東省第一趟進京列車，全路首批「紅旗列車」。

北京申奧成功後，青島指定為北京奧運帆船比賽的分會場，是除北京以外，唯一能夠舉行開閉幕式和點火儀式的地點。當年，青島客運段為紅旗列車註冊了全國第一件旅客列車服務商標「海之情」。受此影響，青島市決定用「海之情」作為對外商標大力宣傳，施行奧運宣傳戰略，並擴大至整個山東省。

2004 年 5 月 15 日中國首列「奧運宣傳列車」揭牌儀式在北

京火車站舉行，兩列對開的青島—北京列車被作為奧運主題列車，「海之情」作為其中之一。這一創意被官方稱為「將載入百年奧林匹克史冊」，「海之情」作為第一列以奧運為主題的國內宣傳列車而備受吹捧。

李莉作為該奧運主題列車的列車長和青島城市形象大使，也一時成為當地奧運政治宣傳的紅人。

2007 年 5 月 15 日，「海之情」奧運宣傳列車開行三周年後，又被青島政府授奧帆旗，加裝了第六次大提速用的「和諧號」動車組，宣稱：「以更快的速度衝向 2008 年」。2008 年 4 月 28 日列車離奇脫軌相撞，李莉殞命。

開幕式領舞劉巖摔成高位截癱

2008 年 7 月 28 日北京奧運開幕式排練中，開幕式領舞之一的女舞蹈家劉巖鬼使神差的因為配合上的一秒之差，一腳踏空，從兩米高台墜下，頸部觸地，導致頸椎骨折，骨盆粉碎性骨折。高位截癱的她既沒有圓其奧運夢，也就此終結了自己的舞蹈藝術事業。

劉巖，身高 170 釐米，1982 年出生，畢業於北京舞蹈學院古典舞系，和著名舞蹈家王亞彬同班。雖然年輕，劉巖卻已是獲獎「大戶」了：2001 年獲全國荷花杯舞蹈大賽銀獎，2002 年獲全國舞蹈電視大賽銅獎，2003 年獲桃李杯舞蹈大賽銀獎，2004 年她以獨舞《胭脂扣》獲第六屆全國舞蹈大賽金獎，2005 年，以獨舞《橘子紅了》獲「荷花杯」全國舞蹈大賽金獎，2007 年又在中國「文華獎」中，以主演舞劇《築城記》和《紅河谷》榮獲唯一雙獎。同年，代表中國參加首屆亞洲青年藝術節獲金獎第一名。

她曾在三部舞劇中扮演過主角：《瓷魂》中的瓷靈、《西廂記》中的崔鶯鶯、《紅河谷》中的丹珠。曾在 2006 年春晚中與楊麗萍、譚元元共舞《歲寒三友》之紅梅。業內人士稱她的絕活兒是超強的腰背肌及「控腿」技術，因此又在圈內獲得「劉一腿」的稱號。

事故發生後，劉巖由其丈夫郎昆照顧，媒體又開始炒作「患難見真情」的愛情故事。但郎昆和劉巖的愛情婚姻曾引起很大爭議，郎昆前妻名模馬豔麗曾向媒體證實，造成她和郎昆婚姻破裂的「第三者」就是劉巖，劉巖和郎昆牽手逛街的照片被媒體曝光讓她發現了這段婚外戀。

一年後，《知音》在 2009 年 5 月上半月版中，曾經刊發了一篇名為《舞者劉巖：愛情為你撫平「飛天之傷」》的文章，講述了兩人的愛情故事，但郎昆表示，報導嚴重失實，並迫使該雜誌道歉。據悉郎昆個人生活很放任，他先後有四任妻子：同為名導的王冼平、歌手思濃、名模馬豔麗、以及舞蹈演員劉巖，不過自從劉巖摔傷後，郎昆就否認兩人的婚事。

等到了 2011 年 2 月，那個號稱多才多藝、曾為春晚擔任總導演的郎昆，被查出患有腦膜瘤，不得不立刻動手術。

劉歡得骨頭壞死病

自從在北京奧運唱過主題歌之後，歌手劉歡在大眾視線中消失了很久。2009 年 6 月，一組劉歡拄著拐杖的照片在網上流傳。鏡頭中劉歡借助枴杖，在北京鬧市區的路口緩慢而行。此後，劉歡罕見地缺席了一系列重要演出，無論是慈善義演還是音樂頒獎禮，都不見其蹤影。上海世博會開幕劉歡也沒有露面。唯獨在前不久「第十屆音樂風雲榜」頒獎典禮上，劉通過視頻向大家表示謝意，鏡頭中的劉歡身形異常消瘦。

後來大陸媒體報導，2009 年劉歡因患股骨頭壞死而悄悄遠赴美國手術，後回國休養。這期間劉歡可謂飽受折磨，體形暴瘦，頭髮也白了大半。股骨頭壞死是一種慢性疾病，屬於骨科中的慢性疑難病症。

李寧遭洗倉損失 35 億

2010 年 12 月，李寧股票遭洗倉，市值一天蒸發 35 億元的消息吸引了大量大陸網友的眼球，而上一次李寧成熱點是他在奧運上點燃主火炬。

2008 年 8 月 8 日晚，已入不惑之年的原體操名將李寧，在北京「鳥巢」上空演「飛人」點燃奧運主火炬。2008 年 10 月份，《華爾街日報》以《李寧跌回地球前景令人頗感不安》透露，李寧點燃奧火兩天之後，2008 年 8 月 11 日，也就是奧運開幕式後的第一個交易日以來，市值 18 億美元的香港上市公司李寧有限公司股票蒸發了三分之一。

奧運會之前，李寧公司的基本面看起來良好：截至 6 月份的上半年該公司淨利潤較 2007 年同期增長了 68％，不過奧運會之後，該公司的前景看起來卻令人頗感不安。李寧公司的首席財務長 9 月辭職，據說各分銷商的產品庫存也堆積如山，而且，投資者也越來越懷疑李寧公司是否能將正面宣傳轉化為國內的強勁增長或海外業務的擴張。

2010 年 12 月 25 日聖誕節這天，港媒報導，產品銷售危機，券商齊聲唱淡李寧前景。面對銷售預測欠佳，李寧體育用品公司股票遭基金洗倉，股價暴瀉近 16％，創 2004 年上市以來最大單日跌幅，市值一天蒸發逾 35 億元。

在隨後幾年裡，李寧公司一直處於虧損狀態，2013 年李寧全年虧損近 4 億元人民幣，2014 年上半年虧損就達到 5.86 億元。

姚明傷病史怵目驚心

新華網公布的 2010 福布斯中國名人榜中，姚明連續 7 年占據體育收入排名第一位。但是，從姚明傷病史中，人們可以感到姚明內心真實的痛苦。那些反應出姚明因傷痛而無望的照片表情中，再也找不到他在北京奧運開幕式上被北京官方指定為舉旗隊長時那個興沖沖的神色了。

2002 年 10 月 20 日姚明到了美國休士頓火箭隊，當時正在訪美的江澤民其行程於 23 日也到達了休斯頓。剛加盟火箭籃球隊幾天的姚明參加了江澤民 10 月 24 日在德州農工大學老布希圖書館的演講會，並與江有個互動。但從此以後，姚明的厄運就開始了。

自 2003 年起，姚明拖著傷病之軀時斷時續地參加比賽，而 2008 年 2 月 27 日的左腳應力性骨折，讓姚明真正站在了運動生涯的十字路口。當時儘管姚明成功施行了手術，但是主刀醫生克蘭頓建議姚明放棄參加當年的北京奧運會，而應該讓腳傷徹底康復，不致因健康問題影響未來的職業生命。

姚明沒有遵從醫囑，而在北京當局的忽悠聲中，拖著傷愈不久的左腳參加了北京奧運會，排名第八的成績只圓了姚明一個「雞肋」式的奧運夢。奧運過後等待姚明的又是一連串的傷病，最嚴重的當屬 2009 年 5 月 9 日左腳腳踝骨裂，為此姚明不得不休戰整整一年！

2010 年 12 月 17 日，姚明再次被確診左腳腳踝應力性骨折，2011 年 7 月 20 日，姚明不得不正式宣布退役，時年 31 歲。

幫中共站台遭厄運的原因

最近幾年人們發現，很多主動為中共惡行站台吆喝、利用自己的名氣幫中共粉飾太平、欺騙民眾、為中共惡行捧場的急先鋒們，相繼遭受厄運，噩夢不斷，有的還因此喪失了性命。從閱讀《大紀元》網站「為中共站台的名人連遭厄運」的系列報導中，人們深感這件事的嚴肅。

早在 2004 年底《大紀元》編輯部就推出了系列社論《九評共產黨》，在人類歷史上第一次準確無誤的剖析了為禍人間百年之久的共產幽靈的本質。鄭重聲明中指出：「廣大的中國民眾：共產黨的末日就要到了。但是這個邪惡的黨（魔教）在歷史上卻對眾生、對神佛犯下了滔天大罪，神一定要清算這個惡魔。如果有一天，神指使人類的誰對共產黨清算時，也一定不會放過那些所謂堅定的邪惡黨徒。」社論還勸告那些「曾被邪惡打上獸的印記的人，請抓住這稍縱即逝的良機！」時至 2014 年 10 月，已有 1 億 8000 萬人在《大紀元》退黨網站上聲明退出中共黨、共青團和少先隊。

面對「退黨保平安」的警示，也有人當作耳邊風，繼續主動為中共賣命，其中不乏表面上不關心政治，實際在為中共的愚民政策吆喝捧場的社會名流。他們自認為高潔，沒在中共官場混個一官半職，不過他們無意中充當了中共的幫凶和助手。

為暴政喝采 就是中共的政治幫凶

比如說北京奧運會，這本是中共壓榨百姓錢財，用來給其不合法政權塗脂抹粉、撈取民眾認可的騙子行徑，是類似於1936年德國納粹黨黨魁希特勒策劃的柏林奧運會那樣掩蓋人權迫害的罪惡鬧劇，為這樣血腥的「盛世慶典」歡歌捧場的人，無論他私下說了什麼，客觀上他是用自己的名氣幫中共吆喝，為中共騙取更多的人氣，他實際上充當了中共的幫凶。

從這個角度看，那些所謂不搞政治的社會名流們，只要他們為中共的暴政喝采，比如每年的春晚，那些顛倒黑白，粉飾太平的虛假節目，其實質就是在為暴行歌功頌德，這些名人的毒害性，有時比中共黨委書記的說教還更具欺騙性。客觀上這些名流都積極參與了政治，都成了中共的政治幫凶和政治說客。

隨手翻翻近年來突然暴病死亡或連遭厄運的名人，無論是中央電視台第一播音員羅京，還是主要製片人陳虻，無論是小品演員高秀敏，還是相聲演員侯耀文，無論是奧運舞蹈明星劉巖，還是奧運飛人李寧，無論從劉翔，還是到姚明⋯⋯給中共站台的名人屢遭厄運。這樣的例子太多了，從新聞界到演藝界，從體育界到教育界，從政界到商界，從外交到軍事，每個行業都有這樣的人，不過，有人只把這些厄運歸咎於偶然，全然忘記了「退黨才能保平安」的忠告。其實仔細探討下，不難看出背後的必然原因。

為中共站台是幹大惡事

在個人人品上，有些名人自認為比起中共官員的吃喝嫖賭、坑蒙拐騙，自己還算個好人，沒幹什麼大壞事，其實，這是沒有分清什麼是人間最大的惡。中國人歷來講敬天敬神，把那些謗天謗神的人看成是十惡不赦中的最惡。就好比父母養育了孩子，而孩子反過來屠殺父母，神創造了人，而人反過來誹謗造就他生命的神。這樣的忘本惡行是最不可寬恕的。而中共就是這樣一個反天、反地、反人類的邪惡，光它用的各種政治運動就害死了 8000 萬中國同胞，它用馬列邪教毒害毀滅了數億人的精神家園，讓中國人在信仰上無家可歸。

這樣的大惡在邪惡大環境下很不易察覺，就好比二戰時的納粹戰犯。在希特勒執政時，在日本東條英機時期，他們執行命令屠殺猶太人、屠殺中國人，或利用自己的才能為納粹軍國主義歌功頌德，表面上他是個優秀軍人或傑出藝術家，但實質上他在幹著魔鬼想幹的事，他的那些「傑出成就」只能成為他的罪過。在錯誤的大方向上走得越快越遠，其犯下的罪行也就越深重。同樣道理，今天這些華裔名人在中共虛假的盛世聯歡中，主動扮演了協從和幫凶的作用，其結局自然跟其主子一樣，遺臭萬年了。

為什麼他沒遭厄運呢？

二百年前，世界各地的人們都相信善惡有報是天理，這個天理並不因為人們走入了現代化社會或無神論，而改變其運行規則。也就是說，不相信善惡有報的人，依然在業力輪報的天理之下。按照佛家的說法，每個人的每一天生活，都是因為以前的因果報應而決定的，每天到處都在進行著善惡有報的天理運行。不光只有名人才面對因果輪報。只不過那些芸芸眾生的報應生活，大眾媒體無從得知而已。比如很多中共基層惡人遭厄運的事，數不勝數，無人報導。

也有人問，那些中共惡徒比文藝界的名人們更投身中共，他們為什麼沒遭報應呢？其實他們遭報應的比例更大，範圍更廣，程度更慘烈。中國有句古訓：「天網恢恢，疏而不漏，不是不報，時候未到。」報應的顯現是有時間定數的。比如兩個工廠同樣經營不好，都走在破產滅亡的路上，誰先破產，就取決於誰的資金實力最弱。就跟人得病一樣，由於人身體素質不同、對同一病毒的抵抗能力不同，其得病的症狀就有所不同。不過天理是一視同仁、一律平等的。那些幹了壞事還沒有遭報應的，只是他的福分還沒有耗盡，或清算他的時刻還沒到而已。老天爺是慈悲的，總希望再給人一次機會來挽救自己。假如他繼續助紂為虐，那等待他的必然是更加嚴峻的後果。

這也許是最後一次警鐘長鳴了。坐在一列即將衝下懸崖的火車上，唯一自救的辦法就是跳出車廂，如今的中共就是一輛即將墜毀的火車，誰還在這件大事上糊塗，誰就會厄運連連，直到悔之晚矣。

第三節

賣拐與賣命　誹佛遭惡報

因《賣拐》而成名的何慶魁 2005 年
8 月災難連降。（大紀元合成圖）

高秀敏之死與何慶魁喪子

因為炮製小品《賣拐》在春節晚會一舉獲獎成名的何慶魁
2005 年 8 月災難連降，先是 8 月 8 日兒子在廣州因車禍而死，而
後 8 月 18 日與其姘居的大陸小品演員高秀敏因突發心臟病死於
長春家中，年僅 46 歲。緊接著，何慶魁又因為參與非法集資騙局，
被曝光後因需歸還贓款導致傾家蕩產。人們不禁疑問，為何慶魁
招來如此人間慘劇？

接連慘劇不期而至

中國日報網環球在線消息稱，據知情人透露，高秀敏是死於
吸毒過量，其姘夫何慶魁也同樣是癮君子，還因此遭到過公安局

的抓捕。高秀敏於 8 月 17 日從外地返回家中後，吸食了過量的毒品，結果送了性命。當時，與高秀敏以夫妻相稱的何慶魁以各種理由不讓長春市公安局做屍檢，就是怕高秀敏吸毒的情況被曝光。

高秀敏死後不到一個月，何慶魁被毒販子供出，遭到了長春市公安局禁毒支隊的抓獲。由於何慶魁與時任吉林省常委的某人關係不錯，出面到長春市公安局講情，何才免於強制戒毒，何在公安局被關了近 6 個小時。高秀敏和何慶魁所有案底都在公安局保留。高秀敏死後人們才發現，原來她和何慶魁並不是夫妻關係，因為何慶魁和前妻根本就沒離婚，高何二人只能算是姘居。而且高何二人吸毒的事，大陸文藝界很多人都知道。

而在十天前（8 月 8 日），一直在南方做生意的何慶魁大兒子在廣東遇車禍身亡。連續厄運，讓此前因著作權問題吃官司的何慶魁更是雪上加霜，痛不欲生。何慶魁說：「兒子是天，高秀敏是我心中的大樹，就在這不到十天裡，我是先塌天，後拔樹，老天為什麼要讓我們遭受這樣的災難呀！」

何慶魁的災難並未結束，2008 年 10 月 27 日，因參與內蒙古非法集資案「萬畝大造林」騙局，作為形象代言人的何慶魁被曝光涉嫌非法獲利 488 萬元，據說其後來傾家蕩產才歸還了 200 萬元，餘款仍需繼續歸還。「現在，我的房子、車都賣了，可以算是傾家蕩產，還了 200 萬吧。剩下的錢，我會寫劇本，賺了再慢慢還。對此，我不爭辯什麼。」「萬畝大造林」的宣傳費高達 5300 餘萬元，而除他以外，並沒有人被要求退還相關款項。

失子、喪伴、被指非法獲利 488 萬元，面目憔悴的何慶魁曾多次傳出進醫院輸液的消息，現在他生活中最好的伴侶是烏龜。

何慶魁的不幸的確令人深思。古今中外大多數人都知道這麼一句話「善惡有報是天理」。何慶魁現世遭受的痛苦是結果，得到這樣的惡果必有惡因。那麼這個惡因是如何種下的呢？

如何招致惡果

人們一定不會忘記，2001 年過年前的「大年三十」下午，江澤民、羅幹邪惡集團在北京天安門廣場導演了一場震驚中外火燒活人的所謂「法輪功自焚」事件，以此栽贓陷害法輪功，幾個小時之後的「央視」除夕晚會上，一台含沙射影誹謗、醜化法輪功的小品《賣拐》出台，「自焚」偽案與「賣拐」醜劇上下配合，極盡能事的對法輪功修煉者進行誣蔑和誹謗，使無數善良的百姓受到毒害。

吉林省是洪傳世界的法輪大法的發祥地，李洪志先生首先從長春開始傳出的法輪功，而後被弘揚至世界各地的一百多個國家，這本應是吉林人的自豪和驕傲，法輪功的好處吉林人民也最清楚。作為吉林人的何慶魁對此應該不會不知道，然而他放著正義的故事不去歌頌，放著貪污腐敗的邪惡不去揭露，卻要昧著良心把矛頭對準按「真、善、忍」要求自己、「打不還手、罵不還口」的上億善良民眾。

何慶魁等人在《賣拐》的基礎上又推出了《賣車》、《賣擔架》等系列醜劇，含沙射影、指桑罵槐、落井下石，惡毒攻擊、誣蔑已早已廣傳世界、深受各國人們歡迎的法輪大法，何慶魁及姘頭高秀敏和趙本山因此成了中宣部及央視的大紅人。

現代社會由於資訊的發達，一個人在文藝領域所作的惡言惡行通過媒介的廣泛傳播，其流毒擴散面之廣、影響力之大、毒害群眾之深，即使是始作俑者恐怕也始料不及。

趙本山捲入薄熙來案被查

《賣拐》另一主角趙本山，在其系列小品中毒害民眾「殺人不用刀」，這幾年厄運連連，並被曝捲入薄熙來、周永康的政變陰謀。（Getty Images）

作為《賣拐》另一主角的趙本山，在《賣拐》及系列小品中「殺人不用刀」，潛移默化毒害民眾，這幾年也是厄運連連，特別是趙本山捲入薄熙來、周永康的政變陰謀，很可能會遭到類似的懲罰。早在 2012 年趙本山的各類醜聞就開始被官方媒體拋出，從那年以來，趙本山已經連續三年沒有在央視的春晚上露面了。

早在 2012 年 4 月，薄熙來下台後，很多人也被查處，惡俗小品演員趙本山即是一例。王立軍投美領館案發後，多方消息稱，趙本山和薄熙來、王立軍走得太近，趙和王都屬「鐵嶺幫」，跟鐵嶺市原副市長、市公安局長谷鳳杰案都有千絲萬縷的聯繫。當時中紀委已在調查王立軍，於是中南海高層下令把趙本山阻擋在春晚之外。趙沒上春晚絕對不是身體原因。

趙本山跟王立軍關係也很緊密，據鐵嶺一位副市長講，兩人私交不錯，趙在春晚上很多段子都是從王立軍那聽到的。

薄熙來、趙本山早就因為「蟻力神」重大非法集資騙案牽連到一起。2007 年 11 月，「蟻力神」非法集資大案曝光。數萬名受騙的「螞蟻養殖」投資者包圍了「蟻力神」總部追討款項，還包圍了遼寧省委省政府。據稱此事涉及 113 萬養殖戶，被騙金額上百億。而趙正是「蟻力神」的最重要代言人，薄熙來則是「蟻力神」的幕後靠山。

薄熙來任遼寧省長和商務部長期間，蟻力神公司不但頂住了來自北京的調查，還得到了罕見的直銷牌照。正是薄熙來的官商勾結導致了這起巨額欺詐案的發生。

另外，「萬畝大造林」非法集資的陳相貴也是藉助趙本山的名氣，忽悠了成千上萬的百姓，致使大批投資者上當。但這些騙局曝光後，趙本山安然無恙，東北百姓都非常氣憤。

有民眾揭露說，2011 年 2 月，趙本山攜小瀋陽悄悄買入某礦業，裡面有貪腐內幕。人們質疑說：趙本山是一個藝人，怎麼能有這麼多錢？原來瀋陽市中心價值七億的地，被趙本山搞權錢交易，用 8000 萬就買了，趙非法獲利 6 億，騙東北人養螞蟻又賺了 2 億，開劉老根大舞台炮房二人轉連鎖店又賺了幾億。民眾強烈要求調查趙本山，開展打黑運動。

趙本山也知道自己賺的是黑心錢，隨時有被查處的可能。2011 年就有消息傳他全家已經辦好去加拿大的移民，也有說他們還辦了去新加坡的投資移民。

2014 年 6 月，薄熙來的黨羽趙本山的醜聞持續被揭，很多媒體再次炒作趙本山是坐擁巨額財富的富豪，不僅擁有眾多豪宅、豪車等，還擁有造價約 3000 萬美元的私人飛機，指其資產嚇死人。

鳳凰網等網站再次曝光趙本山從普通農民變成坐擁巨額財富

的富豪的過程。文章稱，出名後的趙本山富得自己都不知道有多少錢，花錢從來不用算計。其不僅擁有眾多豪車、豪宅，私人飛機，生活極其奢靡。此外，2009 年，趙本山花 55 萬高額學費進長江商學院 CEO 班。文章指，趙本山的資產「嚇死人」。

2013 年，大陸媒體曝光了趙本山及其女兒生活皆奢靡，之後又曝出趙本山之子將接手其 30 億的產業。

媒體此次再曝光趙本山資產驚人，引發不少民眾跟帖發表評論：「滿身銅臭氣、黑社會的味道！」「就這麼個蹩腳貨居然能忽悠這麼多錢，應該查查他的稅收情況。」

作家、媒體人魯國平指趙本山抹黑了東北：他只是以小混混般狡點和裝瘋賣傻的營銷方式，在賺得廉價嬉笑後將腳丫泥包裝出售而已。朦昧、愚鈍、算計、討巧並不是什麼東北原生態，東北文化中蒼涼、粗獷、包容、時尚盡被他以撓笑的手段抹黑。

有消息說，趙本山幹出這麼多違法之事，深度介入薄熙來政變，一旦哪天形勢需要，掌權者就會拿他開刀，趙本山面臨的不是上不上春晚的事，而是保不保命的事了。

江澤民失勢　宋祖英出事

第十一章

馬克思是撒旦魔徒

被「馬克思主義者」奉為神明的馬克思，早年曾經是基督徒，後來加入魔鬼撒旦教，並承認與撒旦簽了契約。其後馬克思大行魔鬼所為之事：詛咒全人類下地獄，包括工人和那些為共產主義而戰的人。「馬克思主義」正是在其加入魔教後誕生。社會主義只是引誘無產階級和知識分子去實現撒旦理想的圈套而已。

馬克思先前的女傭海倫說，馬克思病重時，會獨自在房間裡，頭上纏著帶子，面對著一排蠟燭祈禱。（Getty Images）

第一節

卡爾‧馬克思的成魔之路

話劇《浮士德》中的惡魔梅斐斯德（右）。馬克思喜歡複述梅斐斯德的話：「一切存在都應該被毀滅。」（Getty Images）

　　本書前面提及的江澤民的元神來源、另外空間等等，或許有人說：「我不信這些，我是無神論，我只信馬列。」或說：「我也不信馬列，我什麼都不信。」言外之意，他不相信這世界有鬼神。

　　宗教是個很複雜的問題，目前人類科技只是很膚淺的一點點，拿宇宙物質來說，90％是暗物質，人們根本無法檢測，就拿人的大腦來說，再聰明的人他也只用了他大腦10％的腦力，其他90％還沒開發利用起來，也就是說，人們目前的認識是極淺極低的，我們絕不能被現有知識的框框所束縛。

　　中國人說信馬列唯物主義，殊不知，馬克思本人卻是名虔誠的宗教信徒。他早年信基督教，後來信撒旦教。撒旦教是一種在歐洲祕密散播多年的一種魔教，其宗旨就是害人。

　　美國人塞爾吉斯‧瑞斯（Sergius Riis）將軍，馬克思（Karl Marx）的崇拜者，在馬克思死後專程去倫敦拜訪馬克思故居，馬克思家人都已經搬走，唯一能見到的是馬克思先前的女傭海倫，她說出的事實令他很吃驚：「他是一個敬畏神的人。當他病重時，他獨自在房間裡，頭上纏著帶子，面對著一排蠟燭祈禱。」這位美國將軍困惑了：卡爾・馬克思向誰祈禱？哪來的這種怪模怪樣的宗教儀式？

本段話譯自李查・溫布蘭（Von Richard Wurmbrand）所著，由 Living Sacrifice 圖書公司於 1986 年出版的《馬克思與撒旦》（Marx and Satan）一書。本文還參考了「馬克思主義者網站」（www.marxists.org）裡面有關《馬克思的邪教——其來源於撒旦》（The Cult of Marx - its origin in Satanism）、《馬克思是撒旦教徒嗎？》（Was Marx a Satanist?）等文章。

早年是基督徒

馬克思在早年是基督徒，他在一部有名的作品《基督徒們依據約翰福音 15：1-14 而合一：合一的意義、必要性及其影響》中寫道：「與基督的合一，既在和他緊密而鮮活的友誼之中，又在這樣的事實當中：他總是在我們眼前和我們心裡。」

亨利・馬克思大律師對他天賦很高的愛子卡爾・馬克思寄予很高的期望。霍爾（Rolv Heuer）在《天才與富翁》一書中說：「亨利・馬克思大律師給卡爾・馬克思每年 700 銀元，作為上大學時的零花錢，而當時很少有人年收入超過 300 銀元。」這種貴族大學生難以基督教義去苦行。雨果在《悲慘世界》中就描寫過這類在大學深造時尋歡作樂的大學生，那些人比馬克思的財力要差得多。

　　馬克思奢縱的大學生活，使他對一切正教中的禁戒感到束縛，渴求個性徹底解放，而歐洲祕密流傳的撒旦教適應了這種渴求。馬克思揮霍金錢於享樂，導致與父母無盡的衝突，親情幻滅，精神空虛，使他陷入了撒旦教會祕密組織的羅網。

靈異之事後加入魔教

　　不久一件非常靈異之事發生了。馬克思在其大學時代寫的一個劇本中，有著答案。這個劇本叫《奧蘭尼姆》（Oulanem）。

　　撒旦教有一種祭儀叫「黑色聚會」。在此儀式中，撒旦教祭師於午夜時進行念誦。黑色蠟燭被顛倒放置於燭台上，祭師反穿著長袍，照著祈禱書念誦，但念誦順序是完全顛倒的，包括神、耶穌、瑪利亞的聖名，都倒過來念。一個十字架被顛倒放置或被踩在腳下，一件從教堂偷來的聖器被刻上撒旦之名，用於仿冒的交流。在這「黑色聚會」中，一部《聖經》會被焚毀。所有在場者發誓要犯天主教教義中的七宗罪，並永不做好事。然後，他們進行縱慾狂歡。

　　奧蘭尼姆（Oulanem）就是將聖名以馬內利（Emmanuel）調亂來寫。以馬內利是耶穌在《聖經》裡的一個名字，其希伯來文意思是「神與我們同在」。黑魔法認為這種顛倒之法是有效的。在《奧蘭尼姆》裡面的《演奏者》一詩中，馬克思有段奇異的自白：

　　「地獄之氣升起並充滿我的頭腦，

　　直到我發瘋、我的心完全變化。

　　看見這把劍了嗎？

　　黑暗之王把它賣給了我，

牠為我抽打時間，並給我印記，

我的死亡之舞跳得更加大膽了。」

這個版本更清楚地顯示，馬克思承認他與撒旦簽了契約。

這些字句有特殊含義：在撒旦教的晉階祭儀中，一柄施了巫術、能確保成功的劍，會被賣給晉階者。而晉階者付出的代價，就是用他血管裡的血在惡魔契約上簽字，於是，在他死後，他的靈魂將屬於撒旦。

馬克思主義者弗蘭茲・梅林（Franz Mehring）在《卡爾・馬克思》一書中說到：「亨利・馬克思不曾想到，他留給卡爾的豐厚遺產會有助於實現他所害怕的事，但他似乎隱隱地覺察到他心愛的兒子被魔鬼轉化。」

1837 年 3 月 2 日馬克思的父親來信，對他說：「我曾經盼望有朝一日你會大名鼎鼎，獲得世俗的成功，但這並非我心中唯一的期望。這些曾是我長期的幻想，但現在我可以明確告訴你，它們的實現並不能使我快樂。只有你的心保持純潔、富有人性地跳動，不讓魔鬼轉化你的心，只有這樣，才能使我快樂。」

卡爾・馬克思終於在大學加入了喬安娜・紹斯寇特（Joanna Southcott）主持的撒旦教會，成為信徒。1837 年 11 月 10 日他給他父親回信說：「一層外殼脫落了，我的眾聖之聖被迫離開，新的靈必須來進駐。一個真正的狂暴占有了我，我無法讓這暴虐的鬼靈寧靜。」

撒旦的代理人 要毀滅全人類

下面再引用《奧蘭尼姆》劇本中的文字：

「我年輕的雙臂已充滿力量，

將以暴烈之勢，

握住並抓碎你——人類。

黑暗中，無底地獄的裂口對你我同時張開，

你將墮入去，我將大笑著尾隨，

並在你耳邊低語：『下來陪我吧，朋友！』」

馬克思在高校所學的《聖經》中說，魔鬼被一位天使投入無底地獄之中（《聖經·啟示錄》20：3）。這無底地獄是預備給魔鬼和墮落天使的，馬克思卻想將全人類投入這地獄之中。從這個年輕人之言，我們有理由這樣構想：他夢想人類會墮入無底地獄，而他自己，則會大笑著尾隨那些被無神論誘騙的人們。除了撒旦教會的晉階祭儀之外，世上沒有任何地方會有這種理念。

奧蘭尼姆死時，馬克思寫道：「毀滅，毀滅。我的時候已到。時鐘停止了，那微小的建築倒塌了。很快我將緊抱永恆，並伴隨著一聲狂野的嘶吼，說出對全人類的詛咒。」

馬克思寫作《奧蘭尼姆》時，這位年輕的才子僅18歲。此時，他為自己一生定下的計畫已非常清晰。他沒有幻想要為人類、無產階級、或社會主義服務，他想做魔鬼做的事：詛咒全人類下地獄。他想毀滅這個世界，以世界的震盪、劇痛、動亂為基礎，建立起他的王座。

馬克思喜歡複述哥德的《浮士德》（The Fused）中惡魔梅斐斯德（Mephistopheles）的話：「一切存在都應該被毀滅。」一切——包括工人和那些為共產主義而戰的人。馬克思喜歡引用這話，而斯大林則忠實執行之，甚至連他自己的家庭都毀掉了。

我們開始明白青年馬克思身上發生什麼了。他曾經有基督教的理想，但並沒有付諸實踐。他與其父的通信證明，他花費了大量金錢用於娛樂，並因此導致他與父母之間無盡的矛盾衝突。在這種情況下，他可能已陷入一個祕密撒旦教組織的羅網，並經歷了獻祭儀式。撒旦能在其教徒縱慾狂歡的迷幻中顯現，並能通過他們的嘴說話。當馬克思宣稱：「我要向上帝復仇」時，他顯然就是撒旦的代言人。

社會主義只是撒旦的圈套

馬克思完成《奧蘭尼姆》和其他早期詩作時（在詩中馬克思自己承認與魔鬼簽了契約），他不僅沒有社會主義理念，甚至還激烈反對之。那時他是德語《萊因報》（Rheinische Zeitung）的主編，這份媒體「絕不容忍哪怕是純理論的當前形式的共產主義，何況讓它實踐？這無論如何都是不可能的……」

但在此之後，馬克思遇見了摩西・赫斯（Moses Hess），此人在馬克思一生中扮演了最重要的角色，正是他把馬克思導向了社會主義理念。在給 B. Auerbasch 的一封信（1841）中，赫斯稱馬克思是「最偉大的，更可能是唯一的，當代哲學家馬克思博士非常年輕（最多 24 歲），他將給予宗教和哲學終極打擊。」可見，其首要目標是打擊宗教，而不是實現社會主義。實際上，馬克思憎恨所有神明，而且不堪聽聞上帝。社會主義只是引誘無產階級和知識分子去實現撒旦理想的圈套而已。

馬克思那時的另一個朋友喬治・戎（Georg Jung）於 1841 年更清楚地寫道，馬克思必將把神趕出天堂，而且還要控訴祂。最後，馬克思乾脆否認造物主的存在。如果造物主不存在，那就沒人給我們誡律，我們也無須為任何人負責了。馬克思的宣言「共產主義者絕不宣揚道德」確認了這一點。

在馬克思的年代，男人通常會留鬍子，但式樣與馬克思不同，而且不會留長髮。馬克思的外形風格是喬安娜‧紹斯寇特的信徒的特徵。喬安娜‧紹斯寇特是一個撒旦教組織的女祭師，她自稱能與惡魔希羅（Shiloh）通靈。她死於 1814 年，60 年後，一個叫詹姆士‧懷特（James White）的戰士，發展了喬安娜的教義，使之帶有共產主義的味道。

馬克思較少公開談論形而上之事，但我們可以從他交往的人群中，收集關於他觀點的資訊。馬克思和俄國無政府主義者巴庫寧（Mikhail Bakunin）一起建立了「第一國際」。巴庫寧寫道：

「那邪惡之尊，就是撒旦對神的反叛，在此反叛中，人類的解放遍地開花，這就是革命。社會主義者標識自己身分的用語是：『以那位被錯誤對待的尊者的名義。』撒旦，永恆的反叛者，是第一個自由思想家和救世主，它使人因其卑劣的無知和順從而羞恥；撒旦解放了人，在人的額頭上蓋上解放和人性的印記，使人反叛並吃了知識之果。」

巴庫寧不僅讚頌路斯弗，他還有具體的革命計畫，不過，這計畫並不會解救被剝削的窮人。他寫道：「在這革命中，我們必須喚醒人們心中的魔鬼，以激起他們最卑鄙的激情。我們的使命是摧毀，而不是教誨。毀滅的慾望就是創造性的慾望。」

密友都是撒旦教徒

蒲魯東（Proudhon），另一名主要的社會主義思想家，同時也是馬克思的朋友，同樣崇拜撒旦。蒲魯東的髮型和鬍子樣式與馬克思相似，蒲魯東同樣寫了一些褻瀆神明和召喚撒旦的作品。

德國著名詩人亨利希·海涅（Heinrich Heine）是馬克思的又一位親密朋友。此人也是一名撒旦崇拜者。他寫道：「我呼喚魔鬼，於是它就來了，帶著驚奇，我細察它的面孔；牠不醜，也不殘缺，牠是個可愛、迷人的男子。」「馬克思對亨利希·海涅大為崇拜……他們的關係溫暖而真誠。」馬克思為何崇拜海涅？也許因為他的如下撒旦教思想吧：

「我有一個願望……我門前有一些美麗的樹，若親愛的神想讓我全然快樂，祂應賜給我這樣的欣喜：讓我看到我的六七個敵人被吊死在這些樹上。懷著慈憫之心，在他們死後，我將寬恕他們對我做過的錯事。是的，我們必須寬恕我們的敵人，但並非在他們被吊死之前。」

一個正直的人，會和有這種想法的人成為密友嗎？但馬克思周圍都是這樣的人。Lunatcharski，一位曾任蘇聯教育部長的哲學家，在《社會主義與信仰》中寫道：馬克思拋棄了與神有關的一切，並把撒旦放到了行進中的無產階級隊伍之前。

想與造物主平起平坐

馬克思最喜愛的女兒艾蓮諾（Eleanor），在馬克思的同意下，嫁給了愛德華（Edward Eveling）。此人曾作《神的壞》之類主題的演講。這正是撒旦教徒所做的事。與無神論者不同，他們不否認神的存在。除了欺騙別人，他們自知神是存在的，只是把神說成壞的。以下詩句道出了他嚮往撒旦的心態：

「向您，我斗膽獻上這詩，

啊，撒旦，將要升座的盛宴之王！

啊，牧師，我遠離你的灑水、你的嘮叨，

因為啊，牧師，撒旦永不在你之後。

如展翼的旋風，

牠掠過民眾，啊，偉大的撒旦！

歡呼吧，為了這偉大的辯護者！

燃香、發誓、向您獻祭，

您把牧師的神扯下了王座！」

另一線索在馬克思的兒子艾德格（Edgar）於 1854 年 3 月 21 日寫給馬克思的信中。此信開頭就是驚人的一句「我親愛的魔鬼」。一個兒子怎能用如此荒謬的方式稱呼自己父親？不過，撒旦教徒對他們所愛的人都是這樣稱呼的。難道連他兒子也入教了？

另一重要事實是，馬克思之妻於 1844 年 8 月寫信給他道：「你最後的牧師信，高級牧師兼靈魂持有者，請將和平與安寧賜予你可憐的羊群。」在《共產主義宣言》中，馬克思清楚地表明他想要消滅所有宗教，但他的妻子卻稱他為高級牧師和主教，是哪個教的牧師和主教？為何要給這樣一名眾所周知的無神論者寫牧師信？那些信在何處？馬克思生命中的這個時期是尚未被探索的。

在《人之傲》（Human Pride）一詩中，馬克思承認，他的目標並不是改善、改組、或革新世界，而是要毀滅世界，並以此為樂：

「帶著輕蔑，我在世界的臉上，

到處投擲我的臂鎧，

並看著這侏儒般的龐然大物崩潰，

但它的倒塌仍不能熄滅我的激情。

那時，我要如神一般凱旋而行，

穿梭於這世界的廢墟中。

當我的話語獲得強大力量時，

我將感覺與造物主平起平坐。」

只有這些詩表現了馬克思的撒旦教思想嗎？我們不知道，因為馬克思的手稿守護者們，對馬克思的大量作品仍然保密。

在《革命者》一書中，卡繆（Albert Camus）說：「馬克思和恩格斯（Friedrich Engles）有 30 卷作品從未出版，其中表達的放肆理念，並不像眾所周知的馬克思主義。讀了這些，我讓我的祕書給莫斯科的馬克思學院寫信，以了解那位法國作家的話是不是真的。

我收到了回信。信中，馬克思學院的副主任 M. Mtchedlov 教授說，卡繆搞錯了。馬克思的作品共有 100 卷之多，其中只有 13 卷被公開印發。他為此找了一個荒謬的藉口：第二次世界大戰阻止了其餘各卷的出版發行。此信寫於 1980 年，即大戰結束 25 年之後，那時蘇聯的國家酒吧和漁房無疑都有很充足的資金。」

入魔後的混亂生活

所有活躍的撒旦教徒都有混亂的個人生活，馬克思也不例外。

阿諾德・康茲立（Arnold Kunzli）在《卡爾・馬克思心志》一書中寫道：馬克思的兩個女兒和一個女婿自殺了，另外三個孩子死於營養不良。馬克思的女兒羅拉（Laura）嫁給了一名社會主義者保羅·拉法格（Paul Lafargue），她埋葬了自己的三個親生骨肉，然後與丈夫一起自殺。另一個女兒艾蓮諾決定和她丈夫做同樣的事，她死了，而他丈夫愛德華卻在最後一刻退縮了。

馬克思和他的女傭海倫（Helen Demuth）有一個私生子，後來他把這孩子栽贓給恩格斯，恩格斯則接受了這一喜劇安排。馬克思酗酒嚴重——莫斯科的馬克思·恩格斯學院的 Riazanov 主任在《卡爾·馬克思，Mai，思想家和革命家》一書中承認了這一事實。

馬克思生命中還有更嚴重的污點。

1960 年 1 月 9 日，德國報紙《Reichsruf》報導了這一事實：奧地利總理羅勃（Raabe）曾將一封卡爾·馬克思的親筆書信送給蘇俄領導人尼基塔·赫魯曉夫。赫魯曉夫不喜歡這封信，因為它證實，馬克思曾是奧地利警方的一名領賞告密者，他在革命者隊伍裡當間諜。

這封信是在祕密檔案館中被偶然發現的。它指證，馬克思作為告密者，在他流亡倫敦期間告發他的同志們。每提供一條消息，馬克思獲得 25 元的獎賞。他的告密涉及流亡於倫敦、巴黎、瑞士的革命者。其中一個被告密的人叫 Ruge，他自認為是馬克思的親密朋友。兩人之間充滿熱忱的通信至今尚存。

馬克思從不覺得自己有義務養家，雖然以他對多種語言的掌握，他很容易做到這一點。相反，他靠向恩格斯乞討而活。據馬克思學院的資料，馬克思一生中，從恩格斯那裡獲得了大約六百萬法郎。

雖然如此，馬克思仍垂涎家族的遺產。當他的一位伯父在極度痛苦中時，馬克思寫道：「如果那條狗死了，就對我無礙了。」

對於比伯父更親的人，馬克思亦毫無慈心。甚至在談及其母時，也是如此。馬克思於 1863 年 12 月寫信給恩格斯道：「兩小時前我收到一封電報，說我母親死了。命運需要從家裡帶走一名成員。我已經一腳踏進墳墓，在很多情況下，我需要的不是一個老婦人，而是其他。我必須動身去 Trier 接收遺產。」

對於他母親的死，馬克思要說的就只有這些。另外，有充分證據表明，馬克思與其妻關係惡劣。她兩次離開了他，但後來又回去了。她死後，馬克思連她的葬禮都不參加。

一直需要經費的馬克思，在股票交易中損失了大量錢財。身為偉大的經濟學家，馬克思卻只懂怎麼去虧錢。

馬克思和恩格斯都是高級知識分子，然而，在他們的通信中，卻充滿了猥褻下流之語，這與他們的社會地位極不相稱。除了大量淫穢之辭，我們找不到這兩位「理想家」交流他們的人道主義和社會主義夢想的隻言片語。

三退才能改變「下來陪我」的命運

一位學自然科學的老先生，因為是共產黨員，調回老家四川，當了半輩子馬列主義教研組長，他向朋友推薦馬克思主義者網站 www.marxists.org 及《馬克思和撒旦》（Marx and Satan）一書。

老先生說：「嚇出一身冷汗！——原來加入的是魔教！」從網上拷貝下來，導致家族成員先後退黨、退團、退隊，投入了「三退」大潮。老先生勸朋友說：「要想不再作馬克思的『朋友』，不交黨費自動脫黨是不夠的，要改變『下來陪我』的命運，得真正去認識卡爾‧馬克思，徹底和撒旦決裂。」

　　有些中共老幹部似乎否定了馬克思，就丟了靈魂，把「死後去見馬克思」當作光榮，他們並不知道馬克思稱無產階級為「蠢蛋、惡棍及屁股」，把自己的作品稱為「屎」、「污穢之書」。

　　恩格斯在未與馬克思同流合污之前，在《The Magyar Struggle》一文中寫道：「馬克思，這個假裝為無產階級而戰的人，把這個階級的人稱為『蠢蛋、惡棍、屁股』。」莊子曰：「入鮑魚之肆，久而不聞其臭。」把這些撒旦之「糞，污穢之書」奉為經典，該是多麼深的迷信，多麼大的愚昧，多麼久的污染？！

　　全世界著名作家中，只有馬克思稱自己的作品為「屎」、「污穢之書」。他自覺、蓄意地將穢物給予他的讀者。怪不得他的某些信徒，比如羅馬尼亞和莫三比克共產黨，強迫囚犯們吃自己的屎尿。

第二節

中國人被西魔控制了

馬克思在其詩歌裡明確說出了，那些「死後要見馬克思」的共產黨徒們，他們都被打上了印記，今後都要到地獄「下來陪我」……（AFP）

馬克思的根本謬誤

無論共產黨人給馬克思加上多少美麗的桂冠，政治家、哲學家、經濟學家、革命理論家、革命導師等等，其最本質特徵就是一個反對上帝的撒旦教徒，他的所言所行都是圍繞這一主題展開的。

1847 年由於一項複印機專利糾紛，馬克思需要在仲裁人面前按著《聖經》發誓他說的是真話，誰知這樣一個法律程序卻大大的惹惱了他，他抗議說他永遠不會這樣侮辱自己。彼時的馬克思早已不再熱中於抨擊宗教，但從他竟然拒絕接觸《聖經》這一極端行為來看，他心裡對上帝的仇恨是何等的根深柢固，這也從另一側面說明，他的主要著作不過是為了讓人遠離上帝而設計的種種誘惑罷了。

2004 年出版的《九評共產黨》，對共產黨是人間最大邪教做了精闢的論述，馬克思主義作為邪教的思想原理，自然也是邪惡無比的。這裡我們只簡單探討一下其主要學說的荒謬性。

信奉馬克思的人缺乏才智

著名學者仲維光在《五四、馬克思主義及中國知識界問題》一文中表示，「一個人年輕的時候信奉馬克思主義是因為他有熱血，在三十歲的時候還信奉馬克思主義，則說明他缺乏才智。」文章以弗格林、波普為例，在經歷了初期的肯定到最後堅決否定的認識過程，他們的共同結論是：「馬克思是知識分子中的騙子。」

有趣的是，較早認識馬克思邪惡本質的人，卻是另外一個邪惡之徒：希特勒。楊豐在《希特勒與馬克思主義》一文中寫道，希特勒在《我的奮鬥》中稱馬克思主義是「精神的瘟疫」，是「由自私和仇恨構成」的一種「斷絕人性的毀滅性學說」。「馬克思主義否認人的個性價值，因此抽去了人性存在的基礎和文化精髓。從根本上看，這一學說將導致人類智慧所能構想的一切秩序統統崩潰，導致這個星球上的生命統統毀滅。」

希特勒還發現共產黨人利用無產階級專政來取代民主的妙處，他對馬克思主義的深刻洞悉並不說明他偉大，而是可見他超凡的狡黠和機智。他曾表示，他那個「謊言說一千遍就等於真理」的強盜邏輯，就是從共產黨人那學來的，把「獸性的殘忍和無法想像的謊言結合在一起」，「宣傳加暴力」，這跟中共所說的「筆桿子加槍桿子」一樣，都源於馬克思學說。

被扭曲的現實與不可能的未來

在講資本主義社會時，馬克思故意誇大人性惡的一面，認為「到目前為止的一切社會的歷史都是階級鬥爭的歷史」，不過這是違背事實的偽命題。數千年來人類不斷認識自然、認識自我、認識社會，人類以國家、民族、地區、團體、個人之間的競爭與合作，不斷的積累著物質和精神領域的文化與文明，相比之下，階級的區分並不明顯，與階級鬥爭相反的是，絕大多數時間裡，不同階層的組合構成了一個立體的和諧社會，人們在各種階層裡平靜的生活。

馬克思把人與人之間的關係扭曲成「人人為敵，你死我活」的階級對立，分割了人類的共通情誼和善良情感，把有別於動物的人性，分割成了比獸性還要獸性的對立，同時又在「解放全人類」的謊言下，誘發人性中自私陰暗殘暴的一面。人們把少量的暴力行為稱為恐怖活動，而馬克思卻把大規模的暴力行動美化成了革命，這種強盜邏輯無疑是人類思想的毒瘤。

在講共產主義未來時，馬克思又片面誇大人性美化的一面，強調人類理性的力量，認為人人都能大公無私的把勞動當成第一需要，整個社會資源能夠無限的增大，最後實現各盡所能，按需要分配。

不過這樣完美的仙境能在人間立足嗎？只有神才能做到這些吧。

如今中共依然奉行馬克思

　　這樣一個前後矛盾、建立在歪曲的現實和不可能的未來基礎上的假說，怎麼能夠成為「放諸四海而皆準」的真理呢？毫無疑問，這背後有著人類看不見的力量在推它，否則它是無法迷惑那麼多人的。

　　有人認為，馬克思提出的理論是好的，只是後來人錯誤的運用了它，就跟大陸老百姓過去常說的，中央的政策是好的，只是下面的人把經念歪了。其實這是種錯覺，共產主義從其根源和老祖宗那裡就錯了。

　　比如文化大革命，如今中共把罪過推到四人幫或某個人身上，好像只有偶爾一時的失誤，其實馬克思早就提出，共產黨人必須摧毀人類現有的一切制度，包括其文化傳統，「文革」只是按照馬克思的要求在進行而已。中共搞大躍進也是按照馬克思原教旨理論進行的。既然共產黨人能「推翻舊世界、創立新天地」，成為未來的「救世主」，那跑步進入共產主義社會又有什麼不可能的呢？自大狂從馬克思開始，一直是共產黨人的共性。

　　有人說現在中共早就拋棄馬克思了，這話其實是中共散布的煙幕彈。用鄧小平的話說，共產黨的核心問題從來都沒有動搖過，如果說中共有些變化，那只是把以前的謊言遮羞布拋棄得更多，更加赤裸裸地挑戰人類文明而已。

魔鬼還在控制誰？

　　四百多年前，法國著名預言家諾查丹瑪斯預言：「1999 年 7

月，為使安哥魯莫亞王復活，恐怖大王將從天而落，屆時前後瑪爾斯將統治天下，說是為讓人們獲得幸福生活。」如今人們都把「瑪爾斯」解讀為馬克思。目前西方資本主義國家搞的高稅收、高福利制度，跟社會主義一樣，都是馬克思那一套，只是不搞暴力革命而已。前幾年世界各國都在評選最著名的歷史人物，馬克思經常超過愛因斯坦而高居第一位，可見預言說的一點不錯。

相信有神 從基督徒到撒旦徒

儘管共產黨宣稱無神論，但馬克思從始至終是位虔誠的教徒。17 歲時他還是一名基督徒，那年高中畢業作文中，他寫道：「如果沒有對於上帝的信仰，沒有和基督的一致，人類無法具備真正完美的德行，和滿足對於真理與光明的追求。基督把自己比作葡萄籐，把人比作枝蔓，枝蔓靠本身的力量是不能結果實的。因此，基督說，離了我，你們就無所作為。」馬克思最後總結說：「只有上帝才能夠拯救我們。」（摘自《馬克思恩格斯全集》中文第一版，第 40 卷，第 819~828 頁）

遺憾的是，馬克思 18 歲上大學遭遇一件非常靈異的事之後，他變成了一位虔誠的撒旦教徒，這從他的自白詩歌、家人對他的稱呼（親愛的魔鬼、牧師）、他周圍的撒旦教朋友，他的髮型、祈禱方式，他同意的撒旦教女婿、他選擇的撒旦教徒墓地等，都充分說明了這點。從現有資料看，很可能在其縱慾狂歡的迷幻中，撒旦顯現出來了，並讓馬克思相信，他就是撒旦選定的人間代言人，他的使命就是在「幸福生活」的謊言召喚下，讓恐怖大王復活，讓人以「不信神」的藉口來「反對神」，從而墮入地獄。

魔鬼看中者的人格特徵

為什麼撒旦要選擇馬克思呢？被魔鬼選中的人往往具備哪些特徵呢？

馬克思（Karl Heinrich Marx）（1818 年 5 月 5 日 ~1883 年 3 月 14 日）出生在德國特里爾一個猶太律師家中。除極其聰明好學外，最大性格特徵就是狂妄自大、控制慾極強。無論小時候把姐妹們當做馬來「驅趕」，堅持讓她們吃自己做的髒兮兮的「蛋糕」，還是18歲之後《感受》中所說：「這萬千星球我要親手破壞，因為它們不是由我創造出來。」或《人之傲》一詩中說：「當我的話語獲得強大力量時，我將感覺與造物主平起平坐。」

的確，共產黨表面宣稱「從來也沒有什麼救世主」，但實質上他們掌控著人們從生到死的一切。從馬克思開始，共產分子大多是自大狂，他們以「解放全人類」的救世主自居，追求的往往是一種虛榮的道德地位，所謂獻身人類福利的人將獲得「人人敬仰」，不過相反的是，馬克思墓地今日遭受更多的卻是人們的唾棄。

一個控制慾強、自大、虛榮的人，必定也好鬥。馬克思對幸福的理解就是「鬥爭」。18 歲時他還在一次決鬥中左眼上方受了傷。這樣的人大多很自私，史料記載，1863 年 1 月初，當同居十年的女友因病去世，難以自拔的恩格斯本希望能從馬克思那得到點安慰，誰知馬克思在回信中只給了一句平淡的慰問，接著便開始大倒自己的苦水：肉商、麵包商即將停止賒帳給他，房租和孩子的學費又逼得他喘不過氣來，孩子上街沒有鞋子和衣服，「一句話，魔鬼找上門了……」此事讓恩格斯耿耿於懷很久。

　　馬克思的一生非常不得志。因為煽動暴力恐怖活動，他被很多國家驅逐，他沒有工作，只能靠人施捨過日子。這些被壓抑的痛苦經歷更是讓他狂妄自大的性格生出滿腔的仇恨和極度的反叛，他恨這個社會，恨整個人類，於是他的主要思想就是「用暴力推翻全部現存的社會制度」。

共產黨來源於黑幫組織：光照幫

　　據明慧網《挖出共產黨的根》系列文章披露，美國現任國會圖書館館長詹姆斯・畢靈頓（James H. Billington）通過系統研究發現，近代共產革命源自18世紀德國巴伐利亞的光照幫（Bavarian Order of the Illuminati）。

　　1776年5月1日，亞當・魏薩普（Adam Weishaupt）祕密成立了流氓黑幫：光照幫。他們認為人類的道德文明是人不能獲得幸福的束縛，要廢除這些「束縛」，就要推翻人類現有的一切價值倫理觀和正常社會秩序，建立一個由其獨裁的、沒有道德觀念的世界性政府，從而讓人類進入「幸福和繁榮的大家庭」。光照幫的會標是一隻披著羊皮的狼。後來光照幫演變成了共產主義同盟和共產黨。共產黨規定的「絕對服從組織，永不叛

光照幫的分支組織費邊社（Fabian Society，1884 年在英國成立）的會標：一隻披著羊皮的狼。（明慧網）

黨」之類的管理模式，都是沿襲了光照幫的黑幫性質。

1872 年德文版《共產黨宣言》前言中清楚表明，共產主義者同盟委託馬克思和恩格斯給該組織寫個宣言，於是馬克思在共產主義者同盟原有黨基礎上，整理出了《共產黨宣言》，馬克思自己稱之為「糞，污穢之書」。

被魔鬼控制的中國人

如何毀滅人類而又不被人覺察呢？馬克思們發現，利用人的貪婪、自私、狂妄的心理，最容易讓人遠離神，從而走上魔道。共產第一國際的創始人巴枯寧（Bakunin）和馬克思的觀點一樣，「在這革命中，我們必須喚醒人們心中的魔鬼，以激起他們最卑鄙的激情。我們的使命是摧毀，而不是教誨。」

無論哪個民族，傳統道德都教導人要善良、真誠、忍耐，而被撒旦魔鬼看中的，往往是馬克思那樣狂妄自大、叛逆、好勇鬥狠、仇視他人、名利心強、控制慾強的人，這樣的人如今在中國有很多。

玩過電腦遊戲的人都感覺自己很偉大，只要輕輕一按鍵鈕，就能合成出一個人，還能控制他為自己衝鋒陷陣，勇往直前。其實人間也一樣，在神的眼裡，人間的事只是神的一念安排。

無神論是不存在的，共產黨所說的無神論，只是不信正神、信魔鬼而已。人看不見樹根，但樹葉生命的變化都是因為根部引起，也好比一條線，人們只看見線的終端，而其根源卻在彼邊。

既然兩百年前撒旦選中了馬克思，那今天的人類又有誰被魔鬼選中了呢？馬克思在其詩歌裡明確說出了，那些「死後要見馬克思」的共產黨徒們，他們都被打上了印記，今後都要到地獄「下來陪我」。

心向神佛　就能擺脫魔鬼

歌德在《浮士德》裡勾畫了一個叫浮士德的占星師的故事，馬克思也精通占星術。魔鬼很嫉妒上帝擁有人類。一天它和上帝打賭。上帝認為，無論人怎麼墮落，最終還是心向上帝的，因為人是神造的，人的內心總有向善的一面。而魔鬼則表示，只要上帝不干涉，它就能引誘人墮落，並永遠與魔鬼為伍。

於是魔鬼來到人間，用各種辦法誘惑浮士德，浮士德也同意跟魔鬼賭博交易，他若能找到永恆的快樂，就把靈魂出賣給魔鬼。後來浮士德在幫助他人的善行中找到了永遠的快樂，魔鬼在人間的打賭贏了，但它輸掉了在天上跟上帝的賭局，因為浮士德最終還是以行善為樂、心向上帝，於是他的靈魂不是交給魔鬼，而是升到了天堂。

類似的故事在今日的神州大地到處呈現。深受馬列共產毒害的中國人，正在神佛網開一面的慈悲中，以聲明退出的方式，洗清印記，擺脫被強加的滅亡命運而迎來新生。我們有何理由拒絕心向神佛呢？誰不希冀一個光明的未來呢？

第三節

做中華兒女　不做馬列子孫

香港法輪功學員及支持團體 2014 年 10 月 1 日「中華國殤日」當天，舉行聲援 1.78 億中華兒女退黨集會及遊行。（大紀元）

中共官員常說，「我死後見馬克思時，如何如何」，的確，現在的中國人都成了馬列子孫，死後要見馬克思，而不是去見自己的老祖宗，中國人已經不是中華兒女，反倒成了馬列子孫。

馬克思主義被中共奉為圭臬，至今仍高調投入大量人力、財力，大規模研究馬克思主義理論。然而馬克思信仰的並不是共產主義，而是撒旦魔教，馬克思的理想就是幫助魔鬼撒旦挑戰正神，用共產主義的虛假理想把人們從正神那裡欺騙過來，不自覺的成為魔教的一員。在正神清算魔教時，那些跟著共產黨走的人就會成為魔教被打入地獄時的陪葬品，而在那之前，他們也被魔教偷取精血能量。

　　簡單的說，90 年來中共經歷了兩大階段。一是毛澤東時代，特別是十年「文革」，從精神文化層面徹底摧毀了中國五千年來敬天敬神的傳統文化，短短十年摧毀五千年文化，這麼怵目驚心的毀滅。中共殺人與誅心並用，不但八千萬人被迫害致死，剩下的十多億人也從精神層面上淪為了無神論的「宇宙孤兒」，成了沒有獨立思想和鮮活靈魂的人。

　　接下來是鄧小平時代的所謂「經濟改革，讓一部分人先富起來」。30 年來，中共以犧牲後代的生存環境為代價，從物質層面徹底摧毀了中國人賴以生存的這塊土地，如今絕大多數河流、土地和空氣，被污染得讓其中的生命要麼瀕臨滅絕，要麼就在癌症和各種疾病中苦苦掙扎。

　　今天中國大陸的現實就是：精神與文化被滅絕，物質與環境被破壞，中共走到了絕路盡頭，擁護中共的人也面臨陪葬之災了。

　　如今的大陸，良知學者「把毛澤東還原成人」的呼籲被「公訴」，知識分子獨立候選人被打壓、民主道路行不通，還有更多民眾從下跪到爆炸，以生命為代價，維護人性的尊嚴。目前大陸形勢是高壓與反抗日趨激烈，對峙雙方同時都在升級。

　　除了以暴易暴或麻木苟延之外，中國民眾還有一條和平光明之路可走嗎？2004 年 11 月 19 日，《九評共產黨》橫空出世，呼喚精神覺醒，為這盤死棋打開了一條生路。

　　《九評》第一次站在共產黨的文化體系——「黨文化」之外，揭露出共產黨的罪惡，同時也啟發人們反思在中共罪惡體制下我們每個人所扮演的角色，於是引發精神覺醒的人自動提出「退出共產黨一切邪惡組織」的三退大潮。三退包括退出共產黨、共青團和少先隊。在大陸，基本上每個人在小學畢業前都加入了「共產主義少年先鋒隊」，並宣誓「要為共產主義事業奮鬥終身」。這句被邪靈有意安排、而被人無意被迫說出的話，其實是把自己的一生出賣給了共產邪靈，成為加入黑幫的污點。

天滅中共「三退」日破 10 萬

2014 年 4 月，《大紀元》網站退黨平台，退黨、團、隊（三退）人數連日突破單日 10 萬的紀錄。這是從 2004 年 12 月 3 日開始，《大紀元》網退黨平台統計每日「三退」人數以來的最高人數。

該現象突顯了在當前中共分崩離析，民怨沸騰，執政內外交困的重重危機下，越來越多的中國民眾看清中共邪惡本質後，選擇拋棄中共的強烈民意。

全球退黨網站協調人蔣改新介紹，3 月 23 日，「三退」人數：10 萬 2864，首次突破 10 萬，3 月 30 日「三退」人數：10 萬 9238，再破以往的人數，3 月 31 日「三退」人數：10 萬 579 持續超過 10 萬。

2004 年 11 月 19 日，《大紀元》發表系列社論《九評共產黨》（簡稱《九評》），將中共這個「西來幽靈」從起家到現今，以歷史事實的角度，全面徹底剖析了其「假、惡、暴」以及反人類、反宇宙的邪惡本質。指出中共邪黨是目前中國社會一切苦難和罪惡的根源，徹底地打開了禁錮中國人幾十年的邪黨文化的思想枷鎖。

社論內容「以宏大的氣勢，冷靜、客觀、理性而銳利的筆鋒，全面揭示了中共統治的謎底、它的殘暴與虛偽，它對無數無辜同胞的摧殘迫害，以及對中國淵遠文化、傳統價值和道德體系帶來的空前災難。」

自 2004 年 12 月 3 日，《大紀元》收到第一份退黨聲明，從那以後，自願退出共產黨、共青團和少先隊的「三退」大潮席捲中華大地，「三退」人數逐日上升。2005 年 4 月 21 日超過 100 萬；2006 年 4 月 25 日突破 1000 萬；2011 年 8 月 7 日，「三退」人數超過一億人，2013 年 11 月 12 日達到 1 億 5000 萬人。截至 2014 年 10 月，退出中共黨、團、隊的總人數已有 1 億 8000 萬人。

中共 60 年血債 天怒人怨

中共執政半個多世紀，前 30 年毛澤東大搞「運動式」的迫害，害死數千萬中國人；後 30 年間，江澤民「腐敗、淫亂治國」，全民「向錢看」，僅迫害法輪功就有幾億人受牽連、活摘法輪功學員器官更成為這個星球上前所未有的邪惡、數百萬人被迫害致死、動用資源最高時達國民生產總量的四分之三；中國人民早已怨聲載道。

此時，習、李陣營與江澤民陣營為權力廝殺的你死我活。江派因迫害法輪功而恐懼被清算，習陣營要「執政」所推行的政策衝擊到江派最核心利益。面對政治、經濟亂局，雙方都在恐懼中出手廝殺，內鬥白熱化。

《大紀元》此前獲悉，2014 年中共兩會後，在江澤民集團布署的恐怖襲擊威脅下，習李陣營取得的短暫妥協與平衡很快被打破，新一輪搏殺開始。江派媒體放風威脅「習、李、王將要下台」，習近平政權則再次發起觸及各領域的大清洗。

2014 年 3 月 31 日，中共官場發生三件大事：周永康的頭號四川黑幫馬仔劉漢被開庭審理；原解放軍總後勤部副部長谷俊山被軍事法院提出公訴；7 月 29 日，中共前政法委書記周永康被立案審查。此三件大事全都涉及到江澤民政變集團的核心成員。

3 月 31 日習近平出外訪問之際，廣東茂名市政府門口的反 PX 項目遭到暴力鎮壓，導致事態升級。消息稱，當時前中共國家主席江澤民到深圳，在背後為周永康餘黨撐腰，力主大力鎮壓。美國華府中國問題專家石藏山表示，茂名事件是昆明和香港恐怖血案發生的繼續。

《大紀元》獨家報導，3 月 1 日發生的昆明血案的砍人暴徒均為江澤民雇凶所為。這也是江澤民「政變計畫」中內容之一。江集團通過收買武警和黑社會暴徒，精心安排了系列的「報復社會」行動。當多個省份都發生這樣的慘劇，所有的國際和國內輿論都會譴責當權者。習近平會因此倒台，江派會順勢上台，「糾正習近平的錯誤」。

4 月 2 日，七大軍區司令員等集體在《解放軍報》上發表文章，強調「支持習主席的指示」，暗示支持習近平軍內的大動作清洗，顯示中共兩會後，高層內部通知要「保黨壓倒一切」的圖謀破局，江、習決鬥之局勢一觸即發。

各地維權抗暴風起雲湧 民眾三退拋棄中共

中共當前的執政危機不僅來自體制內部的高層分崩離析，也來自外部的天怒人怨，各種社會矛盾已到集中爆發的臨界點。老百姓維權抗暴風起雲湧。其中包括大量訪民進京天安門前拋撒傳單、各地頻現維權討薪、環境污染引發群體維權抗暴、血拆強徵遍地、城管暴力執法小販自焚、退伍軍人下崗、職工維權上訪等等。

2009 年，中共稱有超過十萬起群體事件之後就不再公布具體數字。中共最新《社會藍皮書：2014 年中國社會形勢分析與預測》透露群體事件每年以 30％驚人比例遞增。這意味著現在早已突破一年 20 萬的數字，平均每天超過 548 起。

當下，中國民眾覺醒，「三退」保平安、拋棄中共選擇美好的未來已成為中國百姓的心聲。

北京著名民權律師蘭志學亦曾對《大紀元》表示，要公開退出中共黨、團、隊。蘭志學律師認為，目前中共治下人民已無人權可言，經濟危機，社會動亂，中共的所謂改革並不能解決目前的危機。

2013 年 6 月 14 日，湖南二千多老放映員到省政府集體上訪，要求解決他們生活待遇問題。但遭到大批特警驅散，發生衝突，事件引起全省老放映員憤怒。於是，湖南省五千多名放映員一致決定：強烈要求退出共產黨，公開集體退黨，並到北京上訪。

湖南省共有八千多名鄉村放映員，大部分是中共黨員。上世紀七、八十年代，這批鄉村「秀才」，騎著自行車或肩挑背扛地長期奔走鄉村，播放中共宣教的紅色電影。他們是那個年代著名的「紅色放映員」。多年來，他們沒有得到當局的任何補償，現在大多老、弱、病、殘，生活陷入困境，老無所養，被當局遺棄。

中共正部級高官出國海外旅遊退黨

近期，北美、歐洲、澳大利亞、亞洲等國家和地區的著名景點，中國遊客不斷、絡繹不絕。而自願幫助陸客「三退」的法輪功學員義工們堅持在這些地方講真相，幫助大陸民眾認清中共惡黨，將三退自救的福音帶給他們。

2013 年底，中共 18 屆三中全會召開前夕，歐洲大陸遊客的熱門話題不是三中全會，而是陰霾和各地的爆炸案，人心惶惶，悲觀絕望。對中國的毒食、毒水、毒氣現狀罵聲不絕。特別是北京遊客形容說，好像剛從暗無天日的地獄裡出來，活得心裡沒底。

北京一家局級國企老總在歐洲一景點向退黨服務中心的義工人員表示，北京空氣質量動不動就是重度污染。陰霾期間，上午 10 點鐘太陽出來就算不錯了，呼吸道堵得厲害，嗓子不舒服。生活質量很差！他們都想離開北京，只能先往遠郊區搬吧。他說：「我看了，遠郊區也躲不了，雖然稍稍輕一點兒，可也好不到哪去。」

他還說：「唉，我們這些人活得也挺累的。共產黨只允許你當奴隸，為它幹，我們只有幹，哪有說話的權利？你想說話，想要發聲，它真整你啊！我們只能什麼都不關心了，各顧各的，過自己的日子吧。」

國企老總聽了義工講真相後，高興地同意用化名退黨。他說：「既然有出路，幹嘛不選擇呢？你說的，我們信，聽你的。」

另一位 60 歲左右、官氣十足的男子毫不猶豫地告訴退黨義工自己是正部級幹部，不需要「三退」義工做任何解釋和勸說，接過真相資料後表示，對共產黨很了解。他肯定地說：「我了解情況，我退。」

2013 年 11 月底，被迫來香港訴冤的湛江市南三鎮燈塔沙頭村現任村長黃田有，2000 年被當地公安局陷害，導致家破人亡，苦不堪言。黃田有曾 5 次上訪北京，並被公安威脅再上訪就打斷他的腿。他形容退黨後，整個人脫胎換骨。

共產意識形態早崩潰 《2014 大崩潰》一書瘋傳

多年來，中共的意識形態早已在中國人的心中崩潰。就連中共自己的官員都不信中共，平民老百姓更是罵聲不斷。在中共高層，早有三大高官申請退出中共：毛的接班人華國鋒、前中共總書記趙紫陽、中共前國家副主席榮毅仁。

中共建政 64 周年前夕，《金融時報》發表長篇評論，提出問題：中國共產黨還能在中國存活多久？一個要求不具名的中央黨校教授說：「老實說，這是中國每個人都在問的一個問題。」

文章稱：「我們剛剛跟一大群非常有影響力的共產黨黨員舉行一個座談會，他們問我們，我們認為共產黨將掌權多長時間？以及當它崩潰的時候，我們計畫怎麼辦？」

文章並披露，即使在中共中央黨校，這些黨校教授都可以沒有禁忌地討論中國共產主義的崩潰，而不用害怕受到報復。喬治‧華盛頓大學中國政策項目主任沈大偉（David Shambaugh）相信，共產黨的狀態，類似於中國歷史上王朝垂死的日子。

人們只是為利益、權勢等走進共產黨，但中共高層還是要不斷拿馬、列、毛「祭旗」，因為中共意識形態早已陷入混亂和分裂。「用腳投票」可以說明人們對共產黨的厭惡。

近期，大陸資金外逃驚人，官員、富豪成群海外置產，胡潤財富報告顯示，2012 年，中國富豪中擁有海外資產的已達三分之一，而且將近三成人未來三年有海外投資計畫。此外，資產流失嚴重。中共中紀委預計 2013 年非法資金外逃將達 1 兆 5000 億美元，比 2012 年急劇上升 50％。

中共會否垮台，中共高層最清楚。香港 2013 年初出版的《2014 大崩潰》一書，援引中共中央應急小組提交的黨內「絕密報告」稱：「共產黨必將倒台」，該書前言宣稱「這不是八卦，也不是算命」。

該報告描述了預估的崩潰情景：經濟崩盤、企業倒閉、鬼屋林立、盜賊四起，社會發生劇烈動盪，街頭革命隨時發生。中共中央政治局常委會因此專門開會討論，會議討論稱「中共統治下的社會崩潰不可避免」。西方國家也已經為中國大崩潰做好了應急方案。

退伍武警：不要成中共替罪羊

2012 年王立軍事件的爆發及活摘法輪功學員器官的罪惡曝光，更是讓大陸民眾更加看清中共的血腥與黑暗，從而對中共死心，「三退」的速度和退黨的人數，進一步加快。

同時，薄熙來的判刑，周永康的失勢，江澤民的老巢政法委、公安局、勞教所系統人心惶恐，都能感到要「變天」了，自己隨時可能被拋出來，做替罪羊，一些明白人選擇聲明退黨，表示不再參與迫害。

2014 年 3 月 21 日，明慧網刊登一篇來自一名北京武警的悔過文章。作者曾在北京法制培訓中心迫害法輪功學員，但其所見所聞使他逐漸明白了，最初曾憧憬非常光榮自豪，守護莊嚴神聖法制的工作，原來是破壞法制的幫凶，自己也成了衛護迫害善良民眾的邪惡機制和壞人。打著「為人民服務」的中共邪黨是一張畫皮。

作者深感後悔後決定說出自己的心裡話，告訴外界在中共邪黨的法制培訓中心，自己清朗的心靈變黑暗；接觸法輪功學員後迷惑的人生才變得清朗。

文章揭示，2000 年和 2005 年政府兩次公布的 14 個邪教中沒有法輪功，人大和兩高司法決定也沒有說法輪功是邪教。筆者吃驚，江澤民團伙和政法委、「610」的人的狡猾惡毒，發指示不用正規文件。也就是從 1999 年至今，所有對法輪功的迫害，包括抄家、綁架、拘捕、判刑全部都是沒有法律依據的。而按「610」的指示辦事的人，將來上邊一推責任，全都是執行者自己的罪。

退伍回家後，作者看了《九評共產黨》和《解體黨文化》兩本書，更加深刻地認識了中共的邪惡，退出中共。

作者希望藉文章將自己看到的中共邪惡曝光於世，並告誡曾經的戰友和其他參與了迫害法輪功的人趕快贖罪自救，以各種各樣方便的形式揭露邪黨，不要被中共綁架，成為迫害法輪功的替罪羊。

前「610」官員退黨：離開心靈備受譴責的崗位

據正見網的報導，一名法輪功學員近日回娘家，碰到其姐姐的朋友、東北某市的前「610」官員來看母親，就給他講了迫害的真相。

這名「610」官員稱，自己從 1999 年到 2003 年四個年頭，不斷地從北京截訪法輪功學員，讓他對這個工作從心底裡產生了厭惡。後來他離開了讓他心靈上備受譴責、煎熬的崗位，不願意再成為迫害法輪功學員的幫凶，他成功地更換了工作。雖然說後來身體飽受疾病的煎熬，但內心非常平靜，因為遠離了那個日夜令他夢魘的職位。

這名法輪功學員勸他退出中共邪黨的一切組織，並要他給起個化名，過程中他堅持要真名退黨。

司法副局長：中共太黑 只有求救於法輪功

2013 年 7 月，大陸某市一位司法局副局長、律師協會會長，隨中共司法部組織部分地市司法局長去加拿大考察，一行人在溫哥華、渥太華旅遊二十多天，從一下飛機，到各景點、賓館，到處都有講真相、發資料的法輪功學員，這些人拿資料回賓館仔細看，方才如夢初醒：原來法輪功是好，中共在有意抹黑，欺騙民眾。

這位司法副局長的同學投稿《大紀元》透露，副局長說：「當時人多不便辦理，今天找你，就是為這個事。中共太黑了，我在上層了解的比你們多。咱官小，沒有更多的特權，只有求救於法輪功了。」局長的同學說：「你這才找準了，只有退出邪黨的一切非法組織，抹去獸印，你就最安全了。否則，作惡多端，別說逃到外國，即使逃到別的星球，也逃脫不了上天的懲罰。」局長說：「是的，你很快給我辦了，以後有什麼好消息，及時告訴。」

「三退」一劑救人的良方 選擇正義良知受上天呵護

2002 年 6 月，在貴州省平塘掌布鄉發現藏字石，五百年前崩裂的巨石斷面內驚現六個排列整齊的大字「中國共產黨亡」。專家們在實地考察後卻不得不承認，這絕非「人造」，並指出天然成字的概率是 1000 億分之一。

《大紀元》特稿曾報導，目前中國民間抗暴風起雲湧，人們對中共的欺騙宣傳越來越清楚。無論從天理還是從民意，天滅中共的時間點正在越走越近。中共就像一輛飄搖的列車，劫持著十幾億中國人滑向死亡的深淵。列車本身的命運並不重要，但車上乘客的安危卻是我們最關切的。加入了中共黨、團、隊的人，也就是被中共魔教打上獸印的人，他們面臨不幸的命運。幫助他們脫離險境，走下中共的死亡通車，免於做中共的陪葬品，是我們的責任。

許多古代預言說，當人類大劫來臨時，上天會幫助人們，而那些被救助的人，必然是有善德的人。退出中共的人，就是在這場善惡的較量中選擇遠離邪惡、選擇正義與良知的人，他們的精神覺醒，將受到上天的呵護。「三退」是一劑救人的良方。

共產紅潮禍亂人間百年，以道德失序而起，以道德回歸而終。在人類歷史上，如此大規模的人群和平理性地進行道德選擇，前所未有。

自 2004 年 12 月 3 日起，在《大紀元》網站上公開聲明退黨（團／隊）人數，到 2014 年 8 月 17 日，總計人數：1 億 7451 萬707。當年蘇共倒台前，其退黨人數占了黨員的 20％多，而現在中國有 1.8 億人三退，他們已經代表了大陸民眾整體的心聲：退出中共，遠離邪惡，才能有自己平安的生活。

大紀元鄭重聲明

廣大的中國民眾：共產黨的末日就要到了。但是這個邪惡的黨（魔教）在歷史上卻對眾生、對神佛犯下了滔天大罪，神一定要清算這個惡魔。

如果有一天，神指使人類的誰對共產黨清算時，也一定不會放過那些所謂堅定的邪惡黨徒。我們鄭重聲明：所有參加過共產黨與共產黨其他組織的（被邪惡打上獸的印記的）人，趕快退出，抹去邪惡的印記。一旦誰對這個魔教清算時，《大紀元》儲存的記錄可以為聲明退出共產黨和共產黨其他組織的人作證。

天網恢恢，善惡分明；苦海有邊，生死一念。曾被歷史上最邪惡的魔教所欺騙的人，曾被邪惡打上獸的印記的人，請抓住這稍縱即逝的良機！

大紀元

2005 年 1 月 12 日

中國大變動系列 **027**

江澤民失勢 宋祖英出事

作者：新紀元編輯部。**執行編輯**：王淨文／張淑華／黃采文。**美術編輯**：吳姿瑤。**封面設計**：R-one。**出版**：新紀元周刊出版社有限公司。**地址**：香港荃灣白田壩街5-21號嘉力工業中心B座3樓25。**電話**：886-2-2949-3258（台灣）852-2730-2380（香港）。**傳真**：886-2-2949-3250（台灣）／ 852-2399-0060（香港）。**Email:**mag_service@epochtimes.com。**網址**：www.epochweekly.com。**香港發行**：田園書屋。**地址**：九龍旺角西洋菜街56號2樓。**電話**：852-2394-8863。**台灣發行**：高見文化行銷股份有限公司。**地址**：新北市樹林區佳園路二段70-1號。**電話**：886-2-2668-9005。**規格**：21cm×14.8cm。**國際書號**：ISBN978-988-13131-4-0。**定價**：HK$128 / NT$400。**出版日期**：2014年10月。

新紀元
NEW EPOCH WEEKLY

www.ingramcontent.com/pod-product-compliance
Lightning Source LLC
Chambersburg PA
CBHW020311160726
47992CB00004B/1482